家祭

两岸祭祖习俗变迁及其社会基础

耿羽 | 著

海风出版社

HAIFENG PUBLISHING HOUSE

目录

第一章

祭祖观念的社会基础

本书主要考察祭祖观念的变迁，以及变迁背后的社会基础。之所以选择祭祖观念为研究主题，在于祭祖观念能相当程度上反映出中国人的认同观念。本书的主要观点为：（一）祭祖观念，根植于具体的社会结构和社会情境。（二）祭祖观念被社会塑造出来后，反向塑造着社会；（三）祭祖观念不断发生着变迁，观念变迁的背后，是社会结构和社会情境的变迁。

祭祖观念，是对于祖先和血缘的一种记忆。所谓记忆，都是由社会塑造而成。记忆从来不是个体心理层面的产物，而是生长和维持于社会框架之中，人们在社会之中才能获取记忆。"正是在社会中，他们才能进行回忆、识别和对记忆加以定位……大多数情况下，我之所以回忆，正是因为别人刺激了我；他们的记忆帮助了我的记忆，我的记忆借助了他们的记忆。至少在这些情况下，记忆的唤起并无神秘之处可言。探究记忆是否存储在大脑或心灵中某个只有自己才能达到的角落，并没有什么意义，因为我的记忆对我来说是外在唤起的。无论何时，我生活的群体都能提供给我重建记忆的方法，在这种情况下，确实，至少在某一时刻，我转向他人，并采取了他人的思考方式。"[1]哈布瓦赫进一步认为，以他人的记忆来解释个体的记忆，这种理论并不完整，容易陷入循环论证，因此哈布瓦赫引入"记忆的集体框架"，"正是在这个意义上，存在着一个所谓的集体记忆和记忆的社会框架；从而，我们的个体思想将自身置于这些框架内，并汇入到能够进行回忆的记忆中去。"[2]"在梦境之外的现实当中，过去不会像在睡梦里那样重现，一切似乎都表明，过去不是被保留下来的，而是在现在的基础上被重新建构的。同样，记忆的集体框架也不是依循个体记忆的简单加总原则而建构起来的；它们不是一个空洞的形式，

[1]、[2]莫里斯·哈布瓦赫：《论集体记忆》，毕然、郭金华译，上海世纪出版集团、上海人民出版社，2002年，第69页。

由来自别处的记忆填充进去。相反，集体框架恰恰就是一些工具，集体记忆可用以重建关于过去的意象，在每一个时代，这个意象都是与社会的主导思想相一致的。"[1]哈布瓦赫作为涂尔干的学生，继续拓展了涂尔干关于"集体意识"的理论。哈布瓦赫认为，"集体欢腾"在特殊仪式时期将大家整合在一起，而在日常时期，"集体记忆"将大家整合在一起。除了具体理论方面的延续，还有总体视野方面的延续，即注重各种观念和意识的社会基础。如涂尔干在《宗教生活的基本形式》中便认为，宗教源自于社会，而逻辑思维、概念、范畴、分类观念等都来自于社会，从这个意义上说，科学也来自于社会。[2]这种论调已经有了若干知识社会学的影子。哈布瓦赫延续这一路径，探寻记忆的社会基础。

涂尔干和哈布瓦赫着重说明观念和意识根植于社会，由社会所塑造。他们虽属于"现代"理论学者，但已暗合许多"后现代"的思想。"后现代"思想重要贡献是破解了各种"神圣的"的理论和概念——无论是宗教还是科学，尤其是对"启蒙时代"以来各种"现代"观念进行解构，如"理性"、"科学"、"真理"、"客观"等等。"后现代"批判的靶子是"现代性"，如金吾伦所言，后现代是指对现代主义和社会经济现代性所作的批判和否定。现代性的本质是力图综合和控制一切，迷恋秩序和权利，强调理性、逻辑、真理、基础和本质。后现代主义倡导多元性、开放性、创造性，强调突出主体性、透明性、和谐性（人与人、人与自然的和谐、协调）。[3]"后现代"提倡"多元性"，旨在破除"现代性"中的"一元性"。索绪尔指出了能指和所指（即语词和意义）之间关联的任意性，而德里达等人在此基础上指出语言的不稳定性，如此，各种原本被看做是牢不可破的、毋庸置疑的理

[1]莫里斯·哈布瓦赫:《论集体记忆》，毕然、郭金华译，上海世纪出版集团、上海人民出版社，2002年，第71页。

[2]爱弥尔·涂尔干:《宗教生活的基本形式》，渠东、汲喆译，上海世纪出版集团、上海人民出版社，2006年，第410-417页。

[3]金吾伦:《序》，载蔡汀·沙达:《库恩与科学战》，金吾伦译，北京大学出版社，2005年，第5页。

论和观念摇摇欲坠，它们的根基本就是松动的，只不过平常不被揭示。例如，福柯犀利地指出了知识与权力之间的关系。

祭祖观念是主体对自身血缘性根基的记忆和看法。人们关于"过往"的观念，并不是对"过往"的客观事实的完整映射，而往往是根据"现在"的需求对"过往"进行选择性的修饰和再造，"过往"的观念被塑造出来后，会影响"现在"及"将来"。康纳顿认为，"我们对现在的体验，大多取决于我们对过去的了解；我们有关过去的形象，通常服务于现存社会秩序的合法化。"[1]进一步说，"有关过去的形象和有关过去的回忆性知识，是在（或多或少是仪式的）操演中传送和保持的。"[2]霍布斯鲍姆等人更是直接指出，"那些表面看来或者声称是古老的'传统'，其起源的时间往往是相当晚近的，而且有时是被发明出来的。"[3]"传统"被发明，是人类社会的常态，而某一时段"传统"被发明，说明该时段社会发生了变迁，"在以下情况中，传统的发明会出现得更为频繁：当社会的迅速转型削弱或摧毁了那些与'旧'传统相适宜的社会模式，并产生了旧传统已不能再适应的新社会模式时；当这些旧传统和它们的机构载体与传播者不再具有充分的适应性和灵活性，或是已被消除时；总之，当需求方或供应方发生了相当大且迅速的变化时。"[4]

祖先或血缘根基的意识，曾经被人们看做是"客观"的存在。族群认同理论可以分为根基论（primordialists）和工具论（instumentalists）。根基论者认为，族群认同是人们无可回避的、天然存在的情感，基于语言、宗教、种族、族属和领土的"原生纽带"是族群成员互相联系的因素，原生性的纽带和情感是根深蒂固的和下意识的。工具论者则以资源的竞争与分配，来解释族群的形成、维续与

[1]、[2]保罗·康纳顿：《社会如何记忆》，纳日碧力戈译，上海人民出版社，2000年，第4页。

[3]E.霍布斯鲍姆、T.兰格主编《传统的发明》，顾杭、庞冠群译，译林出版社，2004年，第4页。

[4]E.霍布斯鲍姆、T.兰格主编《传统的发明》，顾杭、庞冠群译，译林出版社，2004年，第5页。

变迁，即族群认同具有主观的可操纵性，族群认同随着具体情境的不同亦会发生变化。根基论更强调族群认同的先天赋予性、族群认同的稳定性，工具论更强调族群认同的后天建构性、族群认同的易变性。纯粹从学理方面看，工具论似乎更有说服力，更能揭示族群认同究竟为何。但是，工具论并不等同于虚无主义，即认为族群认同都是虚假的、都是无意义的。

各种观念和意识都是被主观性地建构、塑造、修饰、制造的，根本就不存在任何的客观真实，社会上的一切终究是符号的堆砌。这是"后现代"思想强大的"消解"能力，其赋予了读者清醒的认知力和判断力，但是推及过远，难免产生消极影响，即世界上所有的意义、崇高、伟大、神圣都被破除了，完全没有这些，人类社会又何以成为人类社会？因此，我们要在"后现代"中重新发掘"现代性"，在"消解"中重新发掘"建设"，"消解"不是最终目的，"消解"是为了更为谨慎和清醒地"建设"。

关于这点，尼采有清晰认识。尼采被视为后现代主义源头之一，其对于"符号"、"话语"、"知识"、"真理"的态度是，一方面其是人类社会"建构"的，另一方面其又是对人类社会"有用"的。"人类只是不断地为自己创造'真理'，这些真理是有用的，可以帮助他们作为物种存活下来。'知识'和'真理'仅仅是有效的工具，并非超验的实体。它们是人类发明出来的观念。但它们永远不可能是'客观的'，因为它们永远都是满足人类的某种利益或目标的。"[1] "人类智力从根本上就必然应该是很狡诈的，因为个体的人必须在一起才能生存。社会的和智力的生活依赖于个体之间共同的约定，这就产生了一个大家共享的、普遍都赞同的现实，在这样的现实中，'知识'之类的观念自然也就诞生了。这些观念然后被语

[1] 戴维·罗宾逊：《尼采与后现代主义》，程炼译，北京大学出版社，2005年，第46页。

言所强化。这些有限的人类'真理'是无害的，因为社会生活因此得以成为可能。但是，不幸的是，它们也同样导致了人们徒劳地追寻那些并不存在的、欺骗性的和错觉性的比喻式'真理'。无论怎样，人类语言与'真实'世界之间并无连贯的对应关系。语言永远不可能如实地对世界的真相加以描述。'真理'和'知识'这样的概念是相对于语言而言的，或者说其实是'比喻性的'，只能存在于语言之中——它们永远都无法告诉我们关于世界的任何事情。"[1]人类不仅是自然范畴中的人，更是社会范畴中的人，人类为了组成社会并在维持社会的稳定秩序，创造一系列"游戏规则"，这些"游戏规则"并不是真实客观的、也不是无可置疑的，但是，这些"游戏规则"对于维系社会来说是有效的工具，而且，"游戏规则"越让人们觉得是真实客观的、无可置疑的，"游戏规则"维系社会的效果越好。这里就出现了一个矛盾：从学理和逻辑方面看，"游戏规则"是建构甚至是虚构和凭空塑造出来的，但是现实效果看，人类社会必须由无数符号串联而成，"游戏规则"是有现实功用的。

　　霍布斯鲍姆等人认为，历史的塑造服务于当下的社会，"被发明的传统似乎属于三种相重叠的类型：（一）那些使各个团体（真实的或是虚假的共同体）的社会凝聚力或成员资格得到确立或是象征化的传统；（二）那些使制度、身份或是权力关系得以确立或合法化的传统；（三）其主要目的是使信仰、价值体系和行为准则得到灌输和社会化的传统。"[2]观念由社会塑造，并反过来塑造社会，这种观点已被越来越多的学者所确认，但是学者们对于该观点有着不同的价值判断，涂尔干等学者侧重正面性看待，观念整合了社会，团结了成员，马克思等学者侧重负面性看待，社会是分化的，社会秩序主要是为统治

[1]戴维·罗宾逊：《尼采与后现代主义》，程炼译，北京大学出版社，2005年，第48页。

[2]E.霍布斯鲍姆、T.兰格主编《传统的发明》，顾杭、庞冠群译，译林出版社，2004年，第5页。

阶层服务的，观念维续和服务社会秩序的能力越强，越强化了社会中的不平等，统治阶层得益，被统治阶层受损。观念反作用于社会，对社会运行是具有"功用性"的，那么这个"功用性"到底是对多数人具有"功用性"还是只对少数统治者具有"功用性"？关于此脱离了具体情境不可能给出确定的答案，一个社会总是整合与区分共存，整合与区分是一个硬币的两面，从不同的角度将看到不同的图景。

我们不必执着于观念和意识是"真实"还是"虚假"，而是尽可能地去理解和认识观念和意识产生的过程，去理解和认识观念和意识与具体情境之间的关系。我们也不必执着于观念和意识是"稳定"还是"易变"，变与不变都是相对的，不可能一成不变，也不可能如变色龙一般迅速附和环境。精英会选择较为成型的观念和意识对成员进行"濡化"，以便让成员有共享的价值和行为指向，以便大家在分配和竞争资源的过程中能以较小的交易成本达成一致。观念和意识是"建构"起来的，但是一旦成功"濡化"，便成为成员心目中的"天生"和"无可置疑"，关键不是观念和意识"是什么"，关键在于成员是否"相信"观念和意识，一旦成员"相信"，观念和意识的实际运行状态就较为接近"原生论"。当社会情境发生变化，嗅觉灵敏的成员会主动性地去变更和修改自身观念和意识，乃至去变更和修改他人观念和意识，此时观念和意识"工具论"的面目显露出来。最后，关于观念和意识的"功用性"以及"功用性"的指向，本书不做总体价值判断，而在具体历史背景下做考察。某种成型的观念和意识，背后是社会秩序的一种均衡，是对于社会资源分配和竞争的一种均衡。只不过，均衡有高水平的均衡，也有低水平的均衡。高水平均衡的指标有二：一是观念和意识与当时的社会资源禀赋相适宜，不超越当时的社会资源禀赋限制；二是社会资源在当时条件下较为公平合理地在社会成员之间分配。因此，本书将每个阶段的祭祖观念放在当时具体的历史环境和社会资源禀赋条件中去考察，分析社会资源分配与祭祖观念成型和变迁之间的联系。

　　在具体策略方面，本书试图借助梁漱溟的"个人–家庭–国家–天下"框架来分析中国的祭祖观念。（见图1）梁漱溟认为，"家庭诚非中国人所独有，而以缺乏集团生活，团体与个人的关系轻松若无物，家庭关系就自然特别显著出了。——抑且亦不得不着重而紧密起来。西洋人未始无家庭，然而他们集团生活太严重太紧张，家庭关系遂为其所掩。松于此者，紧于彼；此处显，则彼处隐。所以是一事而非两事。在紧张的集团中，团体要直接统治干涉到个人；在个人有自觉时候，要争求其自由和在团体中的地位。团体与个人这两面是相待而立的，犹乎左之与右。左以右见，右以左见。在西洋既富于集团生活，所以个人人格即由此而苗露。在中国因缺乏集团生活，亦就无从映现个人问题。团体与个人，在西洋俨然两个实体，而家庭几若为虚位。中国人却从中间就家庭关系推广发挥，而以伦理组织社会消融了个人与团体这两端。"[1]因为忽视团体观念，在近代就表现为忽视国家观念，只注重文化之天下而不注重实体之国家，"国家功能，一面是对内，一面是对外。中国对内松弛，对外亦不紧张。"[2]因此，中国总是忽视国家，而爱说"天下"，"不是国家至上，不是种族至上，而是文化至上。于国家种族，仿佛皆不存彼我之见；而独于文化定其取舍。"[3]"国家消融在社会里面，社会与国家相浑融。国家是有对抗性的，而社会则没有，天下观念就于此产生。"[4]中国人的认同观念，大部分（普通老百姓）只到达"家"一层，部分士大

[1] 梁漱溟：《中国文化要义》，上海世纪出版集团、上海人民出版社，2003年，第92-93页。

[2] 梁漱溟：《中国文化要义》，上海世纪出版集团、上海人民出版社，2003年，第186-187页。

[3] 梁漱溟：《中国文化要义》，上海世纪出版集团、上海人民出版社，2003年，第190页。

[4] 梁漱溟：《中国文化要义》，上海世纪出版集团、上海人民出版社，2003年，第191页。

[1]梁漱溟：《中国文化要义》，上海世纪出版集团、上海人民出版社，2003年，第193页。

[2]梁漱溟：《中国文化要义》，上海世纪出版集团、上海人民出版社，2003年，第192页。
[3]字体大小表示位置之轻重。

夫近至"家"，远至"天下"，个体和边界性的实体组织被忽略，"在西洋人的意识中生活中，最占位置者为个人与团体两级；而在中国人则为家庭与天下两级。此其大较也。"[1]为更准确地表述，本书将框架修改为"个人-家族-民族国家-天下"。从传统时代至近现代，中国人无论是总体观念还是祭祖观念都经历了从"家族-天下"至"个人-民族国家"的变化。（见图2）本书试图说明和分析每个阶段的祭祖观念何以成型以及与社会环境的联系。

图1：梁漱溟所绘中国与西洋对照图［2］［3］

（中国）　　　　　　（西洋）

天　下　——————　天 下

团 体　——————　团　体

家　族　——————　家 族

个 人　——————　个　人

图2：当前中国认同层次变化趋势

个　人　← 家　　族 →　民族国家

在各认同层次中，"家族"有着重要的地位，"家族"在中国人尤其是传统中国人的生活中具有承上启下的重要作用。"修身齐家治国平天下"，是中国人理想的事功顺序，中国人的"公私"观念从而具有伸缩性。费孝通提出"差序格局"，认为中国人的认同观念是由"自己"出发，一层层往外推，中国人不是个人主义，而是自我主义。"从己到家,由家到国,由国到天下,是一条通路。中庸里把五伦作为天下之达道。因为在这种社会结构里,从己到天下是一圈一圈推出去的。"[1]"在这种富于伸缩性的网络里,随时随地是有一个'己'作中心的。这并不是个人主义,而是自我主义。个人是对团体而说的,是分子对团体。在个人主义下,一方面是平等观念,指在同一团体中各分子的地位相等,个人不能侵犯大家的权利;一方面是宪法观念,指团体不能抹煞个人,只能在个人们所愿意交出的一分权利上控制个人。这些观念必须先假定了团体的存在。在我们中国传统思想里是没有这一套的,因为我们所有的是自我主义,一切价值是以'己'作为中心的主义。"[2]自我主义有别于西洋的个人主义,已经初步提出了中国与西洋的认同差异性,但中国人的"公私"观念无论向内和向外都并不一定能够顺畅地伸缩,从"公"的角度看,中国人的"公"不一定能够从"家"一路上升至"国"乃至"天下",也许少数士大夫能做到这一点,多数普通老百姓在"家"这一层面就卡了壳,如金耀基所言,儒家为了超越"个人主义"与"集体主义"的狭隘,曾设计了"第三条路",即"修身、齐家、治国、平天下",但是,这条道路在"家"这一站上出了问题,因为这一站被设计成特别大,特别重要,[3]以至于既湮没了"家"以内的个体,又湮没了"家"以外的国家。余英时也说:"自汉以后的情形而言,'齐家'怎样能一跃而至'治国'已大成问题。[4]从"私"的角度看,中国人也未必如费孝通所言,总是为了更小层次的"私"牺牲和放弃更高层次的"公","中国传统社会里一个人为了自己可以牺牲家,为了家可以牺牲党,为了党可以牺牲国,为了国可以牺牲天下。"[5]但是在现实生活中特别在村庄场域里,人们往往不会为了自身或小家庭的利

[1]费孝通:《乡土中国 生育制度》,北京大学出版社,1998年,第28页。

[2]费孝通:《乡土中国 生育制度》,北京大学出版社,1998年,第28页。

[3]金耀基:《个人与社会》,载金耀基主编,《金耀基自选集》,上海教育出版社,2002年,第157、162-163页。

[4]余英时:《群己之间》,载沈志佳主编,《中国思想传统及其现代变迁》,广西师范大学出版社,2004年,第81页。

[5]费孝通:《乡土中国 生育制度》,北京大学出版社,1998年,第30页。

益而违背家族的公共利益。因此，无论从"公"的层面还是"私"的层面看，"家"尤其是"家族"既隔断了个体的"公"，也抑制了个体的"私"，"家族"在伸缩性的认同单位中具有特殊地位。贺雪峰认为"家族"既是"小公"，又是"大私"，[1][2] 说其是"小公"，是因为其能克服宗族内小家庭的"小私"，从而把各小家庭规整到宗族整体之中，使得宗族中各人有集体行动的能力，说其是"大私"，是因为宗族把隶属于其的村民整合得过于强烈了，以致村民心中只有宗族，而没有国家以及更高层次的"大公"。"家族"在中国人的认同单位中有着举足轻重的地位，而祭祖观念正是直接反映了中国人"家族"认同，从祭祖观念可以分析中国人"家族"认同的机制及其变迁，这也是本书的问题缘起和分析重点。本书将祭祖观念的变迁分为三个阶段：（一）祭祖的世俗化。（二）祭祖的庶民化。（三）祭祖的个体化和公共化。

[1] 贺雪峰：《大私与小公：特殊主义逻辑的锻造及运行》，http://www.snzg.net/article/2014/0127/article_36705.html

[2] 进一步的研究可参见：赵晓峰：《公私定律：村庄视域中的国家政权建设》，华中科技大学博士论文，2011年。

聚居式土楼

第二章

祭祖的世俗化

一、中国的宗教

中国在漫长的历史演进过程中到底有无宗教？这是无数中外学者都在探寻的问题，如果从狭义的宗教定义来说，中国确实没有发展出类似基督教、伊斯兰教那样的宗教氛围，将此岸世界的人生终极意义寄托在彼岸世界，中国人更热衷于在此岸世界中行动。但以上状况并不能断言中国人没有广义上的宗教，所谓广义上的宗教，就是将宗教视为一种超越性的精神追求，宗教要回答"人为什么而活"、"人死后灵魂将安放何处"等最高哲学问题，从这个意义上说，中国人当然有宗教，只不过，中国人宗教的重点在此岸不在彼岸，或者说中国人的此岸就是彼岸。

中国人的思想呈现出比较强烈的"实践理性主义"[1]或者说"实用理性"[2]，中国人热衷于"此岸"，注重处理现世生活，中国人的生活是极度世俗化的，但并不等于中国人没有超脱世俗的意义世界，中国人一样要解决"人活着为了什么"这个本体性的终极问题。只不过，中国人追求超越性的意义，并不离开世俗世界。冯友兰认为，从表面上看，"中国哲学，无论哪一家思想，都是或直接或间接地讲政治、讲道德。在表面上，中国哲学所注重的是社会，不是宇宙；是人伦日用，不是地狱天堂；是人的今生，不是人的来世。"[3]但实际上，"它既入世而又出世。它就是最理想主义的，同时又是最现实主义的；它是很实用的，但是并不肤浅。"[4]

于是，中国人的思想体系中，主张将入世与出世、现实主义与理想主义等相互矛盾和对立的反命题统一称为合命题。[5]儒家士大夫阶层讲究"内圣外王"，一方面是内心的道德修养，一方面是俗世的事业功用，"修身"有成可称"内圣"，"待人、接事、应物"有成可称"外王"。"内圣外王"可具体操作化为以下步骤，"格物、致知、诚意、正心、修身、齐家、治国、平天下"。"外

[1] 马克斯·韦伯：《儒教与道教》，洪天富译，江苏人民出版社，2003年，第125页。

[2] 李泽厚：《中国古代思想史论》，天津社会科学院出版社，2003年，第288页。

[3] 冯友兰：《中国哲学简史》，北京大学出版社，1996年，第7页。

[4]、[5] 冯友兰：《中国哲学简史》，北京大学出版社，1996年，第8页。

王"的"王"既可特指政治行为和治理天下，也可泛指一般性的实践行动，无论特指还是泛指，最关键的在于，"外王"与"内圣"的相互结合，在处理人伦事务中达到对世界的真正认识、达到人格的完整发展，经书上的教导、自身的冥想都有不足，只有亲身历练，体验世事万物，才能了解真知，修养德性，这便是所谓的"事理双融"，许多士大夫将"立功、立德、立言""三不朽"作为人生的终极追求。

相比较士大夫，普通老百姓未必都有"治国、平天下"的宏愿，也未必都有"格物、致知"的细思。传统的知识分子以"天命、天理、天道"作为自己超越性的追求，但这并不能涵盖广大普通老百姓的意义世界。[1]老百姓的观念世界，本质上与士大夫并无二致，即在俗世中寻获超越之感。只不过，老百姓践行的"场域"与士大夫相比较为狭窄，老百姓将此岸和彼岸统一起来的"场域"主要固定在"家"中。[2]老百姓以家族的绵延即传宗接

---

[1] 杨华：《隐藏的世界：湘南水村妇女的人生归属和生命意义》，华中科技大学博士论文，2010年。

[2] 这并不是说士大夫没有传宗接代的追求，应该说士大夫的精神世界是"双层"的，既有血脉绵延的愿望，又有超越家庭或家族的"治国、平天下"的理想。以柳宗元为例，其长期被贬，在政治方面难有出头之日，"治国、平天下"的理想基本破灭，此时传宗接代成为其最为关心的问题——上不能供奉祖先、下不能血脉绵延。柳宗元在《寄许京兆孟容书》中写道："自以得姓来二千五百年，代为冢

嗣，今抱非常之罪，居夷獠之乡，卑湿昏雾，恐一旦填委沟壑，旷坠先绪，以是怛然痛恨，心骨沸热。茕茕孤立，未有子息，荒陬中少士人女子，无以为婚，世亦不肯与罪人亲昵，以是嗣续之重，不绝如缕。每春秋时飨，孑立捧奠，顾眄无后继者，懔懔然欷歔惴惕，恐此事便已，摧心伤骨，若受锋刃。此诚丈人所共闵惜也。先墓在城南，无异子弟为主，独托村邻。自遭逐来，消息存亡不一至，乡闾主守固以益怠。晨夜哀愤，惧便毁伤松柏，刍牧不禁，以成大戾。近世礼重拜扫，今阙者四年矣。每遇寒食，则北向长号，以首顿地。想田

野道路，士女遍满，皂隶佣丐，皆得上父母丘墓；马医、夏畦之鬼，无不受子孙追养者。然此已息望，又何以云哉？城西有数顷田，树果数百株，多先人手自封植，今已荒秽，恐便斩伐，无复爱惜。家有赐书三千卷，尚在善和里旧宅，宅今三易主，书存亡不可知。曾付受所重，常系心腑，然无可为者。立身一败，万事瓦裂，身残家破，为世大僇。"柳宗元在以上文字中，既写到了自己无法为家族延续香火的痛苦，又写到了自己无法为家族祭祀和守业的悔恨。

代作为自己的本体性价值，[1] 人们把自己放在家族生长的长河之中来看待，上承祖祖宗宗，下接子子孙孙，人们在有限的生命之中对于家族的传承与绵延却有着无限的想象和期待。劳伦斯·汤普森在比较中国与西方时谈及，家庭即中国现实的宗教，基督教以其肉体复活的教义延长了肉体存在使之超越死亡，而中国则通过延续家庭超越了死亡。[2] 在中国，家族生活是世俗的，却又牵扯出超世俗性的价值观念，可以说，家族这个归属体系是超越性和世俗性的统一体，[3] 家族对于中国人来说既是此岸，又是彼岸。正因为以家族绵延作为自己安身立命的基础，我们才会看到在中国有无数人为有子嗣而不懈努力、为孩子的婚姻操尽心思并且花费不菲，子嗣是家族香火延续的基础，子嗣结婚是家族香火进一步延续的希望，长辈们正是在家族绵延的实际进程中获取人生的终极价值的，甚至，长辈在家族绵延的虚拟想象中也能获得极大的满足感，如传统时期一些地方特别是宗族性村落，人们喜欢盖这辈子根本住不完的很大的楼房，预备着给后世扩张的人口。有人说，中国人希望生男孩是出于"养儿防老"这个功利性的目的，这在一定程度上是正确的，但是，"养儿防老"这个功利性的目的实际上是服从于"传宗接代"这个非功利性的目的的，"传宗接代"是目的，"养儿防老"是手段，即"养儿防老"保证了人们在生养男孩之后老有所依，其是人们一辈辈生养男性子嗣的保障机制。

祭祀祖先，正是家族绵延制度设计中的重要一环。祭祀祖先作为中国本体性价值的附着物和衍生物，也体现着中国本体性价值的特征——"世俗性"。

[1] 贺雪峰：《农村代际关系论：兼论代际关系的价值基础》，《社会科学研究》2009年第5期。

[2] 休斯顿·史密斯：《从世界的观点透视中国宗教》，载汤一介主编：《中国宗教：过去和现在》，北京大学出版社，1992年，第3页。

[3] 杨华：《隐藏的世界：湘南水村妇女的人生归属和生命意义》，华中科技大学博士论文，2010年。

聚族而居

二、鬼神信仰与宗法孝德

[1] 费尔巴哈：《宗教的本质》，王太庆译，人民出版社，1999年，第1页。

[2] 费尔巴哈：《宗教的本质》，王太庆译，人民出版社，1999年，第39页。

[3] 梁漱溟：《中国文化要义》，上海世纪出版集团、上海人民出版社，2003年，第121页。

祭祀祖先，是人类社会早期的一种共有的、普遍的文化现象，亦是一种朴素的、原始的宗教行为。费尔巴哈认为，"人的依赖感，是宗教的基础"，[1]"献祭的根源便是依赖感——恐惧、怀疑、对后果的无把握、未来的不可知、对于所犯罪行的良心上的咎责，而献祭的结果、目的则是自我感——自信、满意、对后果的有把握、自由和幸福。去献祭时，是自然的奴仆，但是献祭归来时，是自然的主人。因此，对自然的依赖感诚然是宗教的根源，但是这种依赖性的消灭，从自然手中获得解放，则是宗教的目的。"[2]早期人类对于自然的不可抗力感知最深的，应该便是人的生命的逝去。有死亡才有生存时的无助和恐慌，才有对生存状态的珍惜，才有对死后未知世界的无穷想象。自身的死亡，当然是主体最为关切之事，但人的死亡，也带走了该主体的认知能力，主体的实际死亡并不会对该主体引起情绪上的波动，最能引起人们情绪恐慌的，是亲近之人的离去，因为关系亲密，才会引起人们情感上的悲伤，因为关系亲密，才会引起人们对自身生命的无力控制的渺小感和无力感。梁漱溟认为，宗教总离不开生死鬼神，"世间最使人情志动摇不安之事，莫过于所亲爱者之死和自己的死。而同时生死之故，最渺茫难知。所以它恰合于产生宗教的两条件：情志方面正需要宗教，知识方面则方便于宗教之建立。"[3]祭祀祖先中包含着丰富的生死鬼神的符号，所以祭祀祖先成为人类早期普遍性的宗教行为。

但很快，中国文化就与其他类型的文化发生了分野。宗教是早期人类认知世界的反映，也是最早的一种认知系统，法律、习俗、规范、道德、哲学、艺术等等认知系统都发轫于宗教。中国文化与其他文化的分道扬镳，自宗教开始，宗教的不同表现，又从对待生死鬼神看法的不同开始，而如何祭祀祖先，又是对生死鬼神认知系统的一项重要映射。

以西周为大致的时间分界线，中国人的祭祖发生了第一阶段的变革：世俗化。西周以前，人们祭祖动机是出于对祖先神秘而伟大的神性力量的尊崇和敬畏，祈求得到祖先的保佑，而到了西周，祭祖既是为了得到祖先福佑，也是为了敬宗睦族，张扬孝德，具有显著的宗法性。[1]祭祀祖先中，包含有鬼神信仰与宗法孝德两种元素，西周之前，鬼神信仰因素在祭祀祖先中占了绝对的比重，而在西周之后，鬼神信仰因素在祭祀祖先中仍有留存，但已不是主要成分，宗法孝德成为祭祀祖先的首要目的。

西周之前，祭祀祖先更多是，将祖先塑造为一种神秘而强大的超自然力量，以便对自身进行庇佑。"就动机而言，最初的祖先崇拜是在鬼魂崇拜的基础上演化而成，目的是祈求具有超自然力量的祖先鬼魂保佑本氏族的成员。就客观作用来看，当氏族面临灾难之时，祖先崇拜能够赋予氏族成员勇气和力量，使他们心理上得到抚慰，在绝望的情境中怀有憧憬；当氏族成员享受难得的宁静幸福之时，他们相信是祖先在保佑他们。"[2]此时的祭祀祖先，具有更强的"宗教性"，而非"宗法性"。

西周之后，祭祀祖先从超脱于人世的神秘力量降回人世。儒家的礼制便由祭祀祖先改制

[1]、[2]陈筱芳：《周代祖先崇拜的世俗化》，《西南民族大学学报（人文社科版）》2005年第12期。

作法事（台湾）

代天府法师（台湾）
摄影：焦红辉

而来。李泽厚认为，"礼"是颇为繁多的，其起源利其核心则是尊敬和祭祀祖先。"可见，所谓'周礼'，其特征确是将以祭神祖先为核心的原始礼仪，加以改造制作，予以系统化、扩展化，成为一整套早期奴隶制的习惯统治法规（'仪制'）。以血缘父家长制为基础（亲亲）的等级制度是这套法规的骨脊，分封、世袭、井田、宗法等政治经济体制则是它的延伸扩展。而以孔子为代表的儒家，也正是由原始礼仪巫术活动的组织者领导者（所谓巫、尹、史）演化而来的'礼仪'的专职监督保存者。"[1]当时的士大夫阶层希望尽量驱除祭祖中的鬼魂崇拜等超自然因素，淡化"保佑"色彩，而尽量增加祭祖中的孝亲人伦等世俗因素，强化"纪念"和"崇拜"色彩，总之，是要减少祭祖中人与神的关系，增加祭祖中人与人的关系。先秦儒家如孔子等人对宗教活动表现出强烈的"疑神"色彩，《伦语·八佾》中记载："祭如在，祭神如神在。子曰：'吾不与祭，如不祭。'"[2]孔子还谈到，"子不语

[1]李泽厚：《中国古代思想史论》，天津社会科学院出版社，2003年，第3-4页

[2]《伦语·八佾》

怪力乱神", [1] "未能事人，焉能事鬼", [2] "未知生，焉知死", [3] 孔子对鬼神之说置于"存而不论"的位置，"不需要外在的上帝的命令，不盲目服从非理性的权威，却仍然可以拯救世界（人道主义）和自我完成（个体人格和使命感），不厌弃人世，也不自我屈辱、'以德报怨'，一切都放在实用的理性的天平上加以衡量和处理。" [4] 孔子强调祭祀活动不仅仅是种外在的仪式，神的"如在"不是实在，也不是不在，在祭祀活动中，神之在与不在不是理性所能知晓的，关键是祭祀者精神的投入。[5] 荀子等理性主义色彩较浓的儒家更是表现出了"无神"论的倾向，其认为祭祖仪式"其在君子以为人道也，其在百姓以为鬼事也。" [6]

儒家希望抑制祭祀祖先的鬼神色彩，但并没有决绝地将鬼神色彩删除，而是将鬼神色彩"为我所用"地改造，让鬼神色彩为宗法人伦服务。儒家看到了祭祖活动中天然存在亲情的成分，便对祭祖活动进行一定程度的改造和利用。儒家通过重新解释宗教仪式并用以取代人们对超自然神秘力量的信仰，从而使社会组织基本单位的血亲体系更加稳定并永远存续下去。[7] 但是，儒家并没有成功地把超自然因素从祭祖活动中祛除出去，祛除超自然因素会严重弱化祭祖的效果，[8] 儒家做出了折中和妥协，于是祭祖活动中仍然保留了祭祀者与祖先神灵沟通的神秘过程。经过改造的祭祖活动借助鬼神因素这个外在助推器，实现其内核目的——先表达个人的孝亲，然后上升到对整个家族的认同和崇拜。这个从个人到家族的递进过程如《礼记·大传》所说："人道，亲亲也。亲亲故尊祖；尊祖故敬宗，敬宗故收族。" [9]（见图1）

[1]、[2]、[3]《伦语·八佾》

[4] 李泽厚：《中国古代思想史论》，天津社会科学院出版社，2003年，第23页。

[5] 金尚理：《疑神宗教与人伦理性——从"祖先崇拜"看中国传统文化的人生关怀》，《复旦学报（社会科学版）》2003年第3期。

[6]《礼论》

[7] 杨庆堃：《中国社会中的宗教：宗教的现代社会功能于其历史因素之研究》，范丽珠译，上海人民出版社，2006年，第60页。

[8] 杨庆堃：《中国社会中的宗教：宗教的现代社会功能于其历史因素之研究》，范丽珠译，上海人民出版社，2006年，第61页。

[9]《礼记·大传》

图1：西周前后祭祖比较

时间阶段	祭祖性质	祭祖重点
西周之前的祭祖	"宗教性"	寻求祖先鬼魂保佑
西周之后的祭祖	"宗法性"	敬宗睦族，宣传孝德

鬼神色彩为家族绵延服务的具体逻辑如下：传宗接代，主要由义务关系组成，权利关系相对少。人们在实践传宗接代时，要上对得起祖宗，下对得起子孙，具体说来就是要遵循两组互相的义务关系：从阳间的角度说，长辈要生育和抚养后辈，后辈要孝敬和反哺长辈，从阴间的角度说，故去的长辈要保佑活着的后辈，活着的后辈要祭祀和供奉故去的长辈。这些义务关系让每个人在家族绵延长河中各司其职，各安其分。家族绵延最重要一个方式就是生育后代和养育后代，但长辈对后辈单方面的奉献和付出断不能维持传宗接代的机制，只有让长辈完成生养任务后得到后辈的孝敬和供养，传宗接代的漫长链条方可保证稳固坚韧，这即是刚才说的"养儿防老"在"传宗接代"中的作用。孝敬长辈的实践可以看做是"孝"在阳间的体现，"孝"的机制不仅于此，"孝"在阴间世界仍是需要得到贯彻的，即长辈过世后，子孙仍需要对其进行香火供奉，保证他们在阴间过得舒适。为什么要对过世的长辈进行供奉呢？这与其说是为了过世的人，不如说是为了在世的人，在世的长辈引着子孙们进行着供奉活动时，实际是通过该活动向子孙们输导着"孝"的观念，阴间的"孝"终究是为了阳间的"孝"的顺利运作。而所谓故去的长辈

保佑后人，则是为了给阴间的"孝"的实践提供更为充足的理由，让活着的人知道只有奉上了足够的敬意和香火，故去的长辈才能对他们提供庇佑。因此，这四个义务是层层相连、一个为一个服务的（见图2），故去长辈的保佑服务于后辈的供奉，后辈的供奉服务于后辈的敬养，后辈的敬养服务于长辈对于后辈的生养，这些机制环环相扣，最终保证的是家族的绵延。

节孝牌（台湾）

图2：家族绵延中各机制及相互关系

三、鬼神信仰和家族绵延观念的互渗

上文所述家族绵延机制，往往需要得到鬼神信仰文化机制的辅助，才能运行的更加顺畅。所以我们才会看到，在中国，鬼神信仰和家族绵延观念常常是互渗的（见图3）。家族绵延观念渗入鬼神信仰往往体现为保证阳间义务的实践，即鬼神信仰中的"求子"和"孝"，鬼神信仰渗入家族绵延活动往往体现为保证阴间义务的实践，这在祭祖活动中表现得特别强烈。

图3：家族绵延与鬼神信仰的互渗

互渗状况	场合	表现
宗法文化渗入鬼神信仰	阳间	求子嗣 敬养在世长辈
鬼神信仰渗入宗法文化	阴间	供奉去世长辈 祖宗保佑子孙

鬼神信仰和家族绵延的观念，二者共同构成了传统中国人的精神世界，二者既对立又统一的结合方式，产生了比较奇异的效果，鬼神信仰看似是超脱性的，但在中国人身上却表现出很强的世俗性和实用性，家族绵延看似是非常世俗性的，但在中国人身上却表现出很强的宗教性。奇妙之处不仅在此，还在于二者的结合，人们在供奉鬼神时，往往渗入了家族绵延的因素，而人们在完成日常家族绵延的一系列行为时，也常常加入了鬼神的因素。正是因为这二者的互渗与融合，中国百姓的鬼神信仰才不具有完全的实用性和功利性，也是从这个意义上说，中国人在信仰鬼神时是具有一定的宗教性的。

家族绵延因素渗入鬼神信仰，最直接的表现是宗族所有的寺庙，有时是宗祠与寺庙合一，有时是寺庙属于某家族，[1]这种情况下，鬼神信仰必须附属于家族组织，但这只是组织意义上的附属，并不能完全体现家族绵延的观念渗入鬼神信仰。下文将以重庆大足的田野调查材料和文献资料为例，进一步阐释上述理论。大足区始建于唐肃宗乾元元年（758年），取"大丰大足"之意而得名，其位于四川盆地东南部，重庆市西北部，面积1399平方公里。境内古迹众多，尤以石刻最为著名，大足石刻肇于初唐，兴于晚唐、五代（前、后蜀），鼎盛于两宋，余绪延及明清及民国，前后绵延一千二百多年，多为佛教造像，亦有道教及儒释道三教造像，自然分布点一百多处，总数达五万余躯。灿烂的石刻文化，映射并维续着大足浓厚的传统文化尤其是超自然信仰文化，因此，以此地作为调查地点来观察中国传统精神世界的两大支柱，特别适合。

本文首先将以大足宝顶石刻及民国时期的宝顶香会作为考察对象，观测家族观念在鬼神信仰中的渗入。大足石刻一百余处，宝顶山石窟是其中规模最大的两处之一。它开凿于南宋中晚期（公元12世纪末至13世纪中叶），由18个造像点组成，以大、小佛湾为中心，周围5里有10多处结界像。宝顶石刻中以大佛湾造像最多，大佛湾呈马蹄形，回环500余米，共32号雕像，有佛像，有道家神像，有民间诸神，也有生活组图。其中和求子、孝敬有关的雕像有以下几座：

第8号千手观音，观音上方及左右两侧循岩刻千手千眼，如孔雀

[1]关于家族组织控制下的宗教信仰活动，详细可参见陈支平论著。（陈支平：《近五百年来福建的家族社会与文化》，中国人民大学出版社，2011年，第137—149页）

千手观音

展屏，千手或作手印，或执法器。[1]

第15号父母恩重经变相，上重横列七佛半身像；中重中刻"投佛祈求嗣息"，左右分刻怀胎守护恩、临产受苦恩、生子忘忧恩、咽苦吐甘恩、推干就湿恩、哺乳养育恩、洗涤不尽恩、为造恶业恩、远行忆念恩、究竟怜悯恩十图。有十恩图颂词及佛说报父母恩德经等经文配合。下重刻"阿鼻地狱"。[2]

第16号云雷音图，上重刻风伯抱袋、雷公击鼓、电母执镜、云神散雾、雨师乘龙、天神捧册等像。其间雷音图表现不孝父母天地不容之义。[3]

第17号大方便佛报恩经变相，正中刻释迦佛半身说法像，其两侧刻《大方便佛报恩经》变相及佛本生故事图："释迦因地割肉供父母"、"佛因地修行舍身济虎"、"释迦因地行孝证二十三相"、"释迦因地行孝剜睛出髓为药"、"释迦因地鹦鹉行孝"、"释迦因地为睒子行孝"、"释迦因地雁书报太子"、"释迦佛因地剜肉"、

[1] 大足县县志编修委员会主编：《大足县志》，方志出版社，1996年，第815页。

[2] 大足县县志编修委员会主编：《大足县志》，方志出版社，1996年，第815-816页。

[3] 大足县县志编修委员会主编：《大足县志》，方志出版社，1996年，第816页。

父母恩重经变相

雷音图

大方便佛报恩经变相

[1]、[2]大足县县志编修委员会主编：《大足县志》，方志出版社，1996年，第816页。

"释迦佛因地修行舍身求法"、"释迦牟尼佛诣父王所看疾"、"大孝释迦亲抬父王棺"等12组，各组配以佛说大方便佛报恩经经文。[1]

第20号地狱变相，上层横列十佛，中层中刻地藏菩萨，其左右刻十王及两司像，下层刻十八层地狱。[2]

石刻属于物质文化，如果说它是人们对于鬼神信仰观念的第一度阐释，那人们围绕石刻神灵进行的属于非物质文化的庙会活动，则属于人们对于鬼神信仰观念的再次阐释，只有把当地物质文化和非物质文化结合起来看待，才能更好窥得内里奥妙。大足寺庙林立，庙会甚多，几乎月月有会，甚至一月数会，其中以宝顶香会为历史最悠久、声势最浩大、影响最深远的宗教、民俗活动。宝顶二月香会历史久远，萌动于南宋，兴盛于元明，历清、民国而不衰。架香团队沿途见较大庙宇即予谒拜，途中唱本成为"路本"。各路架

地狱变相

香团队进入宝顶石窟区后，先逐龛颂赞谒拜大佛湾各佛像，并在千手千眼观音像前，参拜后跪唱架香团队名号以及团队香客姓名，称曰"交香"。然后走出大佛湾，进入圣寿寺参拜庙中各殿，直至宝顶之顶的维摩殿。

参千手观音唱词的部分：

"五百僧人齐要命，父王得病在其身。菩萨一见心不忍，打救父王病脱身。云端之上把话论，才知修道成了神。"[1]

参雷神唱词的部分："要打人间不孝子，奉法无私不徇情。雷祖老爷天上恨，恨的一曹忤逆人。"[2]

在父母恩重经变相前参催生圣母和送子娘娘唱词有好几段，这里选取一段："烧香人子进庙堂，焚香参拜三圣娘。催生圣母当中坐，送子娘娘送儿郎。要往痘麻关上过，全靠菩萨保安康。人子虔诚来参拜，保佑清吉回家乡。"[3]

在父母恩重经变相前答谢父母唱词："一炷信香供佛堂，报答堂上二爹娘。十月怀胎临盆苦，养育恩德实难忘。只为父母恩难报，特来灵山烧宝香。人子炉内香一炷，拜谢父母把儿养。"[4]

参大方便佛唱词："一叩头、一上香，一炷信香奉案上。惟有父母恩难报，朝拜佛祖宝殿堂。朝金殿，拜金身，拜谢父母养育恩。要报父母养育恩，生我劬劳甚艰辛。上等之人孝父母，礼恭毕敬把孝行。人子斋戒报父母，披头赤足把香焚。下等之人不孝敬，枉费爹娘一片心。"[5]

参地藏菩萨唱词的部分："幽冥教主地藏王，十八狱中去寻娘……佛祖见得孝心大，封为幽冥地

［1］李传授、张划、宋朗秋：《大足宝顶香会》，中国文联出版社，2005年，第39页。

［2］李传授、张划、宋朗秋：《大足宝顶香会》，中国文联出版社，2005年，第42页。

［3］、［4］、［5］李传授、张划、宋朗秋：《大足宝顶香会》，中国文联出版社，2005年，第43页。

[1]李传授、张划、宋朗秋：《大足宝顶香会》，中国文联出版社，2005年，第46页。

藏王。"[1]

从上述雕像和唱词之中，我们可以看到家族绵延观念中的生子与行孝观念强有力地渗透进鬼神信仰之中。为了将家族绵延的相关因素糅合进鬼神信仰中，必须对原初的鬼神信仰系统进行一番改造。道教为中国本土信仰，道教诸神如雷神、灵官菩萨和玉皇等，能比较自如地将同为中国本土的家族绵延相关因素结合在一起，但是对于舶来的佛教，其要融入中土，必须适应这里的文化环境，佛教本提倡出世性质的行为，如出家、不婚配或弃妻绝嗣，而中国人以家族为本，这样佛教必须选择对自身进行改造，改造的结果是双赢的，佛教在中国得以立足，中国百姓的文化根基也有了新的论证和保障的机制。从雕像和唱词之中，可见佛教改造之一斑，如行孝之人才能成佛、不孝之人需下地狱，而改造得最为形象和具体的，是观音菩萨和地藏菩萨，观音菩萨和中国民间妙善公主割眼割手救父的传说结合在一起，地藏菩萨则和中国民间目连下地狱救母的传说结合在一起，妙善公主和目连正因为有大孝之举才最终成佛。

鬼神信仰在子嗣延续方面起不到什么实际的效果，但其能给人以莫大的心理慰藉。鬼神信仰在孝敬父母方面，起的实际效果就比较明显了，鬼神信仰通过宣传"孝"的奖惩机制，引导和规范着人们的行为。除了即刻的效果，鬼神信仰还发挥着传承"集体记忆"的作用，个体的思想易逝，但雕刻画像和唱词，分别从物质和非物质方面让家族文化系统中的生育观和赡养观在一代代人中延续下去。

鬼神信仰在家族活动中的渗入，主要表现在祭拜故去祖宗的活动中，而祭拜故去祖宗，又可分为日常性祭拜和特殊节日的祭拜。

日常性祭拜主要体现在平日在家中对祖宗的供奉。

在家供奉祖宗的传统做法目前在一些村民家中还有所保存，本文以大足泉村的田野调查材料来展示：该村日常性祭拜主要体现在平日在家中对祖宗的供奉。新房修好后，三年之后在家里做好龛位，以便供奉祖先，当地叫此为"安香火"。龛位中不摆祖宗牌位，也不摆祖宗画像，其是以一种笼统的方式来敬祖的。龛位正中摆放香炉，香炉背后一般贴有请风水先生写的文字，文字内容大同小异，以一份为例（见图4），其中间写有"天地君亲师"（A），"天地君亲师"右侧写"龙王府君玉池夫人元辰星君香位，本音堂上贺氏门中一脉先灵主位，祖籍庙王前殿太子后宫夫人香位，天仙上圣桃园宝山三洞娘郎香位"（B），左侧写"伏羲神农轩辕黄帝五谷尊神香位，川主土主药王三圣鲁班先师香位，儒释道祖三教香火凡位，观音大士四官财神牛王慈尊莲位"（C）。两侧对联为"天高地厚君恩远，祖德功宗师范长"（D），"余炉不断千年火，玉盏长明万寿灯"（E），上方横批为"江左儒宗"（F）。香炉两侧放供果等祭品，一般也会拜一些神灵塑像，旁边墙上也会贴一些神灵画像，有些家里只摆放张贴观音和财神，有些家里拜放张贴得比较多，如有一家，龛位中摆着观音塑像（3座）、弥勒佛塑像、药王塑像、彭道爷照片[1]、张爷照片、主人干妈照片，左面墙上贴着十大元帅画像、毛泽东画像、许世友画像[2]、三清画像、彭道爷照片、主人亲姐姐照片，左边桌上还有观音塑像（2座）、送子观音塑像、钟馗画像，右面墙上贴着彭道爷画像、观音画像（7幅）、数代领导人集体画像、财神画像。按传统做法，主人每天需在龛位前上三炷香，既拜祖宗，也拜各路神灵，甚至龛位之外的一些神灵也要照顾到，如门口的门神、灶上的灶神、院子里的天地神仙。

[1] 彭道爷又名李真果（1880-1984），据说道法很高，能预知很多事情，且经常采草药治病救人，村民们都说他已得道成仙。张爷、主人干妈、主人亲姐姐同样都是道法很高的人。

[2] 据村民解释，许世友也是道家高人，和彭道爷是师兄弟。

图4：泉村某村民家中供奉状况

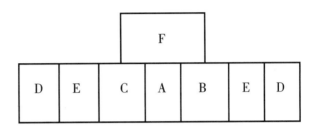

从村民的日常性祭拜中，我们首先可以看到民间鬼神信仰的混合性和多元性，村民在家里供奉神灵时秉持"多多益善"的观念，多拜一个神也许就能为自己多添一份福祉，这也印证了文章开头我们所说的中国百姓在信仰神灵时所表现出来的繁杂性和实用性。但从日常性祭拜中我们更应看到的是祖宗被神灵化的现象，祖宗也被塑造成了神灵中的一员，加入了保佑和庇护的行列。祖宗作为神灵，和其他神灵相比还有一些不同的特性：（一）祖宗作为神灵，具有排他性，排他性主要指保佑人数的排他性，即自己家的祖宗保佑的自己家的子孙，别人来祭拜自己家的祖宗，是不会被认为受到佑护的；（二）祖宗作为神灵，具有一定的不可替代性，祖宗在保佑子孙平安和家族绵延方面，具有强大的灵力，其他神灵无法与之比拟；（三）祖宗作为神灵，比起其他神灵，其对供奉者的供奉更加依赖，其他神灵，如果没有此地或此户人家的供奉，他自可云游至他处，但祖宗所受供奉的范围非常狭窄，一般只有其子孙来供奉，子孙供奉不力，祖宗就有可能在阴间受苦挨饿，甚至成为孤魂野鬼，祖宗作为神灵，其灵力是和子孙供奉密切相关的，子孙供奉越好，祖宗越有可能由鬼成神，越有力量保佑后代，子孙供奉得不好，祖宗灵力也大受削减，甚至沦为鬼，这时候，祖宗往往要采取托梦的形式，让子孙采取改进的措施，子孙再不改进，祖宗就要上身乃至采取一些惩罚措施。

之所以要把祖宗神灵化，而且把祖宗神灵的系统规制为：保佑的范围很狭窄，受供奉的范围也很狭窄，但其在保佑家族绵延方面能发挥强大的神力。这些都是为了强调供奉者与祖宗之间联系紧密的必要性。这种必要性是通过历史上一代代的文化建构起来的，其实际发挥的作用就是上文说的保障家族绵延，越是这么设计，越能激起子孙对于故去祖宗的供奉，而当前自己对往生者的孝敬，又能激发起今后子孙对自己在世时的孝敬。

除了日常性祭拜，人们还要进行节日期间的祭拜。节日的祭拜主要有大年初一、清明节、七月半鬼节。在这些节日仪式中，祖宗作为神灵的内在机理和前所述基本没有差别，因此对于这些仪式的过程不再累述。

韦伯通过"理想类型"的研究方式，从"出世–入世"、"禁欲主义"、"神秘主义（冥想）"两组关系为出发点，划分出四种宗教类型。（见图5）韦伯认为，传统的天主教为出世禁欲主义，新教为入世禁欲主义，儒教和道教为入世神秘主义，佛教为出世神秘主义。

图5：韦伯的宗教理想类型划分

	禁欲主义	神秘主义（冥想）
出世	出世禁欲主义	出世神秘主义
入世	入世禁欲主义	入世神秘主义

韦伯宗教社会学的关注重点在于：宗教的"理性化"程度。而这又源于韦伯对"工具理性"（"目的理性"）[1]这一概念的思考。韦伯认为，新教与西方近代资本主义发展具有"亲和性"，新教具有相当的"工具理性"，推动了西方资本主义的进步。然后，韦伯将视野投放至全球，观察和思考各种宗教的"理性化"。韦伯给了中国宗教尤其是儒教较高的评价，认为儒教同样具有"理性主义"的色彩，当然，该种"理性主义"与新教的"理性主义"有所不同。儒教"理性主义"是"适应现世的理性主义"，新教的"理性主义"是"支配现世的理性主义"。新教伦理与儒家伦理所代表两种"理性主义"："一个由上帝与尘俗无可避免的紧张出发，要求个人有条理地凝聚心智服从神的旨意，并因此贬抑了传统的神圣性，从而开展了西方在经济、政治、法律、科学各方面的改革进步；另一个则固守传统的不可动摇性，圣化了由人际关系推演出来的恭顺义务，并借和谐的宇宙观来消减宗教与现世之间的紧张度。"[2]

[1]与任何其他行为一样，社会行为也可以由下列因素决定：（1）目的理性的因素，此时，行为者预期外界事物的变化和他人的行为，并利用这种预期作为"条件"或者作为"手段"，以实现自己当作成就所追求的、经过权衡的理性目的；（2）价值理性的因素，此时，行为者自觉地和纯粹地信仰某一特定行为固有的绝对价值（例如伦理的、美学的、宗教的或任何其他性质的绝对价值），而不考虑能否取得成就；（3）感情因素，尤其是情绪因素：即由现时的情绪或感觉状况决定的社会行为；（4）传统因素：由熟悉的习惯决定的社会行为。（参见马克斯·韦伯：《社会学的基本概念》，胡景北译，上海世纪出版集团，2005年，第32页）

[2]顾忠华：《韦伯学说》，广西师范大学出版社，2004年，第106页。

　　韦伯以"工具理性"以及新教的"理性主义"作为标杆，看待其它类型宗教，并时不时将某种宗教"理性化"不足与该区域迟迟没有迈入高度"工具理性"的资本主义时代相联系。这有可能导致以结果反推过程的思维陷阱，例如：因为中国在近代未能迈入资本主义，于是便从各种角度思考西方有哪些元素是中国所不具备的，然后论证正是由于缺乏这一种或几种元素的缺乏，中国落后了西方。韦伯已经给予了中国儒家文化一种较高的评价，认为其较多种类型文化而言，已经具有相当的进步性，但这种"合理性"是相对的，够不上现代资本主义的"合理性"。以"理性化"程度评价中国宗教，多少仍是站在西方视角观察中国。韦伯对近代西方宗教变化与西方当时社会资源变迁状况之间的"亲和性"进行了卓有成效地分析，但对于非西方的其余各种宗教，却以西方资本主义化的"理性化"标准来衡量。某种宗教能够衍生，必定有适合其生长的土壤，某种宗教能够发展，必定适应了当时社会各种约束条件，并能在社会中发挥某种作用。一种制度或文化，我们要分析其在当下的作用，更要回过头看它在历史中发挥的作用。中国文化的"合理性"要从自身历史情境和社会情境中挖掘，而不是通过比附其它类型文化的"合理性"而获得。

　　梁漱溟《东西文化及其哲学》由此提出了人类三种表现不同"方向意欲"的文化类型：西方文化是以意欲向前要求为根本精神的，中国文化是以意欲自为调和、持中为其根本精神的，印度文化是以意欲反身向后要求为其根本精神的。[1]具体而言：（一）西方文化，它是意欲规则或标准的方向。反映了人视为动物性的生存取向，即对饮食男女（食物、住所、生殖）等的需求。为了达到此类欲求，需克服环境并满足这种基本的欲求。西方文化的所

[1]梁漱溟：《东西文化及其哲学》，商务印书馆，1999年，第62-63页。

有特征和成果如科学、民主、征服自然的力量等，都是沿此意欲方向发展起来的。（二）中国文化（儒道），其基本方向是趋向于自我和环境的协调。即意欲本身的需求和环境之间取得一个平衡。此种文化类型关注的问题是：追求感性上满足的生活并获得极大的内在惬意感和生活的快乐。（三）印度文化，意欲回复到自我的否定。在第三种文化的最后阶段，人类意识到世界不过是一种幻觉，因之要寻找绝对的觉悟。梁漱溟认为人类的大意欲（以上三种意欲方向的文化类型）有着某种程度上的固定顺序，每一种意欲方向都应在人类进化的相应阶段上胜过其他方向。[1]梁漱溟和韦伯在研究的出发点上是基本一致的，即希望"价值中立"、不偏不倚地对不同类型的文化和宗教进行分析，但是，二人各自还是对自己的本文化了解最深同时感情也最深，二人都看到了西方"理性"的优缺点，但韦伯总体对西方"理性"持肯定，而梁漱溟认为西方"理性"有难以克服的短处，认为东方文化可以对其有所补充，当然，梁漱溟也剖析了东方文化尤其是中国文化在今日的种种缺点，但梁漱溟总体观点是，三种类型文化各有优劣，不存在绝对的先进与落后，在某历史阶段，某种文化类型可能胜过其它类型文化，不同的历史阶段，三种文化类型各领风骚，在近现代，西方文化更合乎时宜，中国文化则不太合时宜，但西方文化已有颇多弊端展现，中国文化在近现代亦有优势可供挖掘。无论具体观点对错，梁漱溟为我们提供了一个从本土的、主体性的视角观察中国文化的路径。

"认知"必须从一定的"情境"中生发。每种文化的产生和成型必定受到社会资源条件的约束。但是三种文化为何在源头上分叉，却难以有详细而具体的解释。由于年代过于久远，即使有部分文献记载，也是描述该制度的运

[1] 王泉根：《文化与人生的三段式》，《人民政协报》2002年3月19日。

行状况，没有在"发生学"意义上做过多解释，因此只能
做一大概推测，即从地理环境的角度探究。传统中国大陆
性的生态环境，主要适用于农业经济生产。"中国的文明
最早发源于仰韶文化的核心地区（包括陕西、山西南部
及河南西部的渭水盆地），此一地区的自然环境是气候多
变、降雨量低、植物稀少，但其土壤皆为肥沃的黄土。此
种土壤不需另加肥料，即可长久耕种而仍丰收。在此类生
态环境中，靠耕种谋生似乎是一种最为适宜的办法。考古
及其他数据显示，早在公元五千年以前的新石器时代，此
一地区即已出现自给自足的农业系统。此后，农业经营及
活动的地区逐渐扩展，及至最近两千多年，淮河以南的地
区也形成了多产而有效的农业系统。"[1]农业以土地为
主要生产资料，而土地的保护以及作物的照料和收获，均
为个人能力所不逮，必须依靠持久而稳定的小团体来共同
运作，当时社会条件下看，最为持久而稳定的小团体便是
血缘性的家族，家族成为中国人最为重要的生活单位，而
为了保持家族延续与和谐，凡事皆以家族为重的"家族主
义"逐渐形成，而"家族主义"的行为方式亦逐步推广到
家族范围之外，成为"泛家族主义"。[2]那么，"家族
主义"的生活方式是如何成为中国人的哲学与文化的呢？
由于中国人主要以农业为生，土地则是财富的根本基础，
土地资源的分配是各种政策关注的重心，"重农抑商"政
策倾向是该种社会环境下的产物，商业重视交换，农业
重视生产，而在交换之前，必须先有生产，而都市人阶
层——"士"虽然不直接耕种土地，但或是地主，或家乡
在村庄，他们对于自然的看法、对于生活的看法，本质上
就是"农"的看法，"士"把"农"朴素的生活观点替代
地、更为清晰用哲学语言表达出来。[3]中国文化起源与
社会情境之间的关系可大略表达如下：大陆国家→农业生

[1]叶光辉、杨国枢：《中国人的孝道：心理学的分析》，重庆大学出版社，2009年，第24页。

[2]叶光辉、杨国枢：《中国人的孝道：心理学的分析》，重庆大学出版社，2009年，第24-25页。

[3]冯友兰：《中国哲学简史》，北京大学出版社，1996年，第5-6页。

产→家族制度→与家族制度相适应的文化制度（如宗法式的祖先祭祀）、政治制度、经济制度。

光从地理环境追溯原因，也许不够全面。福山认为，"公元前第一个千年终止时，两个社会的社会结构非常相似，都有父系血统的家族和由此产生的政治模式。之后，印度转入弯路，唯一的解释是婆罗门宗教的兴起。该教形而上学的主张是非常复杂的，但要把它与当时印度北部的经济和环境条件挂起钩来，却是徒劳无益的。"[1]宗教和价值观念的同异，也许还要考查更为具体的社会结构。赵鼎新认为，春秋-战国时代的封建制度导致了诸侯国之间频繁而输赢不定的局部性战争，这类特殊类型的战争促成的是一个更为根本的机制——效率导向型的工具理性文化，总体的工具理性文化生发后，继而对军事、政治、经济和意识形态等领域造成影响。[2]理性化结晶之一，正是意识形态（价值观念）。中国"理性化"起步时，军队、宗教、商人力量还未充分发展，无法与国家力量抗衡，而贵族势力也逐步被国家力量压制。中国政治权力一家独大，使得意识形态权力与政治权力合二为一，军事权力为政治权力驾驭，经济权力被边缘化。[3]具体的社会结构塑造了中国与众不同的"理性"文化。

以上只是大致对中国文化起源的社会情境做推断。更为重要的目的是推崇主体性地理解中国文化的视角，并试图回归到历史本原、回归到当时社会资源的限制条件下去看待中国文化。曾经适合农业社会、并由农业社会生发出来的中国文化，在近代工业社会逐渐凸显出缺点。中国文化被梁漱溟评论为"早熟的文化"，中国文化正因为极早提倡"理性"，过早地"成熟"，反而在气候表现出颇多"幼稚"之处。[4]"总起来说：骨子里文化并不幼稚的中国，却有其幼推之处，特别在外形上为然。"[5]"如有不少幼稚可笑

[1]弗朗西斯·福山：《政治秩序的起源：从前人类时代到法国大革命》，毛俊杰译，广西师范大学出版社，2012年，第435页。

[2]赵鼎新：《东周战争与儒法国家的诞生》，夏江旗译，华东师范大学出版社，2011年，第2、19页。

[3]赵鼎新：《东周战争与儒法国家的诞生》，夏江旗译，华东师范大学出版社，2011年，第7页。

[4]梁漱溟的比喻是："好比一个人的心理发育，本当与其身体发育相应，或即谓心理当随身体的发育而发育，亦无不可。但中国则仿佛一个聪明的孩子，身体发育未全，而智慧早开了。即由其智慧之早开，转而抑阻其身体的发育，复由其身体发育之不健全，而智慧遂亦不得发育圆满良好。"（参见梁漱溟：《中国文化要义》，上海世纪出版集团、上海人民出版社，2003年，第331页）

[5]梁漱溟：《中国文化要义》，上海世纪出版集团、上海人民出版社，2003年，第331页。

农业风光

的迷信流行在民间，似亦为文化幼稚之征。其实中国古人远在两三千年前，头脑思想之开明有非任何民族所及，神话与迷信比任何地方都少。但为它不走科学一条路，对于大自然界缺乏考验，没有确实知识之产生，就让这许多幼稚迷信遗留下来，未及剥除。其他事例尚多，不备举。"[1]中国文化基因之中留下一定的风险，一面提倡克制和冷静，一方面又不时流露出狂热和迷信。家族观念是传统诸神灵信仰的黏合剂，也是传统诸神灵信仰在中国立足的根本，同时，正是由于家族观念进入民间神灵信仰，民间神灵信仰才不全然体现出功利性和实用性，才具有了一份超脱世俗的宗教性。而家族绵延也由于借助了神灵信仰的力量，其机制得以运行得更加顺畅。但是，家族观念和神灵信仰的均衡模式在当代逐步被打破，家族观念不断式微，神灵信仰中的宗教性也因此而衰退。

家族观念从神灵信仰中撤出后，神灵信仰失去了"价值性"输出，而只剩下了"功能性"输出。目前的神灵信仰已不具备映射和输出本体性终极价值的能力，神灵信

［1］梁漱溟：《中国文化要义》，上海世纪出版集团、上海人民出版社，2003年，第331页。

烧香祈福

仰失去了宗教性后，功利性这一属性更加不受约束，因此也体现得越加明显。人们希望用一种便捷的、简易的"快餐"方式从神灵那里换取自己的福祉。传统时代，家族观念主宰了中国人的意义世界，神灵信仰受制于此只能更多进行"功能性"的输出，但也正是由于家族观念需要神灵信仰的辅助，神灵信仰的功利性才受到了抑制和平衡。当家族观念衰落后，没有了价值、理想、归属、意义的解说和定义，神灵信仰的功利性失去了牵制力，而且又正逢市场化逻辑席卷全国，这就不难解释当前神灵信仰为何呈现出如此强烈的功利性。

祠堂〔福建〕 摄影：周跃东

第二章

祭祖的庶民化

周代的祭祖活动，在宗法制[1]之下运行。宗法制的核心是区别"大宗""小宗"的嫡庶之分，宗法制与政治上的分封制密不可分。[2]因此，宗法性的祭祖活动也表现出很强的社会身份等级性，维护和加强着国与家的上下尊卑关系。首先，祭祀祖先的代数和地点有区别，"天子七庙，三昭三穆，与大祖之庙而七。诸侯五庙，二昭二穆，与大祖之庙而五。大夫三庙，一昭一穆，与大祖之庙而三。士一庙。庶人祭于寝。"[3][4][5]"故有天下者事七世，有一国者事五世，有五乘之地者事三世，有三乘之地者事二世，持手而食者不得立宗庙，所以别积厚者流泽广，积薄者流泽狭也。"[6]"庶士、庶人无庙，死曰鬼。"[7]其次，祭祀的祭品也有区别，"天子社稷皆太牢，诸侯社稷皆少牢。"[8][9]"国君有牛享，大夫有羊馈，士有豚犬之奠，庶人有鱼炙之荐。"[10]"天子举以太牢，祀以会；诸侯举以特牛，祀以太牢；卿举以少牢，祀以特牛；大夫举以特牲，祀以少牢；士食鱼炙，祀以特牲；庶人食菜，祀以鱼。"[11]不仅各贵族阶层之间以及贵族阶层与庶人阶层之间在祭祀礼仪方面有区

---

[1] 王国维认为，商代无宗法制。（参见王国维：《殷周制度论》，载《观堂集林》上册，河北教育出版社，2002年）晁福林进一步认为，周公之前周人也无宗法。（参见晁福林：《试论宗法制的几个问题》，《学习与探索》1999年第4期）

[2] 晁福林：《试论宗法制的几个问题》，《学习与探索》1999年第4期。

[3]《礼记·王制》

[4] 在庙的建筑方面亦有分别：

"唐制三品以上九架，厦两旁，三庙者五间，中为三室，左右厦一间。明制五庙者五间九架，厦两旁，四庙者三间五架。清制，三品以上官庙五间，阶五级，东西庑各三间，四至七品官庙三间，阶三级，东西庑各一间，八、九品庙亦为三间，但中广左右狭，阶只一级，堂亦无庑，堂及垣皆只一门（七品以上皆三门）。"（参见瞿同祖：《瞿同祖法学论著集》，中国政法大学出版社，2004年，第221-222页）

[5] 宗庙中诸庙皆向南，昭庙左穆庙右依次排列。自太祖以下，偶数之祖为昭，奇数之祖为穆。

[6]《荀子·礼论》

[7]《礼记·祭法》

[8]《礼记·王制》

[9] "牢"是养牲畜的牢圈，引申为祭祀用的牛、羊、猪三牲。"太牢"指牛、羊、猪三牲齐备。"少牢"指用羊、猪或只用羊的祭祀。

[10]《国语·楚语上》

[11]《国语·楚语下》

别，贵族阶层内部也有区别，即嫡庶关系的"大宗""小宗"之别，《礼记》[1]有记载："别子为祖，继别为宗，继祢者为小宗。有百世不迁之宗，有五世则迁之宗。百世不迁者，别子之后也；宗其继别子之所自出者，百世不迁者也。宗其继高祖者，五世则迁者也。尊祖故敬宗，敬宗尊祖之义也。"[2]"王者禘其祖之所自出。以其祖配之。而立四庙。庶子王亦如之。别子为祖，继别为宗，继祢者为小宗。有五世而迁之宗，其继高祖者也。是故祖迁于上，宗易于下，尊祖故敬宗，敬宗所以尊祖祢也。"[3]班固对"大宗""小宗"做了进一步解释："大宗能率小宗，小宗能率群弟，通其有无，所以纪理族人者也。宗其为始祖后者，为大宗。此百世之所宗也。宗其为高祖后者，五世而迁者也。高祖迁于上，宗则易于下。宗其为曾祖后者，为曾祖宗。宗其为祖后者，为祖宗。宗其为父后者，为父宗。以上至高祖宗，皆为小宗。以其转迁别于大宗也。别子者，自为其子孙为祖，继别也，各自为宗。"[4]（见图1）"大宗""小宗"的设置意图在于，

图1："大宗""小宗"宗法关系图[5]

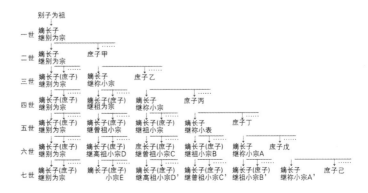

[1]也有学者认为《礼记》体现的并不是周代真实情况。如清代学者毛奇龄就认为，"夫天子宗法已不可考矣，只诸侯公子略见于《丧服小记》及《大传》二篇，而说又不详。且狃以其说遍核之他经及春秋时宗姓氏族诸所记，又并无一验，此固三代以前不传之制。封建既废，原可弃置勿复道者，顾后儒纷纷，无所折衷，即郑注孔疏，亦大率率周章无理，而赵宋以还，立说备多，则倍不可信。"（参见毛奇龄：《大小宗通释》）当代学者如钱宗范亦认为，《礼记》所载内容有汉儒的想象臆测成分，并不一定是周代宗法制的真实存在。（参见钱宗范、何海龙：《关于中国宗法制度研究中几个问题的探讨》，《广西民族学院学报（哲学社会科学版）》2003年第6期）

[2]《礼记·大传》

[3]《礼记·丧服小记》

[4]班固：《白虎通义》卷上《德论》。

[5]阴法鲁、许树安 主编：《中国古代文化史（一）》，北京大学出版社，1989年，第91页。

将宗法制与分封制、世卿世禄制度紧密联系在一起，将政权与族权紧密联系在一起。

周代宗法制，是与整体政治制度匹配的，秦汉之后，郡县制代替了分封制，宗法制以往扎根的政治土壤不再存留，虽然宗法制中的贵贱之分和嫡庶之分仍然延续，但周代宗法制已无法严格执行。祭祀限制不断放宽，便是宗法制发展和变化的表征之一。祭祀的限制，总是和政治权力的垄断性联系在一起。春秋后期，天子的权威不断削弱，权力向下分流至诸侯，又继续分流至卿大夫。随着权力的下移，春秋时代的祭祀权限也随之下移，诸侯、卿大夫甚至一般贵族都在不时突破以往的宗法制。[1]秦汉建立大一统的中央集权，皇帝相较周天子有更多的实权，但皇帝与百姓间始终横亘着一个巨大的"中间层"，秦汉时期表现为豪族，魏晋时期表现为士族。周代至隋唐，中央政权的政治权力一直被贵族阶层所牵制和压抑。隋唐时期，社会上层固化程度不再是铁板一块，庶人通过科举等制度向上流动的机会增多，可是"关陇贵族"[2]等士族力量仍十分强大。政治权力不断进行着再分配，但分配至一般官员和庶人的资源是有限度的，政治权力的再分配仍主要在皇帝与各贵族之间展开。祭祀仪式中的等级限制不断变换便是政治权力再分配的外在表现之一。以祭祀代数为例。唐代官方制度为："开元十二年著令：一品、二品四庙，三品三庙，五品二庙，嫡士一庙，庶人祭于寝。及定礼：二品以上四庙，三品三庙，三品以上不须爵者亦四庙，四庙有始封为五庙，四品、五品有兼爵亦三庙，六品以下达于庶人，祭于寝。天宝十载，京官正员四品清望及四品、五品清官，听立庙，勿限兼爵；虽品及而建庙未逮，亦听寝祭。"[3]以上虽然不是按照爵位而是职事官阶来确立庙数，然六品以下及普通之庶人亦不在庙祭之

[1]晁福林：《试论春秋时期的祖先崇拜》，《陕西师大学报（哲学社会科学版）》1995年第2期。

[2]关陇贵族集团，亦称关陇六镇集团或六镇胡汉关陇集团，为陈寅恪所提出的学说，用以阐释西魏、北周、隋、唐三代政权的特点。

[3]欧阳修、宋祁、范镇、吕夏卿等：《新唐书》

家庙（台湾）

列，庙祭的权力仍然是被权贵所垄断。[1]唐代官方祭祀制度想恢复周代古礼，实践中却力所不逮。古礼实行的基础是贵族政治，隋唐时期为不完全的贵族政治，即贵族阶层实力依然强大，寒门和庶民却已有向上流动的机会和可能性，唐代官方祭祀制度在古礼基础上进行部分修改便是反映。唐代官方祭祀制度想古今兼顾，结果却不甚理想。

"就外在环境而言，世官、世禄的时代早已过去了，荫任等制度的保障终究有限，唐代的家族已经无法长享一定的政治地位，更遑论一定的政治地位由嫡长子一系所继承。"[2]由于对祭祀的官品的要求过于严格，极易造成绝祀而废庙的情况。[3]"在传统礼制和当时朝廷典制的双重制约下，即使是仕宦之家亦难以保证其家庙的香火代代传续。"[4]"唐代这种由国家控制的家庙祭祀制度同其所倡导的宗族聚居的家族道德甚相违拗，亦不能满足私人祭祀祖考，传续始祖之庙的要求。"[5]因为缺乏世代稳定传承的贵族政治制度作外在保障，唐代祭祀制度的落实十分困难。

宋代，政治权力继续向下分流，方向是由门第等级性宗法宗族制向庶民类型宗法宗族制过渡。"这一过渡并非一蹴而就，先由门第等级性宗法宗族制过渡为一般官僚士大夫类型宗法宗族制，两宋时代即处于这一过渡阶段；然后再过渡到一般庶民类型宗法宗族制，明清时代则处于第二个过渡阶段。"[6]宋代初年，由于五代十国时期连年战乱，祭祀制度多有废怠。"五季之乱，礼文大坏。士大夫无袭爵，故不建庙，而四时寓祭室屋。"[7]天下稳定后，宋代亦希望恢复祭祀古礼。北宋初期，人们对于立庙祭祀兴趣不厚，北宋中后期，立庙祭祀逐步恢复。宋代官方关于祭祀仪礼的规定为："群臣家庙，本于周制，适士以上祭于庙，庶士以下祭于寝。唐原周制，崇尚私庙。五

[1]周赟：《庙祭还是墓祭——传统祭祖观念之争论及其现实时代之价值》，《鹅湖月刊》，第446期。

[2]甘怀真：《唐代家庙礼制研究》，台湾商务印书馆，1991年，第135页。

[3]对于六品以下的卑官而言，不得立庙，而于"时祠"、冠礼之时尚可以使用已有的家庙，但其本人亡故后，只能被祔祭于寝内，没有入庙做主的资格。而对于高官而言，如果是祖考为三品以上官，而子孙只为四品、五品官，其子孙亡故后，亦只能单独立庙，而不能祔祭于其先考三品官为始封祖的家庙内。唐代当世的典制对立庙者官品的要求过于苛刻，而由于科举制度的影响，唐代的嫡子没有绝对的政治地位保障。（参见赵旭：《唐宋时期私家祖考祭祀礼制考论》，《中国史研究》2008年第3期）

[4]、[5]赵旭：《唐宋时期私家祖考祭祀礼制考论》，《中国史研究》2008年第3期。

[6]李文治、江太新：《中国宗法宗族制和族田义庄》，社会科学文献出版社，2000年，第19页。

[7]脱脱、阿鲁图等：《宋史》。

季之乱，礼文大坏，士大夫无袭爵，故不建庙，而四时寓祭室屋。庆历元年，南郊赦书，应中外文武官并许依旧式立家庙。已而宋庠又以为言，乃下两制、礼官详定其制度：官正一品平章事以上立四庙；枢密使、知枢密院事、参知政事、枢密副使、同知枢密院事、签书院事，见任、前任同，宣徽使、尚书、节度使、东宫少保以上，皆立三庙；余官祭于寝。"[1] "大观二年，议礼局言：所有臣庶祭礼，请参酌古今，讨论条上，断自圣衷。于是议礼局议：执政以上祭四庙，余通祭三庙。古无祭四世者，又侍从官以至士庶，通祭三世，无等差多寡之别，岂礼意乎！古者天子七世，今太庙已增为九室，则执政视古诸侯，以事五世，不为过矣。先王制礼，以齐有万不同之情，贱者

[1] 脱脱、阿鲁图等：《宋史》。

厅堂（福建）摄影：周跃东

不得僭，贵者不得逾。故事二世者，虽有孝思追远之心，无得而越，事五世者，亦当跂以及焉。今恐夺人之恩，而使通祭三世，徇流俗之情，非先王制礼等差之义。可文臣执政官、武臣节度使以上祭五世，文武升朝官祭三世，余祭二世。"[1]之后《政和五礼新仪》中的祭祀代数仍沿用大观之制。宋代官方祭祀制度，将所有官员都纳入祭祀范围，不像唐代那样仅限于五品以上官员，祭祀范围进一步扩大。

相对于官方制度，宋代一些士大夫的论述对后世宗法制度和祭祀制度有着更大的影响。森严的祭祀等级制度，不仅不利于民间宗族组织的发展，也限制了官僚阶层"敬宗收族"的实践。[2]宋朝许多儒学家认为应从各方面打破宗法古礼制度的桎梏，让修正过的宗法制度拓展成为聚合整个社会的载体。这些儒学家"提倡庶民化的宗法制度的目的在于把原来适用于王道、贵族之道的'敬宗收族'意识形态，改造成为适用于社会各阶层的行为规范。"[3]如张载便认为应该用宗法制度重新整合社会秩序："管摄天下人心，收宗族，厚风俗，使人不忘本，须是明谱系世族与立宗子法。宗法不立，则人不知统系来处。古人亦鲜有不知来处者，宗子法废，后世尚谱牒，犹有遗风。谱牒又废，人家不知来处，无百年之家，骨肉无统，虽至亲，恩亦薄。宗子之法不立，则朝廷无世臣。且如公卿一日崛起于贫贱之中，以至公相。宗法不立，既死遂族散，其家不传。宗法若立，则人人各知来处，朝廷大有所益。或问：朝廷何所益？公卿各保其家，忠义岂有不立？忠义既立，朝廷之本岂有不固？今骤得富贵者，止能为三四十年之计，造宅一区，及其所有，既死，则众子分裂，未几荡尽，则家遂不存，如此，则家且不能保，又安能保国家？"[4]

[1] 脱脱、阿鲁图等：《宋史》。

[2] 郑振满：《明清福建家庭组织与社会变迁》，中国人民大学出版社，2009年，第173页。

[3] 王铭铭：《宗族、社会与国家——对弗里德曼理论的再思考》，《中国社会科学季刊》，1996年秋季卷。

[4] 张载：《张子全书》。

[1] 马端临：《文献通考》。

[2] 程颐：《伊川文集》。

[3]、[4] 赵旭《唐宋时期私家祖考祭祀礼制考论》，《中国史研究》2008年第3期。

[5] "尸，神象也。祭所以有尸者，鬼神无形，因尸以节醉饱，孝子之心也。夏氏立尸而卒祭。夏礼，尸有事则坐。殷坐尸。无事犹坐。周坐尸，诏侑无方。其礼亦然，其道一也。言此亦周所因於殷礼也。"（参见杜佑《通典》）为祖先鬼神之尸要有这样几个条件："一、天子、诸侯以卿大夫孙行者为尸，并且必须是同姓卿大夫之嫡子；二、大夫、士不能以臣为尸，以孙为尸当是亲生之孙。大夫、士若无孙，则取同姓之嫡孙，并且所选之嫡孙没有父亲。三、天子、诸侯所选之尸必须有爵位，大夫、士则可以无爵位。"（参见史志龙：《先秦社尸考》，《殷都学刊》2012年第2期）是否所有祭祀之尸都必须以孙为之，学术界还有争论。

[6] "古之人朴质，中华与夷狄同，有祭立尸焉，有以人殉葬焉，有茹毛饮血焉，有巢居穴处焉，有不封不树焉，有手抟食焉，有同姓婚娶焉，有不讳名焉。中华地中而气正，人性和而才惠，继生圣哲，渐革鄙风。今四夷诸国，地偏气犷，则多仍旧。其边防序中。自周以前，天地、宗庙、社稷一切祭享，凡皆立尸。秦汉以降，中华则无矣。或有古者，犹言祭尸礼重，亦可习之，斯岂非甚滞执者乎！"（参见杜佑：《通典》）

[7] 刘雅萍：《唐宋影堂与祭祖文化研究》，《云南社会科学》2010年第4期。

[8] "文昌于荆、蜀皆有先祖故第，至是陕为浮图祠。又以先人坟墓在荆州，别营居第以置祢影堂，岁时伏腊，良辰美景享荐之，彻祭即以音声歌舞之，如事生者，缙绅非焉。"（参见刘昫：《旧唐书》）

若要以宗法制度"管摄天下人心"，就必须扩大宗法制度的适用范围，让更多人群在更多仪式更多场合中接受来自宗法的教化。于是，程颐主张放宽庶人祭祖代数限制，首先，高祖之下的四代都应纳入祭祀范围："有问程子曰：今人不祭高祖，如何？曰：高祖自有服，不祭甚非，某家却祭高祖。又曰：自天子至于庶人，五服未尝异，皆至高祖。服既如是，祭祀亦须如是。其疏数之节未有可考，但其理必如此。七庙、五庙亦只是祭及高祖。大夫、士虽或三庙、二庙、一庙，或祭寝庙，则虽异亦不害祭及高祖。若止祭祢，是为知母而不知父，禽兽道也。祭祢不及祖，非人道也。"[1] 其次，程颐还认为，自高祖以上至于始祖，虽然亲尽无服，也应当每年一祭，以示慎终怀远。[2]

司马光在《书仪》中，提倡没有严格身份限制、简便易行的影堂祭祀。北宋中后期，官僚阶层对于家庙制度日渐热衷，宋朝的祭祀制度涵盖范围较唐代要宽广，覆盖了所有官员。"然自北宋末年及至南宋时期，赐建家庙的殊荣又为权奸、势要所独占，"[3] 资助功臣的政策并未惠及普通官员。按国家的立庙制度，一般官僚尊祖敬宗的愿望很难达成，一般官僚很多时候只能因陋就简，以简化过的家庙形式祭祖。"私家以简约的祖考祭祀仪式来顺应和弥补了官方宽泛但名不副实的家庙政策。"[4] 以画像或是塑像（兼有牌位）为祭祀对象的影堂便是主要的家庙变通方式。先秦时代，祭祖中有"立尸"仪式[5]，即以活着的人代表去世先祖接受祭祀。秦汉之后，"尸"逐渐被画像、塑像或牌位代替。[6] 其中，牌位是更为正统的祭祀方式。唐代，影堂已经流行开，起初用于祭祀、纪念得道高僧，后有些影堂也作为世人宗族祭祀之地。[7] 唐代士大夫对于影堂作祭祀之用多有非议，[8] 到了宋代，影堂作祭祀之用逐渐广泛，原因是影堂没有身份等级严格限制，且规模不大，经济负担小。[1]司马光在《书仪》中将民俗式的影堂祭祀规范化，使其尽量符合《仪礼》精神，并细化祭祀仪式："如时祭，设曾祖考妣坐于影堂，南向，设死者坐于其东南，西向，各有倚（椅）卓，设盥盆帨巾于西阶下，设承版卓子于西方，火炉汤缺火筋在其东。其日夙兴，设玄酒，酒鉼盏注，卓子于东方，设香卓于中央，置香炉灶香于其上。质明主人以下各服其服，哭于灵座前，奉曾祖考妣祠版匣置承祠版卓子上，出祠版置于坐，藉以褥，次诣灵座，奉祠版匣诣影堂，主人以下哭，从如从枢之叙，至影堂前，止哭，祝奉祠版置于坐，藉以褥，主人及诸子倚杖于阶下，与有服之亲尊长卑幼，皆立于庭。"[2]影堂定位为祭祖场所后，被司马光赋予了相当神圣的意义，"主人以下皆盛服，男女左右叙立如常仪，主人主妇亲出祖考置于位，焚香。主人以下俱再拜，执事者斟祖考前茶、酒，以授主人，主人搢笏跪酹茶酒，执笏俛伏兴，帅男女俱再拜，次酹祖妣，以下皆徧纳祠版出彻，月望不设食，不出祠版，余如朔仪。影堂门无事常闭，每旦子孙诣影堂前唱喏，出外归亦然。出外再宿以上归则入影堂，每位各再拜。将远适及迁官，大事则盥手焚香以其事，告退各再拜。有时新之物，则先荐于影堂；遇水火盗贼，则先救先公遗文，次祠版，次影，然后救家财。"[3]司马光《书仪》在宗法制度的推广和普遍化方面起了重要的作用，"司马光《书仪》中倡导的影堂以简约且合乎礼制传统的办法弥补了官方家庙制度的不足，且形成了官方默许的文本，施行范围十分广泛，符合《仪礼》的精神，且许多规定较之《仪礼》更加细化和明了。"[4]司马光的《书仪》，在"表"方面，受到了许多儒家学者的批评——主要集中在反对影像祭祀

[1]刘雅萍：《唐宋影堂与祭祖文化研究》，《云南社会科学》2010年第4期。

[2]、[3]司马光：《书仪》。
[4]赵旭《唐宋时期私家祖考祭祀礼制考论》，《中国史研究》2008年第3期。

[1]"又问：今士庶家不可立庙，当如何也？庶人祭于寝，今之正厅是也。凡祭，以义起之可也。如富家及士，置一影堂亦可。但祭时不可用影。又问：用主如何？曰：白屋之家不可用，只用牌子可矣。如某家主式，是杀诸侯之制也。大凡影不可用祭。若用影祭，须无一毫差方可。若多一茎须，便是别人。"（参见程颢、程颐：《二程集》）"古人亦不为影像，绘画不真，世远则弃，不免于亵慢也，故不如用。"（参见张载：《张子全书》）

[2]"熹承询及影堂，按古礼，庙无二主，尝原其意，以为祖考之精神既散，欲其萃聚于此，故不可以二，今有祠版，又有影，是有二主矣。"（参见朱熹：《朱子全书》）

[3]"此章本合在祭礼篇，今以报本反始之心，尊祖敬宗之意，实有家名分之首，所以开业传世之本也。故特著此，冠于篇端，使览者知所以先立乎其大者，而凡后篇所以周旋升降出入向背之曲折，亦有所据以考焉。"（参见朱熹：《朱子全书》）

[4]、[5]、[6]朱熹：《朱子全书》。

上，张载和"二程"认为使用影像祭祀，既缺乏真实性，又会因为岁月流逝导致褪色，这皆是对祖宗的不敬，[1]朱熹认为，同时使用祠版和影像，会让祖先的精神涣散，[2]应当只保留牌位祭祀。但是，司马光的《书仪》的"里"——倡导没有严格身份限制、简便易行的祭祀，是宋代诸多儒学家一致赞成的。

相对于以上大儒，朱熹《家礼》对宗法庶民化的设计，特点一是具有很强的可操作性，特点二是比其他儒学家更谨慎、更遵循古礼。可操作性体现在：朱熹对祠堂进行了详细的规制，朱熹认为"士庶之人"也应有祭祖场所，朱熹将"士庶之人"祭祖场所称作"祠堂"，"祠堂"有别于权贵专享的"家庙"，也有别于司马光所描述的"影堂"。朱熹把祠堂祭祀视为家庭生活的首位和根本，[3]祠堂设计的总体框架是，"君子将营室，先立祠堂于正寝之东。"[4]"为四龛，以供奉先世神主。"[5]具体设置是，"祠堂之制，三间外为中门，中门外为两阶，皆三级，东曰阼阶，西曰西阶。阶下随地广狭以屋覆之，令可容家众叙立。又为遗书衣物祭器库及神厨于其东，缭以周垣，别为外门，常加扃闭。若家贫地狭，则止为一间，不立厨库，而东西壁下，置立两柜，西藏遗书衣物，东藏祭器亦可。正寝谓前堂也，地狭则于厅事之东亦可。凡祠堂所在之宅，宗子世守之不得分析。凡屋之制，不问何向背。但以前为南后为北，左为东右为西。后皆放此。"[6]"祠堂之内，以近北一架为四龛，每龛内置一桌，大宗及继高祖之小宗，则高祖居西，曾祖次之，祖次之，父次之；继曾祖之小宗，则不敢祭高祖，而虚其西龛一；继祖之小宗，则不敢祭曾祖，而虚其西龛二；继祢之小宗，则不敢祭祖，而虚其西龛三。若大宗世数未满，则亦虚其西龛如小宗之制。神主皆藏于椟中，置於卓上，南向，龛外各垂小帘，帘外设香卓于堂中，置香炉，香合于其上，两阶之间又设香卓，亦如之。非嫡长子则不敢祭其父。若与嫡长同居，则死而后其子孙为立祠堂于私室，且随所继世数为龛，俟其出而异居乃备其制若生，而异居则预于其地立斋以居，如祠堂之制，死则因以为祠堂。"[1]另有祭田、祭器、参拜祭祀环节等详细罗列。朱熹的仪式设计虽然细致，而且大量参考和继承了《书仪》，却较之《书仪》减省许多，更切于实用，容易操作，适宜于民间家庭行用。[2]朱熹"家礼"谨慎、遵循古礼除了上文所说的坚持只用牌位而不用影像，还体现在：首先，朱熹所谈及的"祠堂"为家中之祠，即居室正厅之中的神龛，也就是说，朱熹仍然认为庶人应"祭于寝"。其次，朱熹认为祠堂之内的祭祀对象为高祖之下的四代神主，这是将"小宗"之法推向庶民阶层。如此的设计在庶人祭祀代数方面又有所突破，但是，朱熹并不如程颐那样突破得很彻底——将四代之上乃至始祖都包括进祭祀范围。朱熹反对当时同族联宗共庙祭祀同一个始祖的民俗，朱熹认为这违背了"大宗""小宗"的"宗子法"。朱熹关于始祖祭祀的观点是，"古无此。伊川以义起。某当初也祭，后来觉得僭，遂不敢祭。古者诸侯只得祭始封之君，以上不敢祭。大夫有大功，则请于天子，得祭其高祖；然亦止得祭一番，常时不敢祭。程先生亦云，人必祭高祖，只是有疏数耳。"[3]"如今祭四代已为僭。古者官师亦只得祭二代，若是始基之祖，莫亦只存得墓祭。"[4]朱熹以上观点，一方面认为祠祭只能保持在"小宗"之祭范围内，一方面又为"大宗"之祭留了空间——墓祭可以实行"大宗"之祭。如此，祠祭和墓祭有机结合，同时满足了"小宗"之祭和"大宗"之祭的要求，使祭祖代数无限制。[5]总之，朱熹主张祭祀祖先的权利不应只局限于权贵之

[1]朱熹：《朱子全书》。

[2]安国楼、王志立：《司马光〈书仪〉与〈朱子家礼〉之比较》，《河南社会科学》2012年第10期。

[3]、[4]朱熹：《朱子全书》。

[5]郑振满：《明清福建家庭组织与社会变迁》，中国人民大学出版社，2009年，第174页。

列祖列宗（福建）

摄影：周跃东

中，可以推广至士庶阶层，至于"大宗""小宗"的古制，朱熹希望尽可能地恢复，但也做出了若干让步。

宋代儒学家设计的种种庶民化的祭祖仪式，是对恢复以往祭祀古礼的儒家理想主义和民间不断突破祭祀古礼的现实状况二者的中和。宗法制曾是稳固社会秩序的重要保证，但到了唐宋，宗法制运行的社会基础——身份等级制度已经逐步崩塌，一般官僚阶层和庶民阶层在政治、经济、文化各领域不断占据资源和权力。儒学家希望重新利用宗法制凝聚人心、统合社会，又不得不立足新的社会基础对宗法制作出革新。儒学家的具体做法是引俗入礼，将现实运行的民俗与以往儒家的理想形态进行综合，一边突破古礼，一边收敛今俗。宋代儒学家的言论，在官方制度和士庶实践间起到了中介和桥梁的作用（见图2）。

图2：官方制度、宋代儒家学说、士庶实践三者关系

官方制度

放宽↑↓吸收

宋代儒家学说

援引↑↓约束

士庶实践

宋代儒家学说的影响力，主要体现在后世（明清），其有力促进了明清宗族组织在社会中下层的普遍发展。一方面，宋代儒家学说成为民间突破等级宗法制桎梏的理论依据，另一方面，官方制度也向宋代儒学家的设计方案靠拢。明朝初年，由于品

官庙制未定，士大夫普遍认为应沿袭朱熹《家礼》的种种设计，如洪武三年（1370年）的《大明集礼》："儒朱子约前代之礼，创祠堂之制，为四龛以奉四世之祖，并以四仲月祭之，其冬至、立春、季秋、忌日之祭，则又不与乎四仲月之内，至今士大夫之家遵以为常。凡品官之家立祠堂于正寝之东，为屋三间，外为中门，中门为两阶，皆三级，东曰阼阶，西曰西阶，阶下随地广狭以屋覆之，令可容家众续立。又为遗书衣物祭器库及神厨于东缭，以外垣别为外门，常加扃闭。祠堂之内，以近北一架为四龛，每龛内置桌。高祖居西第一龛，高祖妣次之；曾祖居第二龛，曾祖妣次之；祖居第三龛，祖妣次之；考居第四龛，妣次之。神主皆藏于椟，置于桌上，南向。龛外各垂小廉，廉外设香桌。于堂中置香炉，香合于其上。旁亲之无后者，以其班祔设主椟，皆西向。"[1]"人无祠堂，惟以二代神主置于居室之中间，或以他室奉之，其主式与品官同而椟。"[2]"朝品官庙制未定，权仿朱子祠堂之制，奉高曾祖祢四世之主，亦以四仲之月祭之，又加腊日、忌日之祭，与夫岁时节日荐享。至若庶人得奉其祖父母、父母之祀，已有著令，而其时享以寝之，大概略同于品官焉。"[3]《大明集礼》对宋代官方祭祖制度又有突破，"凡品官之家"都可以祭祀至四代，但是，《大明集礼》并没有遵照《家礼》把祭祀仪礼适用的范围延展至庶人阶层，庶人依然只能祭祀两代。

洪武十七年（1384年），明朝采纳胡秉中的建议，对官民祭祖制度进行调整，将庶人祭祀二代先祖改为三代先祖。[4]"胡秉中的建议并未载入明朝典制，但朱元璋将胡秉中所呈祀先等三图颁行天下而对民间产生了重大影响。"[5]洪武三十一年（1398年），《教民要款》即《教民榜文》颁行天下要求各地推行，其中祀文祭祀四代

[1]、[2]、[3]《大明集礼》。

[4]清初礼学家毛奇龄指出："明初礼官用行唐县知县胡秉中议，许庶人祭及三代。今俗祭祝词尚有称三代尊亲者。"（参见毛奇龄：《辨定祭礼通俗谱》）

[5]常建华：《明代宗族祠庙祭祖礼制及其演变》，《南开学报》2001年第3期。

祖先的固定格式，并没有只限定在品官以内："惟洪武某年岁次某甲子某月某朔某日，孝孙某同阖门眷属告于高曾祖考妣之灵曰：昔者祖宗相继鞠育子孙，怀抱提携，劬劳万状，每逢四时交代，随其寒暖增减衣服，撙节饮食。或忧近于水火，或恐伤于蚊虫，或惧罹于疾病。百计调护，惟恐不安，此心悬悬，未尝暂息。使子孙成立至有今日者，皆祖宗劬劳之恩也。虽欲报之，莫知所以为报。兹者节近孟春（春夏秋冬），天气将（温热寒凉）追感昔时，不胜永慕，谨备酒肴羹饮，率阖门眷属，以献尚飨。"[1]《大明集礼》编成后，到了嘉靖八年（1529年）才刻布中外，很难对民间产生影响，而《教民榜文》在社会上流传甚广，推动庶民祭祀四代祖先。[2]嘉靖朝发生"大礼议"事件，不仅带来皇室宗庙制度的改革，而且官民祭祖的规定也有所放宽。嘉靖十五年（1536年）夏言上疏《请定功臣配享及令臣民得祭始祖立家庙疏》，希望皇上在改革皇室宗庙制度的同时，"推恩"至官民祭祖的改革。[3]夏言"三议"中"乞诏天下臣民冬至日得祭始祖"针对祭祀始祖问题，夏言回顾了程颐和朱熹两位宋代大儒在祭祀始祖方面的争论，并赞同程颐的主张，建议士庶在冬至节日祭祀始祖，立春节日祭祀始祖以下高祖以上之先祖，同时禁止建家庙。[4]夏言"三议"中"乞诏天下臣工建立家庙"针对建立家庙问题，夏言认为，三品官以上官员祭祀五

---

［1］熊鸣岐：《昭代王章》，转引自：常建华：《明代宗族祠庙祭祖礼制及其演变》，《南开学报》2001年第3期。

［2］常建华：《明代宗族祠庙祭祖礼制及其演变》，《南开学报》2001年第3期。

［3］"臣仰惟九庙告成，祀典明备，皇上尊祖敬宗之心，奉先思孝之实，可谓曲尽，而上下二千年间百王所不克行之典，我皇上一旦行兴，搜讲缉订，协于大中，真足以考诸三王而不谬，百世以俟，圣人不惑矣。斯礼也，自当著为一代全经，以告万世，岂臣一时所能扬厉而揄陈之。惟是本朝功臣配享，在太祖、太宗庙各有其人，自仁宗以下，五庙皆无，似为缺典。至于臣民不得祭其始祖、先祖，而庙制亦未有定制，天下之为孝子慈孙者，尚有未尽申之情。臣忝礼官，躬逢圣人在天子之位，又属当庙成，谨上三议，渎尘圣览，倘蒙采择，伏乞播之诏书，施行天下万世，不胜幸甚。"（参见夏言：《夏桂州先生文集》）

［4］"臣按家儒程颐尝修六礼，大略家必有庙，庶人立影堂，庙必有主，月朔必荐新，时祭用仲月，冬至祭始祖，立春祭先祖。至朱熹纂集《家礼》，则以为始祖之祭近于僭上，乃删去之，自是士庶家无复有祭始祖者。臣愚以为深于礼学者司马光、吕公著，皆称其有制礼作乐之具，则夫小记大传之说，不王不禘之议，彼岂有所未知，而必尔为者意盖有所在也。夫自三代以下，礼教凋衰，风俗蠹弊，士大夫之家，衣冠之族尚忘族遗亲，忽于报本，况匹庶乎？程颐为是缘意而为制，权宜以设教，此所谓事逆而意顺者也。故曰人家能存得此等事，虽幼者可使渐知礼义，此其设礼之本意也。朱熹顾以为僭而去之，亦不及察之过也，且其所谓禘者，盖五年一举，其礼最大，此所谓冬至祭始祖云者，乃一年一行，酌不过三物不过鱼豕羊枣，随力所及，特时享常礼焉尔。其礼初不与禘同，以为僭而废之，亦过矣。夫万物本乎天，人本乎族，豺獭莫不知报本，人惟万物之灵也。顾不知所自出，此有愧于人纪者，不得不原情而权制也。"水木本源之意，恻然而不能自已，伏望皇上括推因心之孝，诏令天下臣民，许如程颐所议，冬至祭始祖，立春祭始祖以下高祖以上之先祖，皆设两位于其庙，但不许立庙以逾分，庶皇上广锡类之孝，子臣无僭逾之嫌，愚夫愚妇得以尽其报本追远之诚，溯源祖委，亦有以起其敦宗睦祖之宫，其于化民成俗未必无小补云。臣不胜惓惓。"（参见夏言：《夏桂州先生文集》）

世祖先,四品官以下依旧祭祀四代祖先,始祖、先祖只可临时祭祀,庶人不能立家庙,只可祭于寝。[1]夏言关于官民皆可祭祀始祖的建言,皇帝采纳并于嘉靖十五年诏令天下,关于建立家庙的建言,学者推测只面向品官宣布,并没有向天下明诏。[2]由"大礼议"导致的礼制变革,带有政治斗争的色彩,被诟病为祀典太滥,没有都成为国家典制。万历朝廷只把夏言建议看作一时政策,不作为永久性的制度。[3]夏言的建议在官方制度层面并未延续下来,但在民间实践中却影响深远。[4]关于官民皆可祭祀始祖的建言在社会上推行,进一步为一般官僚阶层和庶民突破祭祀等级制创造了宽松的环境,由于民间早已有同族联宗共庙祭祀始祖的实践,官方文件一旦做出若干让步,民众便会依循这些制度裂缝对官方文件作扩展性的解读。朱熹认为同族联宗共同祭祀始祖只能在墓祭中进行,夏言采程颐之说认为可以有限度地放开同族联宗共庙祭祀始祖,该建议本来只提出士庶在节日祭祀始祖和先祖,官员在家庙中用临时性的纸牌位祭祀始祖和先祖,但现实中往

[1]"宋大儒程颐者出,乃始约之而归于四世,虽上自公卿下及士庶,以莫不然。其言曰:"自天子至于庶人,五服未尝异也,皆至高祖,服既如此,则祭亦须如此,其疏数之节未有可考,但其理必如此,七庙、五庙亦只是祭及高祖,若只祭祢,是为知母而不知父,非人道也。"朱熹以为最为得祭祀之本意,礼家以为大夫有事者于其君,于祫及其高祖,此可为立三庙而祭及高祖之验。后儒亦皆谓程子言有服者皆不可祭,其说甚当。由是观之,则庙数虽有多寡,而祭皆及四亲则一也。""以是差之,则莫若官自三品以上为五庙,以下皆四庙,为五庙者亦如唐制,五间九架厦两头,隔板为五室,中祔五世祖,旁四室,祔高曾祖祢;为四庙者,三间五架,中为二室,祔高曾,左右为二室,祔祖祢,若当祀始祖、先祖,则如朱熹所云,临祭时作纸牌,祭讫焚之。然三品以上虽得为五庙,若上无应立庙之祖,不得为世祀不迁之祖,惟以第五世之祖凑为五世,只名曰:五世祖,必待世穷数尽,则以今得立庙者为世祀之之祖而不迁焉。四品以下无此庙矣,惟世世递迁而已。至于牲宰俎豆等物,惟依官品而设,不得同也……若夫庶人祭于寝,则无可说矣。""乞诏令天下,使大小庶官皆得拟而为之,凡唐宋以来一切三庙、二庙、一庙、四世、三世、二世、一世之制,繁杂破碎多碍而少通者,一切除去之,一以五室、四室为率,庶几三代之制、程朱之义通融贯彻,并行不背。所谓不规规于往古之迹,而亦不失先王之意在是矣。惟圣明断断而行之幸甚。"(参见夏言:《夏桂州先生文集》)

[2]、[3]常建华:《明代宗族祠庙祭祖礼制及其演变》,《南开学报》2001年第3期。

[4]夏言上疏是明代民间联宗同庙共祭始祖推广的重要促动力量,如广东佛山冼氏说:"明大礼议成,世宗思以尊亲之义广天下,采夏言议,令天下大姓皆得联宗建庙祀其始祖,于是宗祠遍天下。其用意虽非出于至公,期所以收天下之族,使各有所统摄,而不至散漫,而藉以济宗法之穷者,实缘古所未有……我族各祠亦多建在嘉靖年代。逮天启初,纠合二十八房,建宗祠会垣,追祀晋曲江县侯忠义公,率为岭南始祖。"(参见《岭南冼氏宗谱》,转引自:常建华:《明代宗族祠庙祭祖礼制及其演变》,《南开学报》2001年第3期)

往是官员小幅度地突破、士庶大幅度地突破——结果是官员和士庶都以同族联宗共庙的形式祭祀始祖。

民间不仅关于祭祀庶民化的实践，亦留下了若干为本族扩大祭祀范围行为正名的理论，如福建莆田林氏在明初就提出应在家室之外专设祠堂："患祠之规制卑狭，不足以交神明，乃与从子厚，共白于宗长伯济而改图之，即大理故宅之基建屋三楹，蔽以外门。"[1]福建莆田陇西李氏也认为朱熹提倡的始祖之祭之余墓所而不能扩至祠堂不合理："我太祖，许士庶祭曾、祖、考……然设位无专祠。今莆诸名族多有之，而次龛位家自为度。或分五室，左右祀高、曾以下；或虽分五室，子孙左右序房，各祀其高、曾以下；而皆以中室祀先祖。或按礼（《家礼》）分四亲各室，以西为上，而先祖止祭于墓所，人反疑之。议礼老儒，迄无定论。诚以人之至情有不能已、不能一焉。今白水塘之祠，上祀十有余世，撰诸礼意，似非所宜，然族属之众且疏，舍是不举，则人心涣散，无所维系，欲保宗祀于不坠，绵世泽于无穷，岂不难哉！"[2]广东新会潮连卢氏的《旧祠堂记》亦论证了在祠堂内祭祀始祖的合法性："余初祖宣教翁，宋末，自南雄迁居古冈华萼都三图四甲潮连乡芦鞭里。迄今十三四世矣。九世孙永雄，独慨然祖祭无所，愿立祠焉。和之者，七世孙荃也、九世孙永禄也、锦也。爰集众议，佥是之，永禄翁遂捐己输该蒸尝之资，率众购地于乡社之左。成化丁未腊月，四翁督工，建一正寝祠焉。为间者三，崇有一丈九尺，广与崇方则倍其数。爰及弘治甲寅，九世孙宗弘者、璧者，慨未如礼，又购地建三间焉。亦如之。外设中屏，东西两阶。至正德戊辰，十世孙协者，又凿山建一后寝焉。广方与正寝稍狭阶级之登正，崇与正寝八尺有奇。厨两间，东西余地若干。其董治之劳，辍家事，冒寒暑，日旦弗离，经昼忘

[1]《国清林氏重建先祠堂记》，转引自：林国平：《闽台民间信仰源流》，福建人民出版社，2003，第98页。

[2]莆田县《陇西李氏宗谱》，转引自：郑振满：《明清福建家庭组织与社会变迁》，中国人民大学出版社，2009年，第174-175页。

疲，且费无靳色。若七翁者，不可谓不重本也。麟[1]幼学于给事中余石龙先生之门，议及初祖之祠，请撰一记。先生曰：庶人此举，僭也，弗许可。麟退而考诸群书，及司马影堂之说，与一峰罗氏，亦祖程氏以义起之云。盖与朱子疑禘之说，并行不悖。诚所谓报本反始之心，尊祖敬宗之意，实有家名分之守，而开业传世之本也。乃知不迁之祠，未为不韪也。”[2]明代民间对于祭祀庶民化的诉求主要集中于以下：（一）在家室之外，另辟祠堂用于祭祀；（二）祭祀代数拓展至始祖；（三）联宗共庙祭祀始祖，不再实行“大宗”“小宗”之制。经过以上三个方面的突破，从春秋时期就遭遇动摇但一直保存若干制度遗留的宗法制终于全面被破坏。宗法制有着非常明确的尊卑等级划分，庶民和一般官僚并不反对基本的等级制如“君君臣臣父父子子”，但庶民和一般官僚希望有限度地突破等级制——自身所在阶层能在以往贵族官僚垄断的权力体系中分得一杯羹，先是一般官僚推崇和模仿高级官僚的祭祖设置，一般官僚“僭越”后，庶民又继续推崇和模仿一般官僚的做法。

清朝官方祭祖制度大体上仍然是谨慎保守地延续以往的宋明之制，对品官立庙按官职大小进行划分，并禁止庶士立庙。[3]但是，明朝中后期延续下来的基层宗族力量蓬勃发展的势头已无可阻止，并且经过长年累积，基层宗族力量在清朝更是以加速度发展，庶士阶层所修建的祠堂数量也在明朝中后期至清末迅猛增长，祭祖庶民化最终在这一时段内成型。一旦族人的祠祭和墓祭都达到了联宗共祭，民间宗族整合的范围便日益扩大，整合的稳定性也同时提高，祭祖活动在凝聚家族力量方面发挥的作用越来越大。

[1]该文作者。

[2]《卢敦本堂修祠征信录》，1933年。转引自：科大卫：《祠堂与家庙——从宋末到明中叶宗族礼仪的演变》，《历史人类学学刊》第1卷第2期，2003年。

[3]清朝官方“品官家庙”制度为：“品官家祭之礼，于居室之东立家庙。一品至三品，家庙五间。中三间为堂，左右各一间，隔以墙，北为夹室，南为房。堂南檐三门，房南檐各一门。阶五级，庭东西房各三间，东藏衣物，西藏祭器。庭缭以垣。南为中门，又南为外门，左右各设侧门。四品至七品，庙三间。中为堂，左右夹室为房，阶三级，东西庑各一间，余如三品以上。八九品庙三间，中广左右狭，阶一级，堂及垣皆一门，庭无庑，以箧分藏遗物祭器。陈于东西房，余如七品以上同。”官方制度中，庶士仍然不能另立家庙祭祖，只能在家室之中设龛位祭拜。“庶士家祭，于寝堂之北为龛，以板别为四室，奉高、曾、祖、祢，皆以妣配位，如前仪，南向。”（参见《清朝通典》）

二、庶民化祭祖的仪式呈现：两岸的同与异

（一）大陆地区的祭祖仪式：

本文以林耀华《义序的宗族研究》（下文简称《义序》）中的经验材料为主要基础来反映大陆地区的庶民化祭祖仪式。之所以重点截取《义序》一文所记载的文字，理由如下：（1）《义序》的田野调查地点是福建福州，华南地区的宗族状况是中国宗族的"理想类型"，并且义序为单姓宗族村，更是中国宗族"理想类型"中的"理想类型"。从全国地域空间的角度看，民间宗族发展的程度很不平衡。明之后朝廷对宗族势力在基层成长的管控逐渐放松，但宗族聚落形成亦需要自身的条件，如有充足的物质资源，如有稳定长久的宗族发育时间。华南地区（如广东、福建、江西、广西等省，以及浙江、湖南、湖北的部分区域），由于崇山峻岭形成天然屏障，战乱较少波及，宗族往往可以有稳定的环境成长，很多宗族都从明清至今稳定存续在一个或几个村庄空间内，部分名门望族在某地的经营时间甚至可以向上追溯至唐宋，因此南方的宗族社会也比较强大。而华北地区（如山东、山西、河南、河北等省，以及淮北、苏北等区域），村庄开发时间都很长，先秦时期也许便有成规模的村庄聚落，但北方战乱频繁，一个村庄的稳定成长时间往往很短，一次战争或匪患后，"千里无人烟"，战乱过后，才重新有人陆续聚集，村庄又开始新一轮的发展。中西部地区（如"两湖平原"、"川西平原"）以及东北地区，由于村庄开发史都很短，有些区域还常遭受战乱、匪患、洪水侵扰，家族的发展史自然也很短，我们在这些区域调查时，大部分村民回忆落户该村庄的始祖，只能往上推演至三四代。（2）《义序》调查的时间为20世纪30年代，其时民间宗族势力虽已受到各种力量冲击，但基本保持完整架构。（3）林耀华有国学基础，且接受过西方人类学训练，并有大量实地考

察的一手资料，这保证了其记录的宗族运行情况比较接近
当时原貌，不至于对文化现象进行过度阐释或错误阐释，
而且《义序》书中对宗族祭祖种种情形记录详细，各种历
史典籍、档案、族谱中亦有对祭祖情况进行记录，但大多
简短，只言片语不足以全貌反映祭祖情况，若以不同地
区、不同时期的文献拼接在一起介绍祭祖情况，视野宽广
有余而深入翔实不够。

1、祠祭：

神龛内神主牌位极多，今按第一排次序，列表如下，
以为榜样。按上表从一世到二十三世，始祖居中，二世以
下，昭穆排列，左曰昭，右曰穆，二世到十九世皆以父子
为不同的昭穆，二十世以下则亦有以兄弟为不同的昭穆。
考历代礼书，多言父昭子穆，胡安国以"兄亡弟及为易
世"，万斯大非之，万氏《学礼质疑》内说："昭穆之为
义，生于太庙中拾祭位乡，而子孙因之，以定其世次；故
父子异昭穆，而兄弟则昭穆同。"万氏系一有批评眼光的

义序宗祠

[1]林耀华：《义序的宗族研究》，生活·读书·新知三联书店，2000年，第42页。

[2]有的规模不算庞大的宗族则规定，所有族人（一般是每户出一男丁）一起。

[3]、[4]、[5]、[6]、[7]林耀华：《义序的宗族研究》，生活·读书·新知三联书店，2000年，第51页。

史学家，生平著述，颇有其超越独到之处。其实，民间对于昭穆一词，只存其名，实际意义，早已遗忘。[1]

祠堂祭祀可以分两部：一是族房长绅衿代祭，一是族人合祭。所谓族人合祭，因地点的限制，亦分各支分祭，[2]族人只包括已成年的男子，妇人和子女不在此例。今先叙述祠堂会的祭祀仪式。[3]

每月朔望二日，族房长务必需要焚香拜祖，并料理族中事务，绅衿也轮流司香。此条规则在雍正十二年（1734年）创立，载在族谱，唯实行不甚严格。[4]

四时祭祀的日期为：正月初五、清明、中元和冬至各节日。时祭以正月最为热闹，初五日叫做"乐觞开堂"。四时祭祀的祭典，必十五份，代表十五房分，惟是祠堂会内的绅衿，也得另备祭典，与族房长合祀。祭毕，大家在祠内宴餐，同时可以决议族内大小事宜。[5]

时祭之外，有一条元宵灯烛的庙规，那就是从除夕起一直到二月初二止，每夜祠内必须点灯，除夕灯烛特多，每房一合，共十五合，族房长务需亲到祠堂燃之，满堂辉煌，煞是好看。元夕以次，按族房长长幼次序轮流燃烛，"伴夜"时则不点，因"伴夜"必先祭祀，祭祀已有灯烛。[6]

族人在祠内合祭，叫做"伴夜"。正月十五日起，叫做"元宵伴夜"。第一夜十五日祭典十五分，只族房长合伴。从十六夜，一直到二十八夜各房分别"伴夜"，房大者分伴，房中者自伴，房小者合伴。[7][8]（见图3）

[8]林耀华原注：族人合祭的时候，也按房分划开。十五、十六夜不可移易、以其创始之故，以后诸房效法之。

图3：义序祠堂各房分伴夜表[1]

日期	十五夜	十六夜	十七夜	十八夜	十九夜	二十夜	二十一夜	二十二夜	二十三夜	二十四夜	二十五夜	二十六夜	二十七夜	二十八夜
房分	族房长	下厝房	新厝房	旧厝房横公支派	一房	洋头铺口房	后园房	宅尾房 仓埕房	地房 天房	厝房鸣山公支派	旧厝房敬轩公支派	旧厝房鸣朝公支派	上埕房	洋下房

　　"伴夜"时我们要注意几点：第一，房内年到八十或已过八十的男子，得领寿肉五斤，并得乘轿人祠。第二，房内凡有添喜之家，务必缴纳喜金一角，制造喜灯一个，挂于堂内，叫做"挂灯"。所谓添喜，乃指生育男子，或新娶媳妇，生女子不在内。第三，"伴夜"前半段是祭祀，由房支长燃烛，祭品置于龛前案上。族众焚香轮流跪拜，擂鼓进酒，燃放喜炮，焚化纸钱，礼毕，各登席畅饮，尽欢而散。[2][3]

　　祠堂每50年必有"进主"礼。"进主"的意义，是进奉神主牌于祠堂。这些可以进奉的神主，都是生前名为显赫之人，或是曾长族房者。"进主"礼仪隆重，祭祀规模亦广大。[4]

　　2、墓祭：

　　扫墓一年两次，春为清明，秋为重九。墓祭能

[1]林耀华：《义序的宗族研究》，生活·读书·新知三联书店，2000年，第62页。

[2]林耀华：《义序的宗族研究》，生活·读书·新知三联书店，2000年，第51—52页。

[3]林耀华原注："伴夜"就是"春祭"，差不多祭田秋收的进款，多数用于"伴夜"。

[4]林耀华：《义序的宗族研究》，生活·读书·新知三联书店，2000年，第52页。

义序宗祠内的牌位

[1] 林耀华：《义序的宗族研究》，生活·读书·新知三联书店，2000年，第52页。

[2] 林耀华原注：墓祭的确也是一个大会族人的机会。世家大族，常有藉此以盛宴亲族。"孔林墓祭，每岁之清明节、七月望、十月朔，并诣墓祭扫。十月尤为大会，来者万余人。"（潘相《吾学录·墓祭》案语）。乡间墓祭，多不许外人加入，因欲维持宗簇的纯粹整体。

于这两日最佳，不然在节日前后，亦无不可。

祠堂乃各祖合祀，坟墓则各祖分开。始祖以下三代墓为族人所公有。积卿德卿分为二"旁"，房下又分十五房派，而祖墓也各不相同了。墓的功能与祠的功能相似，同是本族本房的"集合表象"。没有祠堂的房派，也可以到墓地会餐，一切祭品肴馔之属，皆运到山上，祭祀后在坟墓前分食。如果祭墓席设于家内，则赴墓拜祭的子孙，仍有糕饼之类分发充饥，这目的是希望子孙都能到墓拜望，感恩报本。[1][2]

墓祭（福建）摄影：林瑞红

事前先打扫墓地，锄去污草，然后排上祭品，"婆婆粿"为清明所不可缺的祭物。[1]祭毕，用肉油擦墓牌，使字迹不至模糊，并将纸钱数张，用石头压于墓石之上，以是俗称"压纸"。墓祭必鸣炮。然该墓的风水如"虎穴"、"狮穴"等，则不许鸣炮，恐打醒狮虎，殃及子孙。墓地归来时，必折松枝或柳枝，插于门前或"公婆龛"上。祭余物品，可馈赠亲戚邻居。[2]

3、家祭：

家祭在家堂或俗称"公婆龛"前行之。"宗祠为全族人所公有，家堂则为一家人所私有。同是宗教仪式，祠祭近于公开的、群众的、集合的性质，家祭近于私有的、个人的、单孤的性质。大体上家祭仪节各家相同，然而各家因其背景、风化、遗教、传统的不同，也各有特殊的地方。"[3]

义序传统的民居形式为："住屋的形式，必有前中后三进，前进入大门为下廊，通天井，两旁为书房，或卧

[1]林耀华原注："婆婆粿"系婆婆菜所制。菜色绿，有香味。清明时乡人采其叶，先用沸水煮过，然后和米磨碎、制饵，由粉团范形饼形，称曰"婆婆粿"，专用为祭祖。《漳州府志》："采百草合米为粿，荐祖考及赠送。"《莆田县志》："以黍面和米粉为粿，具牲醴展谒邱墓。"

[2]林耀华：《义序的宗族研究》，生活·读书·新知三联书店，2000年，第173页。

[3]林耀华：《义序的宗族研究》，生活·读书·新知三联书店，2000年，第171页。

［1］林耀华：《义序的宗族研究》，生活·读书·新知三联书店，2000年，第84页。

图4 义序家庭房屋结构［1］

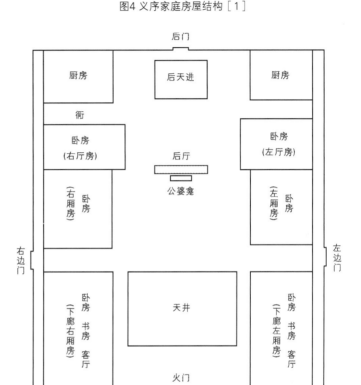

［2］林耀华：《义序的宗族研究》，生活·读书·新知三联书店，2000年，第17页。

室。中进大厅，厅中'公婆龛'，上列祖宗神主牌位。左右厢房。后进有后厅，厅后为厨房。屋内陈设器具，各处不同，如大厅必有几案椅桌，卧房必有床榻衣架，书室则有笔墨纸砚等。"［2］（见图4）

新年的时节，除夕黄昏在家前行"烧火炮"之礼。先是家人预备许多佳馔，供献祖宗，免不了焚香燃烛。"烧火炮"的地点，或在院子，或在天井。拿一个平底铁护，俗称"火炮鼎"。鼎上架起"火炮柴"。柴系一种轻松劈柴，每条约长七八寸，叠于鼎上，成一"井"形，叠上好几十层，又宛似一塔。"火炮柴"着火时，撒入食盐，可听其噼啪作响，以是名为"火炮"。小孩们戴着外祖父母所赠的假面具，环围跳舞，一直到火炮烧完才脱去，据云非如此不能避免天花痘疹。"火炮"烧完，就把祭祖的肴馔，作为全家聚餐之用。本夕应该合家团圆，有人出外未归，席上必留空一席，列碗一只、筷一双而代表之。宴毕，家内张灯设彩，午夜时行"供岁饭"之礼。[1][2]

正月十五日为元宵节，族内家家户户，必簸米粉为丸，称为"元宵丸"，"丸"与"圆"同音，取合家团圆之义。"元宵丸"制毕，先供祖宗神，然后合家环绕食之。[3]

正月二十九日，俗称"孝九节"，乃正月最末的一天。家人煮糖粥，中杂以红枣、花生、桂圆、芝麻等东西，谓之"孝九粥"。[4]清早未食"孝九粥"之先，必先供献祖宗，女子出嫁必于是日送"孝九粥"归宁孝敬父母。[5][6]

五月五日为端阳节，俗称"五月节"，乃是新年之外的

[1] 林耀华：《义序的宗族研究》，生活·读书·新知三联书店，2000年，第171页。

[2] 林耀华原注："供岁饭"必用"岁饭瓶"，瓶系圆形，高约二尺，直径一尺长，朱漆金花。瓶内贮着干饭，当中安置红橘一枚，旁撒五子和孝芥、柿九、水菊等，蒜苗一对，前端捆着红纸条，横置瓶上，荟花两枝，高约三尺，插于两旁。周围排插红漆筷子十双，瓶的正面筷子悬着四季花一合，"我儿佛"一合；两者之中，又是《黄历通书》一册，悬书必用红绳，绳上串入铜钱一枚，筷子顶上架着"岁饭镇库"一对，"岁饭元宝"两锭，二者皆红缨红絮，随于瓶边，元宝上还贴着金字："庆祝新棋，天赐纯暇。""岁饭欲"置于香案上，案前还列着水仙花两盆，烛斗一合，花瓶一对，香炉一，茶三杯，内盛茶叶。酒盏十只，横列一行，排列完毕，由家长焚香拜祝，朝天祈年，"公婆龛"并各家神前莫不焚香祷告。

[3] 林耀华：《义序的宗族研究》，生活·读书·新知三联书店，2000年，第171页。

[4] 林耀华原注：《罗源志》："二十九日……名孝九"（见《福建通志》卷五十五《风俗》）谢在杭说："按方言亦云孝九，相传目莲以是日供母。"（见《福州府志》卷二十四《风俗》）福州府志："正月二十九日杂物果煮糜浦之。"（卷二十四《风俗》）此即"孝九粥"，乡人亦称"孝顺粥"。民间传说：从前有儒罗林，全家诵着礼佛，食素修道。母刘氏，信每属刘贾馋言，开荤杀生，驱迫僧道。死禁地狱，迫饮血池水。罗林救母心切，前往灵山削发为僧，取名目莲，即世所传目莲救母故事也。目莲闻其母在地狱受苦，素往送粥，鬼卒见为食物，一抢而空。目莲想法，另制黑粥，加以红搪、芝麻、桂圆等，鬼卒以为此乃尘土污物，遂不抢，其母得食。后人追念其孝，遂于其母得食日——正月二十九日——制"孝九粥"祭祖送亲，以表孝敬。

[5] 林耀华：《义序的宗族研究》，生活·读书·新知三联书店，2000年，第171-172页。

[6] 林耀华原注：女子出嫁，每年"孝九节"必送"孝九粥"归宁孝敬父母。富家另有焉羊，父母年龄遇着九数——九有明九暗九之分，明九如九岁、十九岁、二十九岁等，暗九如十八岁、二十七岁、三十六岁等。闽人视"九"为不祥之兆——另送寿面和"太平"（即鸭蛋）。使食之得平安度过。小孩遇"九"，外祖母家或其他亲戚家亦必送礼，使其避凶就吉。其实，族内凡遇"孝九节"，亦送粥与族房长、族中长者、邻居伯叔等，亦表孝敬之心。

九厅十八井1（福建）
摄影：周跃东

九厅十八井2（福建）
摄影：周跃东

九厅十八井3（福建）
摄影：周跃东

[1]林耀华：《义序的宗族研究》，生活·读书·新知三联书店，2000年，第172页。

[2]林耀华原注：《福州府志》："中元具酒馔，献祭祖先，焚楮陌，俗谓之'烧纸衣节'。"（卷二十四《风俗岁时》）《五杂俎》："家家设褚弊冥衣，具列祖先位号，祭而燎之。"

[3]林耀华原注：谢在杭："闽人最重中元之节，家家设褚冥衣，具列先人位号，祭而燎之，女家具父母衣冠袍笏之类，笼之以纱，谓之'纱箱'，送父母家。"（录自《福州府志》卷二十四《风俗岁时》）《闽大记》："女子适人，修礼于故父母，往来充斥道路，各送纸衣。"（同上）

最大节期。此节族人必制"粽"，先以祭家内祖先并诸神明，然后家人分食之。[1]

七月十七日为中元节，俗称"鬼节"。此日专为祭祖，各家户皆备丰厚祭品，鸭与"大树"为必需品。中元日必烧纸衣，故俗谓为"烧纸衣节"[2]，出嫁女子必于是日送"纱箱"，献祭于已故父母。[3]祭祀时由户长高呼某某祖宗名号，然后各支子孙焚烧纸衣纸钱。其次序必从高祖、曾祖以至祖考。[1]

冬至日俗称"冬节"。家家户户必制粉丸,俗谓之"米时"[2]。粉丸先煮成丸汤,致祭于祖宗神前,合家拜祝。礼毕家人围食丸汤,当为餐饭。粉丸亦称为"孝子丸"。[3]

忌辰亦为家祭,惟性质稍不同。祭为吉礼,忌辰虽非凶礼,然父母、丈夫忌日尚有吊哭者,甚或赴坟地啼泣者。忌辰多是祖宗生死之日,生日为"生忌",死日为"死忌"。[4][5]

每岁每祖、每妣忌辰,合家男女,无论大小,必先斋戒,脱下吉服,换上素衣(非孝衣),备办酒肴时鲜果品,致祭于该祖或妣之前。然后合家之人,按序一一叩拜。忌辰家人多坐守家内,亦不哀哭,不许出外宴乐,平

[1]林耀华:《义序的宗族研究》,生活·读书·新知三联书店,2000年,第172页。

[2]林耀华原注:《福州府志》:"冬至州人不相贺,春米为圆铺之。"(卷二十四《风俗岁时》)《闽大记》:"冬至日粉米丸,荐拜祠堂。"《南尊志》:"闽中皆作糯糍及京饦以祀先祖,盖告冬之意也。"(录自《福州府志》卷二十四《风俗岁时》)

[3]、[4]林耀华:《义序的宗族研究》,生活·读书·新知三联书店,2000年,第172页。

[5]林耀华原注:忌辰有"生忌"与"死忌"。《朱子家礼》忌日节曾已道及,礼法之家亦多守之,然义序多只守"死忌"。

殷氏宗祠(台湾)

[1] 林耀华:《义序的宗族研究》,生活·读书·新知三联书店,2000年,第172页。

[2] 林耀华:《义序的宗族研究》,生活·读书·新知三联书店,2000年,第171-172页。

[3] 林国平:《闽台民间信仰源流》,福建人民出版社,2003年,第100页。

[4] 林国平:《闽台民间信仰源流》,福建人民出版社,2003年,第100-102页。

淡度日而已。[1][2]

（二）台湾地区的祭祖仪式:

台湾地区宗族发育时间晚于福建等华南区域。这从台湾祠堂的建造时间可以看出。"清代初叶才出现个别祠堂,乾隆以后渐多,清代民国时期建造祠堂蔚然成风。据1918年台湾总督府统计,当时台湾地区共有各姓祠堂120座,其中澎湖就有48座。在台湾学者调查的民国二十四年（1935年）之前的44座祠堂中,建于康熙以前的仅2座,乾隆年间的有6座,嘉庆年间的有2座,道光年间的有5座,咸丰年间的有3座,同治年间的有6座,光绪年间的有7座,宣统年间的有1座,民国初年至二十四年（1921-1935年）的有12座。"[3]（见图5）

图5:台湾地区宗祠列表[4]

祠堂名称	建造年代	地点
德聚堂（陈氏）	顺治末康熙初	台南市中区永福路
豫章公屋（罗氏）	康熙十六年	桃源县新屋乡九斗村
简家祠堂（简氏）	乾隆初	台南市南屯区枫东巷
追来祠（简氏）	乾隆六年	嘉义县大村镇内林里
时英堂（陈氏）	乾隆十七年	台北市北投区
范姜祖堂	乾隆二十九年	桃园县新竹乡新生里
汤氏宗祠	乾隆五十三年	苗栗县嘉盛里
西美堂（黄氏）	乾隆年间	台中市南屯永春路
林氏宗庙	嘉庆年间	台中市南屯区国光路
汾阳堂（郭氏）	嘉庆十一年	台中市潭子乡栗子村

林姓宗庙	道光十一年	台北市重庆北路
张名卿宗祠	道光十二年	嘉义县溪口乡溪西村
高氏大宗祖祠	道光十七年	台北市龙山区环河南路
王氏家庙	道光二十一年	嘉义县太保乡
墩煌堂（高氏）	道光二十六年	南投县草屯镇新庄里
美堂（赖氏）	咸丰年间	台北市北屯区
德星堂（陈氏）	咸丰十年	台北市
江夏堂（黄氏）	咸丰十年	桃园县大溪镇福仁里
李姓宗祠	同治元年	桃园县大溪镇
惠宗祠堂（简氏）	同治六年	南投县南投市三民里中
全台吴姓大宗祠	同治七年	台南市中区成功路
树德堂（林氏）	同治十年	台中市潭子乡大丰村
廖氏宗祠	同治十二年	桃园县观音乡无威村
恩孝堂（简氏）	同治年间	南投县草屯镇上林里草
林氏九牧祠	光绪初年	台中市潭子乡嘉仁村
何氏家庙	光绪十年	嘉义县民雄村
邱氏宗祠	光绪十四年	彰化县永靖乡
叶亦明公祠	光绪十六年	桃园县平镇乡建安村
苏州连姓宗祠	光绪二十一年	嘉义县垂阳乡
刘氏宗祠	光绪末	嘉义县口乡溪北村
翁氏祖祠	光绪年间	嘉义县义竹乡仁里村
种德堂（吴氏）	宣统二年	南投县名间乡中正村

全台叶氏祖祠	民国三年	台北市内湖区大湖街
郑家祠堂	民国三年	新竹县关西镇北斗里
罗氏宗祠	民国五年	新竹县关西镇
官溪宗祠（张氏）	民国七年	南投县南投市
德馨堂（谢氏）	民国七年	南投县南投市
崇星堂（洪氏）	民国九年	彰化县芬园乡
周氏大宗祠	民国九年	台北市古亭区和平西路
临濮堂（施氏）	民国十五年	彰化县鹿港镇顺兴里
谢氏宗祠	民国十五年	苗栗县苗栗市恭敬里
绳武堂	民国二十一年	彰化县永靖乡
张氏阳寿宗祠	民国二十二年	南投县南投市嘉和里新南
孝思堂（吴氏）	民国二十四年	嘉义县大林镇明和里

台湾大规模的移民史和宗族成长史虽不长，但宗族形式却较为完整。台湾和东北、川西平原、两湖平原一样，都是近代方兴的"移民社会"，但台湾宗族发展程度明显高于以上地区，推其原因，大概有以下几点：（1）台湾移民原籍多数为福建，少部分为广东，而这两个区域宗族氛围都十分浓厚，移民落脚台湾后，很容易根据之前潜移默化之"惯习"，在台湾当地重塑宗族文化；（2）与东北等地广袤的土地资源相比较，台湾适合农业耕种的土地十分稀缺，加上外来移民不断涌入，人地关系紧张，对于土地资源的竞争更加容易促使人们结成各种团体的方式以便获取先机，宗族

郑氏宗祠（台湾）

宗谱

就是主要的团体形式之一；（3）台湾宗族成型后，较少受到战争灾害侵扰，虽然大规模移民距今历史不长，宗族群体却能获得稳定发展机会。

　　台湾宗族发育时间、发展规模总体来说不及福建等华南地区，但祭祖仪式是基本相近的："忌辰必祭，生日亦祭。富厚之家且有演剧置酒者，谓之阴寿。戚友亦具礼贺之，非礼也。清明之日，祭于宗祠，冬至亦然。祭毕饮福。小宗之祠，一族共之，大宗则合同姓而建，各置祀田，公推一人理之，或轮流主之。凡祀田不得私自变卖。无宗祠者祭于家。家祭之礼，载于岁时，泉人日中而祭，漳人、潮人质明而祭。"[1]台湾宗族祭祖，既有严格意义上的血缘性的"小宗族"祭祀，亦有同一姓氏联合（不必真的具有同枝共派的血缘关系）的"大宗族"，无论何种形式的宗族，祭祖仪式大致移植和模仿了大陆地区的祭祖仪式，更为具体的环节不再重复累述。

[1] 连横：《台湾通史》，九州出版社，2008年，第377页。

祭坛（台湾）

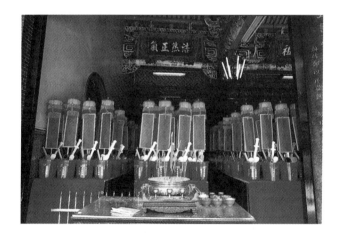

斗灯（台湾）

斗主（台湾）

（三）祭祖仪式的三元素：

祭祖仪式是宗族物质、组织、观念三者相互配合的结果。三者关系可见下图（见图6）：

图6：祭祖仪式三元素

组织
／ ＼
（最易建构，也最易消逝）物质 —— 观念（最难建构，也最恒久）

宗族祭祖中的物质主要指族产。族产包括土地、山场、房屋、桥渡、沿海滩涂、水利工程以及水碓碾房等生产生活设施，随着商品经济的发展，房屋、生息银两、墟集等也进入祖产的行列。[1]最为普遍的族产是为宗族祭祀提供金钱基础的族田（祭田）[2]，祭田不一定成为祭祖的必要前提，[3]但若族中留有祭田，却能为宗族祭祖提供有力的物质保障。很多宗族管理祭田的方式是"按房轮值"，如福建建阳知县陈盛韶在《问俗录》中记载："建阳士民皆有轮祭租，大宗派下或五、六年一轮，小宗派下有五、六十年始轮一次者。轮祭之年，完额粮、修祠宇、春秋供祭品、分胙肉，余即为轮值者承收。"[4]一方面，对于族产的轮值者来说，即可以从中取得剩余利益，又需对公共责任尽心尽力完成，权利和义务是密切结合的，另一方面，由于各房均可依次轮值，其权利和义务也是相对均等的。[5]族田的设置和增值，主要通过提留祭产、劝捐、派捐等途径获取。所谓提留祭产，即每当分家析产时，提取出一定数量的田产作为祖、父辈的赡养费，祖、父辈去世后，便成为祭田。提留祭产，是宗族增

[1]陈支平：《近五百年来福建的家族社会与文化》，中国人民大学出版社，2011年，第39页。
[2]族田种类有：祭田、蒸尝田、社田、祠田、义田、书灯田、香油田、公役田、轮班田、桥田、渡田、会田等等。（参见陈支平：《近五百年来福建的家族社会与文化》，中国人民大学出版社，2011年，第40页）
[3]如福建浦城县《梁氏合修族谱》的《祭产引》宣称："王制：有田则祭，无田则荐谷果。……然古今异宜，乡里殊俗，如必待田而祭，则追远之诚能伸者几人哉！"转引自郑振满：《明清福建家庭组织与社会变迁》，中国人民大学出版社，2009年，第59页。
[4]陈盛韶：《问俗录》，转引自郑振满：《明清福建家庭组织与社会变迁》，中国人民大学出版社，2009年，第52页。
[5]郑振满：《明清福建家庭组织与社会变迁》，中国人民大学出版社，2009年，第52页。

神祖牌（台湾）

[1] 陈支平：《近五百年来福建的家族社会与文化》，中国人民大学出版社，2011年，第42—43页。

加祭田的最主要方式。[1]有的宗族，随着经济实力不断壮大，田地收入还可用于扶持族中年轻学子、赈济族中鳏寡孤独之人、完善水利路桥等公共设施等等，但在只有少量公田的情况下，田地收入一般都首先用于祭祖，祭祖是宗族最为基础的凝聚和团结方式，只有基础牢固，才有功名、救助、公共设施等进一步的追求。

祖墓和宗祠平时就以固定的物质形态（如墓上文字、祠内的牌位）为宗族储存着集体记忆，祭祖仪式开展之时，坟墓和宗祠更是为族人提供庄严肃穆的场所而大幅度增强集体记忆。宗祠是比较稳定和持久地激发集体记忆的场所，宗祠一般都在村庄核心位置，无论平时作为休闲聊天的公共生活场合，还是祭祖仪式中作为"宗教式"场所，都明显或隐晦地生产着族人的宗族认同感和凝聚力。而祖墓既生产集体记忆，也依赖集体记忆而"存在"，单靠个人记忆只能记住两三代之内的祖墓，远祖墓祭仪式不仅传递家族绵延这种整体的集体记忆，也传递远祖坟墓位置这种非常具体的集体记忆，如果没有墓祭仪式，坟墓很快会"消失"于山林野草之中。由于祖墓的易"消失"，宗族不仅通过墓祭仪式记录祖墓，还通过族谱等文字形式记录祖墓，以确保集体记忆的传承。以福建新桉村宗族记载的祖墓位置为例：

右地在本山石碑前地号原名青陇龙自文圃山发祖而来O跌东峡至大坑内茅仔仑转落马岭变出秀茂东一大脉形似鹤膝土名马岭遂耸起严山嵯峨作势与茅仔仑相对，与严山展开大帐，形若麒麟，故指为麒麟屏，分出五支，中支正脉，脱落埔仔头山园（又号深林尾）复东一脉挺起山仔平园仑一派而来，前后辅夹数支，随伴间插各适其宜，至穴后展开大金面，从长房肩上侧落穴前内砂周茂平（或作周墓）环抱有情结成脚踏案外支乌山仔放落孤石园坂朝拱过面兜收作案穴向外山大钟山（俗呼熬桶头山）拜堂尽收远山来水入怀，穴前左右浮出七块大石镇出水处，水口极密，喝形曰七星坠地，穴后大屏山，罗列成账，穴中望之宛然，穴后挺起亲切有情，又穴后甘棠前园一支与孤石案支锁抱极圆而文圃天柱仙旗诸山森列环映悉如拜舞之状，坐巽向乾O辰戌。[1]

宗族组织的作用一是召集甚至是强制众人进行超越小家庭的祭祀，[2]二是在坟墓和宗祠等特定场所中将各种文化元素如文字、语言、姿势、仪式、祭品按一定的方式调配好，以达到众人集体情感的充分释放。以福建新桉村宗族记载的祭祖词文位置为例：

春祭祀始祖暨列代祖考妣祝文

恭维OO列祖O温陵世胄O高浦名宗家学素有渊源孔

[1]《邱氏族谱》。

[2]如福州郭氏族规定：祭族时，"凡非吉凶大事及奉公供事外出未回者，临期不到，每丁罚钱二百文"。福州《郭氏支谱》，转引自林国平：《闽台民间信仰源流》，福建人民出版社，2003，第104页。

门一贯勋猷垂夫史策宋代丰功缅〇沂水之春风雍雍穆穆念〇龙山之世德炳炳煌煌诒厥式谷燕后克昌溯本源之未远切孝享以无疆际兹三阳开泰首序建寅灯火焕星盈门有彩月华连书满地铺银柑正传来庆仓箱今岁稔椒方颂罢乐觞咏兮和春后舞前歌咸欣睦族左昭右穆共仰尊亲爰乃管弦既奏肴馔胥陈〇〇神其鉴只俾炽昌于禩子孙保之降福禄以来臻尚〇〇飨[1]

[1]《邱氏族谱》。

　　宗族组织是将外在的物质符号转化为人们内心价值观念的中介。宗族物质和宗族组织二者相互配合，刺激着人们集体记忆的不断重构和加强，激发和生产着宗族绵延观念，宗族绵延观念内化于心后，又继续指导着宗族物质和宗族组织的资源分配方式。可以说，宗族物质和宗族组织是"崇拜"式祭祖的外在动力，宗族价值是内在动因。

读祭文（福建）

摄影：储永

三、宗族之于庶民：兼论两岸的开发

古礼中的宗法制渐渐褪去身份等级限制的成分、祭祖等仪式庶民化、宗族在民间广泛地发展，这些不可能完全是儒学家理论构建的结果，理论能够在现实中实践、能被某些群体接受并成为行动指导理念，该理论一定符合这些群体追逐、获取、分配资源的利益。宗族制度及其子制度——祭祖制度的庶民化，符合皇权统治群体和庶民群体的利益。经过这两大群体的推动，祭祖庶民化最终在明清时成为民间通行习俗，相比较皇权统治群体，庶民群体更有动力促成宗族势力在民间的发展，庶民普遍希望壮大和发展本族力量。庶民群体期冀宗族团体成长，其中包含有宏大的愿望——增长庶民群体权力、削弱贵族群体权力，但一般是出身庶族的读书人和官员，才有提升自我阶层向上流动机会的主动性意识，一般的老百姓更朴素和初始的想法是，通过宗族人多势众的凝聚力在当地生计资源竞争中占得先机。一般老百姓以结成宗族形式竞争本地资源，实现了宗族在民间的蓬勃发展，客观上也扩充了庶民群体的政治权力、经济权力、文化权力。宗族理念与宗族实践是相辅相成的，但宗族理念最终服从于宗族实践，也就是说，当支持宗族运行的资源条件发生变化时，宗族理念会对宗族实践做出让步，有的是宗族理念的根本性变化——如"大宗""小宗"等古代宗法制的突破，也有可能是宗族理念不变，而宗族实践做"名实分离"式的调整。

（一）大陆地区的宗族成长历程：

弗里德曼（Maurice Freedman）曾将边疆社会、稻米种植、水利灌溉视为促成宗族发展的重要元素。[1]边疆社会和水利灌溉可以被视为发展宗族的必要性：因为地处边疆社会，政府管控力量鞭长莫及，边疆社会往往处于"无政府状态"或"弱政府状态"，新移民进入该区域，

[1]《Maurice Freedman, Chinese lineage and society: Fukien and Kwangtung. Athlone Press.1966.

无法依赖官府制度分配生存资源（特别是土地资源），
"弱肉强食、适者生存"的"丛林法则"成为争夺生存
资源的依据，新移民经常面临与土著居民、旧移民、新移民
的斗争，为了在斗争中取胜并保护成果，各新旧移民群体
都倾向以宗族整合的方式团结在一起，共同防御和进攻；
而水利灌溉系统范围往往超越一家一户的田地，修建所耗
水利灌溉系统人力物力也往往超出一家一户的承受限度，
以宗族之力来促成众人合作并调配水利工程中的分工，是
很现实的选择。稻米种植可以被视为发展宗族的可能性：
在传统农业社会中，稻米更能为稠密人口提供足够的口粮。

弗里德曼提出的观点，为大多数学者接受和支持，但
也有不同的意见，如巴博德（Burton Pasternak）则以台湾
若干村庄经验为反例，其认为，边疆社会的环境和水利灌
溉的需要反而会促成超越宗族的合作，而稻米生产分配不
一定就会导致宗族发轫，还要视其具体分配法则。[1] 其
实，弗里德曼关于宗族成型的观点总体上是成立的，只要
将以上几个元素视为宗族发展的"充分条件"而非"必要
条件"。并不是说，具备了以上几个因素，宗族就一定会
壮大。关于稻米生产，平原易耕种粮食地区宗族发育情况
普遍优于山地不易耕种粮食地区，但粮食分配确实会影响
宗族成长，而且，随着商品经济发展，稻米粮食不再作为
唯一经济收入来源，经济作物及各种工商业投资都可作为
补充甚至成为主要经济来源，因此只能说，稻米不能肯定
促成宗族，但宗族成型必须有赖于一定的经济基础。边疆
社会中你来我往的资源竞争以及需要合作的水利灌溉，促
使民众有团结一致的意愿，至于以何种形式团结一致，未
必有定数，可能是宗族团体，也可能是超宗族团体，如几
个邻近村庄的联合、同一祖籍的联合、同一姓氏的联合、
同一宗教或信仰的联合等等，但以宗族团体整合众人的概

[1] Burton Pasternak, Kinship and Community in Two Chinese Villages. Stanford University Press.1972.

率和可能性，比其它形式要高，宗族文化经过长期的宣传与教化，深入人心，民众也最容易将同族之人视为"自己人"，也就是说，以宗族来统率众人，众人达成一致的心理成本很低，即合作的交易费用很低。

以福建区域的宗族成长为例。福建土著居民为闽越人。秦朝大一统后，虽然设置了闽中郡，但中央政府没有派守尉县令来，只是名义上的统治，闽越土著仍然是实际控制者。西汉年间，经过打压，闽越土著已不成为政治实体，西汉政府在闽中设立实质性的行政机构。中原士民曾陆续进入闽地，大量迁移进入从西晋开始，先后在西晋的永嘉年间、唐高宗统治时期和五代时期形成三个高潮。其中，尤以五代时期河南光州固始县王潮、王审知兄弟率兵据闽对福建地区的开发影响最巨。[1]移民入闽，时常面临各种群体与自己竞争土地资源：（1）移民与土著的竞争。如唐高宗时期陈元光上书，"……况兹镇地极七闽，境连百粤。左衽居椎髻之半，可耕乃火田之余。原始要终，流移本出于二州。穷凶极暴，积弊遂踰于十稔。元恶既诛，余凶复起。……所事者搜狩为生，所习者暴横为尚。诛之则不可胜诛，徙之则难以屡徙。倘欲生全，几致刑措，其本则在创州县，其要则在兴庠序。"[2]以上便反映了新入闽的中原人士与原住畲族争夺资源时的激烈冲突。（2）移民与移民的竞争。如"主客之争"，双方都不是原住民，都是从中原迁徙入闽，由于语言和习俗差异，更由于争夺土地等利益，客家人和当地居民常常发生争执，为了壮大实力，往往双方都以宗族为整合手段。不仅"主客"之间，只要是邻近居住人群之间，难免为争夺土地利益产生矛盾。土地一般或是无主之地，或是有争议之地，而有的家族人多势众，甚至可以直接掠取小姓既有的土地。邻近居住人群既有可能在初来乍到之时争夺土地

[1]陈支平：《近五百年来福建的家族社会与文化》，中国人民大学出版社，2011年，第1-4页。
[2]陈元光：《请建州县表》。

做"原始积累",也会在定居之后继续争夺。宗族与宗族之间经常由于土地纠葛引发械斗等剧烈冲突,这直到新中国成立前夕仍是如此,"在洲田或蚬埕被发现时,往往不是一乡或一族可以和平而顺利地把它占有的,而是要经过乡与乡或族与族之间的激烈争夺之后,才能断定属谁的。在闽江下游的沿江各村,一般都是聚族而居,彼此存在着严格的畛域观念,而'强欺弱、众暴寡'又成为乡族间普遍的现象。"[1]

宗族在一地若要成规模,需仰仗两种途径。一种是举族迁徙,如此来到迁入地便能直接形成宗族规模,另一种是几兄弟甚至单人来到迁入地,经年累月逐步形成枝繁叶茂的家族。后一种类型,宗族成型往往和村庄成型同步,宗族能繁衍数世,不仅需要该族人丁兴旺,更需要掌控资源以支持宗族成长的能力。资源又尤以土地资源最宝贵。本文将影响土地资源分配的变量划分为两种:"公共规则"和"强力"。[2]宗族成长的过程,就是以通过村庄"公共规则"外显村庄"强力",对抗或抑制村民个人"强力"、国家"强力"、灾祸的"强力"、其它村庄的"强力",从而保证族人集体利益最大化。(见图7)

[1] 华东军政委员会土地改革委员会 编《福建省农村调查》,转引自陈支平:《近五百年来福建的家族社会与文化》,中国人民大学出版社,2011年,第88页。

[2] 关于地权分配规则的讨论有:张小军:《象征地权与文化经济——福建阳村的历史地权个案研究》,《中国社会科学》2004年第3期;张静:《土地使用规则的不确定:一个解释框架》,《中国社会科学》2003年第1期;曹正汉:《产权的社会建构逻辑——从博弈论的观点评中国社会学家的产权研究》,《社会学研究》2008年第1期;熊万胜:《小农地权的不稳定性:从地权规则确定性的视角——关于1867~2008年间蒲村的地权纠纷史的素描》,《社会学研究》2009年第1期;臧得顺:《臧村"关系地权"的实践逻辑——一个地权研究分析框架的构建》,《社会学研究》2012年第1期。等等。

漳州故城郡衙(建于唐) 云霄县
摄影:林瑞红

漳州故城郡衙大门(建于唐) 云霄县
摄影:林瑞红

图7：村庄"公共性""强力"对抗对象

↗灾祸的"强力"

村民个人"强力"←（对内）村庄"公共性""强力"（对外）→国家的"强力"

↘其它村庄的"强力"

　　只有在将地权放在村庄"场域"中看，才能更好理解"公共规则"和"强力"这两个看似矛盾的因素为何能在地权中并行不悖。首先我们对于"强力"应进一步厘清，"强力"可分为四种，第一种是村庄未成型或村庄遭遇瓦解时，个体有可能突破村庄"公平原则"谋求土地利益，在没有限制的情况下，个人之间的"强力"对比（如体格健壮程度、亲戚朋友数量、与政府之间的紧密度、与灰黑势力的紧密度等等）决定了土地利益归属；第二种是村庄具有凝聚力和认同感，村庄精英或村庄组织通过对人与地的管控，以村庄"强力"保证村民遵守"公共规则"，克制村民个体"强力"的任意发挥；第三种是村庄精英"以公济私"，借助村庄管控的"强力"谋求自身利益，此时"公共规则"亦被打破；第四种是村庄之外的"强力"，一种是其它村庄"强力"，即村庄之间关于地权的争夺，另一种是国家"强力"，村庄"强力"的合法性以及政治实力与国家"强力"息息相关，国家出于代理人设置的考虑，可能构造和加强村庄"强力"，某些时候，国家"强力"也会亲自下乡对土地利益进行调整，有些官僚亦会借助国家"强力"占有村庄土地利益；还有一种是灾祸的"强力"，如战乱、灾患、匪盗等等，这些"强力"有可能破坏村庄物质构造，造成村庄成员流散、社区解体，土地利益和土地边界面临重组，村庄也面临重组。

　　"公共规则"和"强力"的关系复杂之处在于，不同性质的"强力"对"公共规则"影响不同。为保证"公共规则"，村庄"强力"必须抑制村民个体"强力"的任意性，另外，"公共规则"的运行以村庄完整和稳定为基础，为保卫村庄，村庄"强力"还必须抵御国家"强力"的过度提取和物理性的"强力"对于村庄物质的破坏。村庄"强力"是"公共规则"得以运行的外在保障，并非所有村民都全盘内化"公共规则"且"从心所欲不逾矩"地遵循，经过几千年的文化沉淀，中国农民在诸多方面会有一套共享价值观，如怎么看待"公平"，这些"公平观"成为村民行动的"聚焦点"，但这些文化心理层面的观念成为行事的规则，并不是自然而然的，内化惯习需要外在约束的辅助。

当村庄逐步稳固成型，村庄生产和生活一系列"公共规则"开始建立，地权的"公共性"凸显。地权"公共规则"之一是社区属性，即不能一味追求自身土地利益最大化和土地权属最大化，要顾及他人和村庄整体的利益，这可以称之为"共同生存原则"。克服"囚徒困境"，避免每个个体彰显个人利益最大化，而使集体利益最大化无法达成，结果个体利益也受损。"囚徒困境"是一种理论模型，村庄实际生活的优势在于可以通过多次博弈累积经验教训，经多次"试错"后，兼顾彼此利益的"公共规则"固定下来。"共同生存原则"有两种，一种是"合作式"的，即大家共同防御各种风险，如旱灾、水灾、贼患，并共同发展生产，为达成集体利益不计较一时的个人利益，如能抑制"搭便车"等投机取巧行为、促成众人的人力合作，又如让地权具有"公共性"而不是仅有"个体性"，村庄挖堰塘、挖渠道等公共设施若要占用一部分私田，个人应服从整体利益，同时村庄也有一定的补偿机制，即以他处公田补偿私田损失。另一种是"保障式"的，即保证村社内部成员都能维持最低限度的生活，这要求村庄具有一定的经济剩余，从而能够实施慈善或赈济的行为。

地权"公共规则"之二是家族属性，即"家族绵延原则"，土地被视为家族延续的物质承载之一。而"家族绵延原则"则是中国村庄社区关于地权分配一种更为独特的原则。德姆塞茨将产权分为三种形式：共用制、私有制和国有制。[1]中国村庄地权如果从占有事实来看，似乎也可分为私有制和共用制，如私人占有土地为私有制，宗族公田为共用制[2]。私有制和共用制的共同前提假设是产权可以清晰划分至个人，共用制不过是私有产权的集合体。其实，无论是私田还是公田，其本质是一样的，都是为家族绵延服务，这些田地都是"家族"属性的。在"家族"的语境下，无论人还是土地，都不具有主动性，都只具有依附性，只是为了辅助家族生长而存在。

从家庭来说，土地从属于整个家庭，而不属于哪个具体的个人，或者说土地权利不可能清晰分割至个人。中国地权的"弱分割性"让德姆塞茨提出的产权的两个特征——排他性和可交易性无从实现。就"可交易性"来说，家庭成员对于土地，不具有支配权，而只有代理性质的"管理权"，所谓"管理权"，最重要的是不让土地从自己手中流失，即"守土有责"，这就抑制了土地作为商品式的流动。"管理权"的另一要求是，要善于经营土地，利用土地产出保障家庭再生产的顺利，如长辈的养老、子辈的结婚、祖先的祭祀等等。就"排他性"来说，无论是父子之间、还是兄弟之间，即使在"分家析产"后，彼此的财产界限都不是非常明确，如张佩国所言，

[1] H.登姆塞茨：《关于产权的理论》，载R.科斯、A.阿尔钦、D.诺斯等著《财产权利与制度变迁——产权学派与新制度学派译文集》，三联书店上海分店，1991年，第105页。
[2] 郑振满：《明清福建家庭组织与社会变迁》，中国人民大学出版社，2009年，第195页。

"家计独立并不能使新分开的小家确立一个完全独立的财产边界"，[1]这就是"分中有继也有合"。[2]家庭成员之间的财产界限不明晰，并不是说土地等物品在物理意义上无法分割，而是说土地在物理意义上分割后，家庭成员之间的责任义务关系仍无法割断，"分家"只是家计外在形式的变动，而不是指土地分裂为"排他性"的几部分，更不是指家庭成员之间人伦关系的清晰割裂。

　　若某一姓氏在村庄中发展为一定规模的宗族组织，地权的"家族绵延原则"将彰显得更为明显，地权的"公共性"从家庭延展到宗族。表现之一是更弱的"交易性"，土地即使要流动，必须在宗族范围内按血缘的"差序格局"确定购买权，即"亲邻优先购买"制度，[3]表现之二是更强的"统筹性"，宗族能超越家庭范围对地权进行更广泛地分配，如许多宗族规定，各家在分家时，必须拿出一部分田地交给宗族作为公产，结果小家庭的田亩越来越少，而宗族公田越来越多。[4]

　　在"家族绵延原则"覆盖下的地权，具有多重人格，[5]无论是族人之于私田还是宗族长老之于公田，没有任何个体对土地具有狭义的支配权，所有族人都是土地的管理者，而如果从管理权这种广义的支配权的角度看，土地又由多重主体进行支配，如果以个体村民为轴心，时间序列上，祖先-个体-子孙皆是土地支配者，空间序列上，个体-家庭-宗族皆是土地支配者，这与西方意义上的产权很不一样，西方产权只具有一个支配者，也必须有一个支配者，或是自然人或是法人。（见图8）

[1]张佩国：《制度与话语：近代江南乡村的分家析产》，《福建论坛》2002年第2期。

[2]麻国庆：《分家：中分有继也有合——中国分家制度研究》，《中国社会科学》1999年第1期。

[3]该制度具体表现为：（1）亲房或亲族拥有第一先买权，而在亲族内部，又遵循先亲后疏的原则；（2）如地已典出，典当主一般拥有第二位优先权，在湖北的汉阳、京山、通山，它甚至居于亲房之先；（3）如地未典出，则地邻一般拥有第二优先购买权，但是，地邻的先买权并非如亲族那样普遍，且很不稳定。（参见赵晓力：《中国近代农村土地交易中的契约、习惯与国家法》，载《北大法律评论》1998年第1卷第2辑，法律出版社，1998年，第441页）

[4]陈支平指出，福建族田的设置和增殖，主要通过提留祭产、劝捐、派捐等途径。所谓提留祭产，即每当分家析产时，提取出一定数量的田产作为祖、父辈的嚼食费，祖、父辈去世后，便成为宗族祭田。这种分家提留祭产的做法，是福建族田增值最具制度化和最重要的一种手段。个体家庭及其经济不断裂变细分的同时，与之成鲜明对照的是家族的公有经济却在这种裂变中不断壮大。（参见陈支平：《近五百年来福建的家族社会与文化》，中国人民大学出版社，2011年，第42-43、101页）

[5]桂华、林辉煌《祖业观与乡土社会的产权基础》，《二十一世纪》2012年4月号；林辉煌：《家产制与中国家庭法律的社会适应——一种"实践的法律社会学"分析》，《法制与社会发展》2012年第7期。

图8：宗族村庄中地权的多重人格

宗族组织成型，特别是某宗族成为村庄的主要势力、宗族与村庄重叠，这意味着村庄具备了较强的公共性"强力"，一方面，有助于社区属性的"共同生存原则"更好实现，或者说"共同生存原则"借"家族绵延原则"得以实现，宗族内部的整合，谈判成本大大低于村民个体之间的协商，集体理性实现的机会增加，如水利的合作，如对贫弱村民的扶助。

（二）个案：福建厦门新垵村邱氏宗族成长史：

下文将以福建厦门新垵村邱氏宗族发展历程，说明宗族发展、村庄成型、土地资源三者的关联。资源促进宗族发展，宗族亦保存和扩充资源增长，同时宗族会在资源禀赋发生变化的情况下，调整组织结构。土地资源是宗族兴起的物质基础，宗族亦是争夺和保持土地资源的有效手段，宗族成型，对内具有强有力的整合族人的能力，既可以在内部抑制不符合集体利益的村民个人"强力"，又可以通过组织和合作的"合力"对抗外部的国家"强力"、灾祸"强力"、其它村庄的"强力"，从而保证村庄、宗族、土地资源的稳定与发展。宗族以血缘为建构基础，并形成血缘性的宗族"集体意识"，以维持族人的认同感和向心力。但宗族亦有可能为了整族的继续发展，对宗族组织架构做出实用性的调整，虽然其并不符合严格的血缘性的宗族规定。

新桵村为邱姓为主的村庄，当前村庄中有70%人口为邱姓。邱氏元末在新桵村发迹，明清壮大。其入闽先祖"延世公"在唐末因避"黄巢之乱"，随"开闽圣王"王潮从北方的河南光州固始县，率全家南迁到福建泉州府南安县的温凌（龙山），后传至十八世光绰公时，迁到泉州府同安县嘉禾里（今厦门市）的曾厝垵，又传五世而至"迁荣公"曾永在。曾永在是曾昌的第四子，元末迁至泉州府同安县十八都山平洪（今山边洪），娶苏氏，生一子曾晚成。后来曾永在入赘漳州府龙溪县三都郑墩村（今新桵村），改曾为郑，其儿郑晚成后又改为邱晚成（缘由见下文摘抄的"埭田制"），邱氏从此发祥，曾永在被奉为一世祖。到明中后期，新江邱氏宗族力量基本形成。到清中叶，邱氏已经发展成为一个人丁兴旺、在新桵占据着主导地位的人群共同体，并形成了具有相当影响力的宗族社会。[1]

[1]刘朝晖：《超越乡土社会：一个侨乡村落的历史、文化与社会结构》，民族出版社，2005年，第60-61、69页。

新桵村邱氏宗族不断成长的历史，亦是邱氏资源不断扩展的历史，邱氏资源不断扩展，又继续推动邱氏宗族成长。邱氏开基之本，为土地资源。邱氏族谱中有"埭田制"，从"埭田制"中有助于我们明了新桵村邱氏如何在获取、掌控、扩充土地资源的过程中发展宗族势力。本文摘录"埭田制"文字如下（刘朝晖翻译的白话文版本）：

郑氏的土地原本是漳

新桵村邱氏祖屋

州龙溪县人谢实夫的。元末，谢实夫在郑墩（就是现在的新桉所在地）引诱当地人修筑海堤造田，但是由于没有灌溉用的淡水，结果都变成了盐碱地，收成很少，只有在有雨水的时候才能够收成二三石粮食。元末红巾军造反，泉州府同安县莊江（今惠位、祥寮、后柯、鼎美、芸尾、埭头等村落一带）的刘均玉和刘均和两兄弟趁机作乱，在两府（漳州府和泉州府）下辖的龙澳县和同安县相邻一带称霸乡里，人称"大、小相公"。他们抢夺人家的妻女和田地，谢实夫的埭田也被他插标占夺。

邱晚成是邱姓新江开基祖郑永在的儿子，他们为了躲避战乱，从厦门的曾厝安移居到同安县十八都三平洪（今白沙山边洪），后又迁居龙澳县三都郑墩村盐墩社（今新桉），买了房屋居住下来。在郑墩村，郑晚成替刘均和管催租谷。

后来，刘均和因为私人恩怨，想把同乡人全部剿杀，邱晚成得知后马上赶到刘均和家，劝说不要这样做，刘均和却说：除了你一家人之外，其余的人一个都不饶。邱晚成婉言再劝，说：你把村里的人都杀光了，留下我一家又有什么用！刘均和说：已经下定决心了。邱晚成再次婉言相劝，说：你这样滥杀无辜，人都死光了，这里的田地谁来种？刘均和想想也是，就说：罢了，罢了，就饶了这帮人吧。邱晚成因此拯救了全村人的性命。

此时天下已大乱，生灵涂炭。右丞相罗良守据漳州城，江西省的平章陈友定封刘均玉署漳州府同知事。均玉均和俩兄弟的气势更加嚣张，杀淫掳掠，无所不为。不久陈友定攻陷漳州城，罗良被打死，陈友定撤兵后委任张衡为总管，留守漳州城。张衡劳民修

新桉村正顺宫

筑漳州城垣，人民苦不堪言。这时，海沧巡检薛君祥为了替罗良报仇，起兵攻打漳州城，没有攻下，领兵驾船败走潮州，潮州乡人又深受兵害，官兵打家劫舍，激起潮人的愤怒，而此时云霄巡检张子明趁机发动潮人，一举把阵君祥一伙人杀得一干二净。

就在此时，大明朝的官兵压阵，很快就统一了天下，改国号为洪武。张衡收拾金帛自行逃去。均和的气势也将尽。天下已定，均和均玉全家遭到报应，田地被官府全部没收。洪武十三年（1380年）丈量土地的时候，邱晚成"报作邱，添姓立户"，把均玉均和的田地改为己有，"将米收入户内"，并代当承恩里的里长。

邱晚成死后，由他的长子大发（元亨）和次子正发（元忠）接管田地，负责向佃户催讨租谷，充当军粮。大发因为"无毛德诣军门招抚"，被蛮军所杀，改由正发立户，正发把田地租赁给佃农耕种，自己"空受户名当差"。到五世邱广温时，他把埭田送与当地的大户周政，由他领头，按照佃户的人数把埭田分到各佃户，周政负责向各佃户讨租，佃户都能按时交纳，不敢有违。三年租期过去了，佃户们就不想再交租，后又想交纳旧米算事。他们不但"结党告争"，甚至想把田地私下分掉！邱广温出面跟他们争辩，佃户们只好"退息"了事。

到了永乐宣德一年间，埭田一分为二，规定"官职米"要上缴二十多石。宣德五年（1430年），承蒙福字勘合，规定"官职米"减征二三分，以后就按照这个标准定下来了。邱氏子孙也因此得到了一份固定的口粮。到了正统十四年（1449年）巳巳年时，改国号为景泰，是为庚午年（1450年），埭田的涵洞漏水，大家商议抽田谷八斗，用作整治涵洞之用。邱拱辰与堂兄邱孟乾负责整治漏洞十余年。孟乾死后，其子与文藩（为邱氏七世裔孙）不能接替父亲未竟的事业，就交给侄子文密（应为"文实"之误——刘朝晖注）继续补堵漏洞，但是仍然不能牢固，海水倒灌湮没了低田，结果颗粒无收，后来又有秋潮泛滥，埭田的涵洞全部塌陷。

弘治二年（1489年）邱拱辰与其堂弟惠乾、绍乾、泰乾等人会合各弟侄与雇工一起加固内涵洞，使之通达入海口的闸门口。到壬子年修外涵洞时，揭起原来涵洞的石板，再打下粗大的树桩后，重新修筑加固外涵洞，海堤加高一尺后就完全坚固了。

"先占先得"式的"占地"主要发生在村庄社区未成型之时，村民个体"强力"是"占地"的主导因素。彼此"强力"差不多时，大家遵循的是"先占先得"规则，世界上多数人面对"无主地"时都会采取以上规则，这是在以较少纠纷来获取不确定所有资源的一种简单而有效的方法。"先占取得"是许多国家民法公认的一项原则，早在罗马法中即有记述。面对"无主地"，"占有"往往和"所有"同义。白沙区在唐宋时期才形成一定规模的人口聚落。开发初期，此地人烟稀少，一无税源，二无民间事务，官府便少管控，在"无政府状态"下，移民至此，遵循"先占先得"规则占有土地，随着移民数量日渐增多，土地成为稀有资源，百姓往往利用明显的地上附属物来证明自己的"先占先得"，如种粮食、种树、建房，还有一种比较独特的方法——修建空墓占地，其名为"守墓"，该墓挖得很深，到地下几米，不能够葬人，只是为了占据地盘。

荒芜之地被百姓开发耕作，村庄聚落逐渐形成，该地域会逐步被官府纳入管控范围，从"无政府状态"变为"弱政府状态"，但官府的管控往往限于规定户籍和税额，对村庄提供实质性的保护往往力所不逮，即政府"强力"在庇护村庄和村民方面是虚弱的。"弱政府状态"是常态，更不用说天下大乱之时，刘氏兄弟这种大规模以"武力"强占有主之地，一般只可能发生在政府实力削弱的时候。部分强横的人，会以纯粹的"武力"打破以往通过"先占先得"规则既定的土地占有状况，土地资源分配又重新陷入了"丛林逻辑"，如元末刘均玉和刘均和两兄弟趁红巾军之势作乱，大肆抢夺土地，新桉村谢实夫的埭田也被他们插标占夺。待到新王朝建立，官府以政府"强力"重新分配土地，目的一是剥夺反对者土地并褒奖给支持者，目的二是重新恢复生产力。新桉邱氏正是借助了新王朝重新分配土地的契机获取土地所有权，郑晚成原是帮忙刘氏兄弟管催租谷的土地管理者，当刘氏兄弟田产被朝廷没收、土地重新丈量时，郑晚成改姓（邱）立户，将刘氏兄弟田产改为己有，成为当地里长。新桉邱氏借助天下甫定、土地重新分配的机会获得了家族发展的"原始积累"——土地，而且从记载的文字可以推测，这片土地数量不在少数。新桉邱氏比起许多宗族的开拓者是幸运的，承载宗族发展必须有大片土地，而要获取大片土地，或者以金钱购买他人田地，或者以劳力开垦新田，这两种途径往往都要积累数代努力。

但是，"起家"还要能够"守家"。新桉村是杂姓聚居的村庄，邱晚成虽取得一些土地，并成为里长，但邱氏平辈仅其一户，无兄弟支持，力量薄弱。邱晚成若要守住这片土地，必须有强硬的实力，从土地原来所有者谢实夫的失地经过可以看出，虽然土地经过了政府"强力"的界定，但政府"强力"在关键时刻往往提供不了实质性的保护，若要依靠自身力量守土，最稳当的方式莫过于壮大自己的团体，而其中又以宗族最为可靠。宗族发展初期，便显示出庇护土地资源的作用，如邱氏五世时，若无家族力量，邱氏田地已被各佃户私分。明朝之后，新桉村进入了比较平稳的发展阶段，再无大的战乱波及，灾祸"强力"之一被幸运地避免了。无战乱侵扰，加上丰饶的土地资源，新桉邱氏家族人口快速增长。至清朝康熙年间，新桉邱氏已从原先1人繁衍至千余人，清中叶，新桉邱氏人口已达两千至三千余人。

新桉邱氏开枝散叶过程中，逐渐发展出"五派九房"的房支结构。邱永在传至五世后开始分支：长房广良公为宅派，次子广温公为海派，三子广忠公为墩后派，四子广让公为田派，五子六子广道文道二公为岑派。海派传到六世分为六房：海长、海二、海三、海四、海五、海六，海六房传到12世时就终止了。墩后派传到七世时分出三房：井房（文容公派）、梧房（文富公派）和松房（文渊公派、文绰公派、文翰公派）；传到八世时，又分出门房（世敏世毓世科公派）和屿房（世畴公派）。这就是所谓的"五派"（宅派、海派、墩后派、田派、岑派），"九房头"（宅派、海派、门房、屿房、井房、梧房、松房、田派、岑派）。[1]

由于各个房头在繁衍生息中的不均衡，比如男丁多寡不同，科第、经济实力、对外社会关系等各种因素的此消彼长，形成源出一脉的各个房头实力不等，乃至出现以强凌弱的现象。为此，宗族"家长"为了平衡力量，组织了"四大角头"。"四角头"即梧宅井为一角、海派为一角、门屿为一角、岑田松为一角。四大角头并不是严格按照各个房头在村落的空间聚落进行划分，而是根据强弱匹配的原则，寻求力量平衡，以求达到族内和谐。[2]"四角头"的分布为：（1）岑房、田房、松房；（2）门房、屿房；（3）梧房、宅房、井房；（4）海乾角：海长、海二、海三、海四、海五。19世纪中叶，新桉已经形成了比

[1]刘朝晖：《超越乡土社会：一个侨乡村落的历史、文化与社会结构》，民族出版社，2005年，第74页。

[2]刘朝晖：《超越乡土社会：一个侨乡村落的历史、文化与社会结构》，民族出版社，2005年，第74页。

较稳固的宗族结构形式："五派、九房、四角头"。以上便是在宗族繁衍过程中，出现资源的不平均流动，宗族为整体更好地延续，打破严格的血缘支系，对宗族组织架构做功利性的平衡。

新桉村静明堂

宗族成型，使宗族有足够的能力将族人团结起来从事若干种合作事项，以应对各种外部"强力"冲击。

（1）应对水旱灾害的"强力"。水利系统，无论是灌溉、排涝还是其它内容，都很难依靠一家一户的力量完成，而一般的合作组织，又因为交易费用摩擦系数大而难以达成。如新桉村天然适合耕种的良田并不多，凭个人力量虽可围海造田，但水利问题无法解决致使土地多为盐碱之地。土地原先所有者谢实夫引导当地人修筑海堤造田，却没有后续的水利措施，由于缺少有灌溉用的淡水，结果都田地都变成了盐碱地，收成很少，只有在有雨水的时候才能够收成二三石粮食。邱氏宗族稍具规模后，才通过宗族集体力量对涵洞等水利设施进行整治，首先是财力筹备，邱氏从族田中抽取一部分租金作为整治涵洞之用，其次是人力筹备，邱氏历经近四十年时间，通过多次组织族人（也有一部分雇工）才将涵洞完全加固。

（2）应对贼盗等入侵者的"强力"。边陲之地，国家无法垄断该区域的暴力，无法为村民提供有效的实质性保护，村民要防御贼盗的暴力，只能依靠发展自身的暴力，在"弱政府状态"之下，村庄社会是村民和贼盗两种民间暴力的比拼。宗族成规模后，宗族便具有垄断村庄区域暴力的能力，为族人提供武力保护。陈达于20世纪30年代曾在新桉村进行社会调查，其记载了宗族组织族人防御外来武力的状况：

"团防治安，由本区祠堂事务所办理，本祠堂是全村的统治机关，其组织如下：正副总理各一人（每人每月薪金六元）；财政一人（月薪十元）；董事十二人（以家长充任，每人月薪十元）；书记一人（月薪三十元）。

每年经常费的实数，无从探悉，惟据当地人估计，恐不在一万元以下，凡教育治安祭祀等款，都由祠堂事务所开销。团防费每年计二千元，以为制办军器杂货（如衣服、食物、纸烟等）及其他之用。团丁不受薪资。

事务所的职员指挥团丁（每天约有七八人），着起便衣巡逻看守，如发现外来的生人，没有先向事务所说明来源，就把他扣留。据说有一次一位江西人，挑了一担布上本村去卖，那夜就寓在一家旅店内（在本村内），团丁发现他没有事先通告祠堂事务所，就把他提到事务所内，受了一顿严厉残酷的刑罚，到第二天，事务所用了一只小木船把他送到厦门。"[1]

新桉村老人回忆说，"我们从南洋买枪炮回来，保卫家园。土匪知道新桉有钱，而且新桉没有多少男人在家，就来抢。我们村里有大炮，有隙楼，我们男丁从小就要做护村队员，而且我们这里的人多少都有些武艺，土匪一般不敢来。连官兵有时也害怕三分。"[2]

新桉邱氏垄断了村庄暴力，不仅能防御外来入侵者，还可对违反族规的族人实施惩戒。如宗族如发现私通者，宗族就会把男女绑在大树干上，从村边的红树林那里"放海"：让他们随着海水漂向大海，生死由命了。一般是晚上放海，这样比较难被海上的船只发现，等待天亮有船可能发现时人都差不多死了。[3]

（3）应对其它村庄的"强力"。一个村庄社区"公

[1]刘朝晖：《超越乡土社会：一个侨乡村落的历史、文化与社会结构》，民族出版社，2005年，第74页。

[2]陈达，《南洋华侨与闽粤社会》，商务印书馆，2011年，第167~168页。

[3]刘朝晖：《超越乡土社会：一个侨乡村落的历史、文化与社会结构》，民族出版社，2005年，第74页。

共性"程度越高，村庄"强力"对于个体"强力"的约束能力就越强，集体理性越容易达成，但在这种情况下，村庄与村庄之间的非理性冲突、暴力冲突的可能性越大。村庄与村庄之间也有一定的通行地权分配原则，主要为"划地为界"原则，如确定山界时，依据山林的分水岭划界，又如确定海界时，当地规则是将谷子壳撒到海水中，退潮时谷子壳在哪，海界就在哪里。但是，当两个或多个都具备村庄"强力"时，地权冲突在所难免。村庄"强力"对于村庄内部来说，是具有"公共性"的，而村庄"强力"对于村庄外部来说，则是具有"任意性"的。几个具有"强力"的村庄对于土地的争夺，将重新回到"丛林逻辑"之下，没有公共规则可言，只有纯粹的实力的碰撞和对比。村庄内部的协调和整合能力越高，村民越倾向于"对人不对事"，即"我是X族的人，必须无条件站在我们这边"，如此村庄之间的械斗就有可能发生。新桉村与霞阳村历来因为争夺土地多有龃龉，清朝时，新桉村"反清"，与"小刀会"素有关联，而霞阳村"拥清"，两村矛盾更加深厚，清代之前两村还有通婚，清代及以后基本无通婚。新桉村与霞阳村以数条"土巷"为村界，其中一条最为出名，霞阳村民称其为"贡（音）狗巷"，也就是"敲狗巷"，意思是新桉村人若是超过此界限，就要像打狗一样将其击退。新桉村与霞阳村还因为周围一座寺庙的权属之争发生数次械斗，该座寺庙名为石室禅院，唐朝由一群外地而来的武僧兴建，这群武僧可以说是这片土地最早的开发者之一，当时他们还有寺田供百姓租种，不知何年月，武僧势力凋敝，而新桉村占据此庙，后又引来霞阳村的争夺，最后一次械斗，虽然新桉村在武力方面占了上风，但由于霞阳村和官府搞好了关系，经由官府将该庙判给霞阳村。

（4）应对政府的"强力"。当宗族形成规模，不仅不需要政府的保护便可防御一般性的匪盗，甚至可以与政府在赋税等方面讨价还价，很多宗族都会要求缴纳固定的"原额"，由于政府对于土地各种数据的获知能力不强，只能听之任之，如新桉邱氏从宣德五年（1430年）起，赋税便长久固定在"官职米"减征二三分的标准。

宗族能有效保障资源不致流失，还有可能增扩资源，但宗族本身的运行亦是需要资源支撑的，其中运行成本不仅有组织运行成本，更有维护"集体意识"的成本，如祭祖，便需要祭田等资源供给。万历二十八年（1600年），新桉邱氏因为要移动涵洞，众人商议把旧涵洞以下的泥泊卖掉，换成两口鱼塘，并规定，上鱼塘每年出税银4两，下鱼塘每年出税银2.2两，作为永久祭祀之用。后又增添：堰塘沟壑里的"遗鱼"（指的是从海里游上来的野生非人工喂养的鱼类），约定四个房头（当时只有四房）都不要，变卖充当"公银"，累计到一定数目后就用来购买"祭业"。"祭业"由四个房头轮流打理。此外还购置有：万历三十六年（1608年），刘店上园一坵，受种子2斗，民米3升，年租纳租银1.15两；南坂园一坵，受种子1.5斗，民米3升，年纳租银0.8两；埔边园一坵，受种子1.3升，民米2.6升，年纳租银0.75两。[1]从短期看，祭祖无法产生任何经济效益，但从长期看，正是由于维系了宗族的"集体意识"，宗族才能以较低的交易费用将族人整合起来，进而保护和开拓资源。理想状态下，宗族与资源在交织互促中并进。

（三）台湾地区的宗族成长历程：

台湾地区宗族组织、仪式、制度等等，和大陆地区尤其是华南地区并没有太大区别。但台湾地区宗族的成长历程与华南地区具有不同之处，台湾作为新近移民地区，宗

[1] 刘朝晖：《超越乡土社会：一个侨乡村落的历史、文化与社会结构》，民族出版社，2005年，第260页。

族初始形式多为没有严格血缘联系的契约性宗族，之后血缘性宗族才逐步发展起来。台湾宗族的成长历史附属于台湾汉人移民历史。陈其南曾对台湾汉人移民历史进行描述：汉人在台湾的拓殖早在荷兰人据台之时（1624-1661年）就已经开始了，但真正奠定汉人移民台湾基础的，还是在郑成功收复台湾之后。荷兰人在台湾的目的是殖民，主要为获得贸易商利益，土地开拓是附属，汉人只是作为荷兰人和原住民的中介。郑成功率宗党部属进入台湾，由于采取了寓兵于农的政策，从而打造了一个纯粹以农业为主的汉人移民区域。郑氏父子经营台湾二十余年后，清朝政府攻占台湾。清朝政府限制大陆居民渡台，[1]并约束台湾汉人的垦殖范围。当时导致的结果是许多移民台湾的汉人重新回归大陆生活，台湾数万汉人仅剩数千人。经过短暂中止，大陆居民入台的风潮迅速又起，至乾隆四十七年（1782年），台湾人口已达91万有余，比清朝政府据台初期增长了不止数十倍。自乾隆末年以后，虽然政府仍一再申明偷渡之禁令，但已准许文武各官及安分良民携眷渡台。光绪年间，台湾已有300万左右人口，人口密度不下于华南地区。[2]

　　台湾和东北、四川等区域，在清初都属地广人稀之地，吸引许多民众陆续前往。虽然清政府对于四川等地的移民政策远宽松于台湾，[3]但台湾的宗族氛围却浓于东北、四川等地，东北、四川等地的宗族形态较为残缺，百姓的宗族意识并不十分强烈。台湾的宗族氛围之所以较其它新近移民地区浓厚，应主要归因于移民来源地区。台湾移民来源地主要是福建的泉州、漳州、福州、汀州等以及广东的潮州、嘉应等，一般分泉、漳、客三系。无论是泉、漳、客三系中哪一系，都是华南宗族地区，而华南地

[1] 邓孔昭认为，清政府禁止偷渡和禁止赴台者携眷的政策不是一开始就有的，而是逐渐形成的。（参见邓孔昭：《台湾移民史研究中的若干错误说法》，《台湾研究集刊》2004年第2期）

[2] 陈其南：《台湾的传统中国社会》，允晨文化实业股份有限公司，1987年，第19-27页。

[3] 刘正刚：《清前期四川和台湾移民政策之比较》，《四川大学学报（哲学社会科学版）》1996年第1期。

台南

[1] 庄英章：《林圯埔：一个台湾市镇的社会经济发展史》，2000年，第180页。

区宗族完整性远胜于华北地区、华中地区。移民进入台湾，少有举族迁徙的例子，[1]因此移民早期，严格血缘意义的宗族组织难以建立，清人兰鼎元曾论述，"客庄居民，从无眷属。金各府各县数十万之倾侧无赖游手，群萃其中，无室家宗族之系累，欲其无不逞也难矣。"[2]因为前期移民多数为单身男子前往，便难以组织成为家庭，更不用谈宗族。但移民至迁入地后，迅速复制和模仿了迁出地的文化模式。移民初来乍到，没有家族力量的支持，甚至有些是孤身来台打拼，面对自然环境的挑战、面对他人的竞争，移民需要以团体的方式改善生存条件，此时的团体难以通过纯粹血缘为纽带建立，只能以同籍或同姓的名义组成联合群体，但这些群体有时借助寺庙等信仰体系来整合，有时也仿制和借鉴了宗族组织的某些文化表征，如同姓群体的祭祀祖先设置——以"唐山祖"为共同祭祀对象。

[2] 兰鼎元：《鹿洲初集》，转引自：冯尔康：《18世纪以来中国家族的现代转向》，上海社会科学院出版社，2005年，第468页。

以"唐山祖"为共同祭祀对象，可以称为"大宗族"

（合约字的祭祀团体）；以开台祖或其后代为共同祭祀对象，可以称为"小宗族"（阄分字的祭祀团体）。[1]移民开发初期，为了尽可能容纳更多的成员，同姓以"唐山祖"为共同祭祀对象，这是血缘与地缘的综合产物，等定居时间渐长，子孙繁衍形成一定规模，比较单纯的血缘组织成型，便以血脉先祖为共同祭祀对象，"移民型"宗族变为"土著化"的宗族。郑振满在台湾学者研究基础上进一步分析，提出宗族组织的三种组织形态：继承式宗族（以血缘为基础）、依附式宗族（以地缘为基础）、合同式宗族（以利益为基础）。[2]一般宗族的演进过程是，继承式宗族→依附式宗族或合同式宗族。继承式宗族中，族人的权利及义务取决于各自的继嗣关系，继承式宗族的形成，主要与财富及社会地位的共同继承有关，可以说是不完全分家析产的结果，"民间为了缓和分家析产对于传统家庭的冲击，往往采取分家不分祭、分家不分户或分家不析产的方式，对宗祧、户籍及某些财产实行共同继承，使分家后的族人仍可继续保持协作关系，从而也就促成了从家庭向宗族组织的演变。"[3]继承式宗族聚焦点在于血脉的延续和传递，通过财富及社会地位的共同继承，促使族人在日常生活中长期保持较为密切的协作关系，至于水利、交通、科举教育及社会救济等更为复杂的合作事项，主要是由依附式宗族或合同式宗族承担。[4]依附式宗族的基本特征，在于族人的权利及义务取决于相互支配或依附关系，继承式宗族中，一旦族人的继承权发生变动，甚至只是改变了宗

[1]庄英章：《林圯埔：一个台湾市镇的社会经济发展史》，2000年，第181页。

[2]郑振满：《明清福建家庭组织与社会变迁》，中国人民大学出版社，2009年，第47页。

[3]郑振满：《明清福建家庭组织与社会变迁》，中国人民大学出版社，2009年，第47-48页。

[4]郑振满：《明清福建家庭组织与社会变迁》，中国人民大学出版社，2009年，第61页。

乾隆御赐客家人"褒忠"匾（台湾）

摄影：焦红辉

[1] 郑振满：《明清福建家庭组织与社会变迁》，中国人民大学出版社，2009年，第61-63页。

[2] 郑振满：《明清福建家庭组织与社会变迁》，中国人民大学出版社，2009年，第78-79页。

[3] 冯尔康：《18世纪以来中国家族的现代转向》，上海社会科学院出版社，2005年，第469-470页。

[4] 郑振满：《明清福建家庭组织与社会变迁》，中国人民大学出版社，2009年，第155页。

[5] 郑振满：《明清福建家庭组织与社会变迁》，中国人民大学出版社，2009年，第170页。

[6] 郑振满：《明清福建家庭组织与社会变迁》，中国人民大学出版社，2009年，第171页。

族事务的办理，都会导致继承式宗族转化为依附式宗族，发生以上转化的根本原因是族人之间的贫富分化。[1]合同式宗族的形成，主要与族人对某些公共事业的共同投资有关，"其有关活动及权益分配，只能由入股者及其后裔参加，具有严格的排他性"。[2]

在台湾等移民社会中，宗族发展历程发生若干变动，往往以合同式宗族即"大宗族"为开端，再逐步发展出继承式宗族即"小宗族"。在清代台湾的开发进程中，合同式宗族曾经发挥了重要的作用。移民一方面在当地少有宗室，一方面移民又需要共同体协力开发，因此合同式宗族出现，参加者以同祖籍同姓氏为原则，不一定有血缘关系，也不一定以家庭为单位，由于参加者多为男性只身加入，故称"丁仔会"，"参加者出于自愿，不像大陆同宗家庭必须加入宗族；入会者以契约方式凑钱置产，以便祭祀祖先，其股权保留给后代，团体因有产业，使祭祖事业能够坚持下去，成为长久性团体。所祭祀的祖先，并不是组建时成员的较近祖先，因为不是来自一个家族的同姓人不可能认同某些成员的祖先为共同的祖宗，为此要推尊大家认同的人，所以在古代同姓氏的名人中选择一个人，尊为始祖，共同祭奠。"[3]合同式宗族"表面上是以祭祀先祖为目的，实际上却是一种土地投资团体，也就是透过宗亲的关系聚集劳力与资本，积极从享垦辟工作。"[4]台湾早期开发过程中，合同式宗族发挥了重要作用。由于早期移民的流动性较大，此类宗族的发展颇不稳定，其成员可以自由加入或退出，而且大多并无固定产业。[5]清代后期，台湾移民社会逐步演变为定居社会，移民繁衍后裔过程中，便形成了奉祀"开台祖"为标志的继承式宗族，在规模较大的聚居宗族中，已经形成以士绅阶层或豪强之士为首的依附式宗族。[6]台湾社会之中，宗族组织最初以合同式宗族面目出现，是初入台湾的移民的一种生存策略，以群体之力提高自身在移民环境中的生存条件，这种生存策略借助了移民原居住地的组织模式，从而以较少的交易成本建立起共同进退的生计合作单位。

四、宗族之于统治者

传统时代，农业收入一直是国家财政的重要来源，[1]从农民处提取农业利益即农业赋税是国家管理的中心任务之一。中国作为大国两个基本特点是地域广阔和人口众多，这为中国带来了多方面的优势，也给历朝历代的行政管理设下了障碍，如何从千家万户小农处提取资源是长期的难题。秦朝以郡县制代替分封制，正式建立起中央集权制的国家。从国家能力角度看，中国传统的中央集权制介于分封制与现代民族-国家之间。

与现代国家相比，传统时代的中央集权制国家，权力是专断的，同时权力也是虚弱的，其对于基层的渗透能力和汲取能力并不强。迈克尔·曼在韦伯的基础上，进一步厘清了国家权力的内涵，他认为，国家权力可以分为专制权力和基础性权力，专制权力源自国家精英的一系列运作，而这些运作不需要与市民社会群体作例行公事式的协商。基础性权力即一个中央集权国家的制度能力，它或是专制的，或是非专制的，而制度性能力则旨在贯穿其地域，以及逻辑上贯彻其命令，基础性权力是一种"贯穿"社会的权力。[2]中华帝国在统治阶层拥有集权和专断的权力，却没有进入社会的强大实力，"国家"与"社会"彼此隔离。魏特夫认为传统中国由治水生发出一套严密而强大的国家机构，这种类型的理论过于夸大了传统中国的政府的控制能力。

但与欧洲相比，中国在建立现代民族-国家之前，国家对于基层已有一定的整合能力，"大传统"与"小传统"错综交融。在各种技术（如交通和信息）不算发达的时代，统治如中国一般的幅员辽阔、人口众多的地域，并不是一件很简单的事情。施瓦茨指出，"建构国家的所有努力都体现了从农业中提取资源以资军队和政府之需这一共同挑战的影响，并且所有这些努力都遭遇到一个势不可

[1]传统时期的中国，田赋构成国家财政主体。如王业键指出，清朝鼎盛时期，有3/4的税收来自田赋。到了清朝崩溃前夕，由于新设的海关税、厘金和其它杂税极大补充了税源，田赋重要性才有所下降，大致为1/3。（参见王业键：《清代田赋刍论》，高风 等译，人民出版社，2008年，第105页）

[2]迈克尔·曼：《社会权力的来源（第二卷）》，陈海宏 等译，上海人民出版社，2007年，第68-69页。

当的难题：在机械动力运输之前，人们几乎未曾由陆路将谷物运至20英里以外的地方。这种运输条件上的限制给前铁路时代的农业生产和贸易施以决定性的影响，抑制了为建构国家而做出的各种努力。"[1]技术上的瓶颈决定了前工业时代难以出现大面积规模的国家，不少区域只是若干封建主甚至是部落的联盟，联盟之上并没有强有力的中央政权，但中国是为数不多的特例。这说明，中华帝国在克服地理难题方面有着独特的"治理术"，在物质技术难以迅速突破的条件下，政府只有通过治理技术的改进，来弥补物质技术的限制。治理技术之一，便是不断完善国家与基层的连接——处于中介位置的各代理主体。宗族即是重要的"中间层"之一。

中央（皇帝）最为倚重的一个代理组织是官僚机构。官僚制随着秦朝中央集权制而确立。官僚建立后，逐步被门阀士族所垄断，其作为中介，愈来愈隔断而非联接中央与农民。"大约从汉末历魏晋南北朝以至唐之初叶，官僚贵族化的色彩愈变愈加浓厚了。古代初期封建制度下的世卿世禄在名义上虽不曾恢复过来，而其代替物的门阀，却正好是这个时期的产物。"[2]门阀集中了大量土地利益，成为一个庞大的自利集团。门阀士族本身就拥有大量不用交税的土地，其还运用政治和经济上的优势力量，或吸引农民主动依附门下以求免税免役的庇护，或通过兼并获取农民土地，"因官僚豪商兼并而从土地上、从小农或佃农地位游离出来的比较获有形式上自由的农民，不是干脆变为官私奴婢，就得以更不利的条件，再依附于土地，甚而转化为私属或道地的农奴了。"[3]门阀士族本已合法垄断一部分土地利益，又不断从农民那里扩张土地利益，土地利益很大一部分并未流向中央，此时的官僚集团自然无法被中央视为合格的代理组织。帝国统治者为改变

[1]赫尔曼·M·施瓦茨：《国家与市场：全球经济的兴起》，徐佳译，江苏人民出版社，2008年，第6页。

[2]王亚南：《中国官僚政治研究》，商务印书馆，2010年，第78页。

[3]王亚南：《中国官僚政治研究》，商务印书馆，2010年，第82页。

这种局面，一是对田制税法进行改革，二是对官僚任用制度进行改革。

经过九品中正制的过渡，隋唐实行科举制，开科取士取代了官僚的世袭制，打压了门阀士族势力，中央增加了官员任用与选拔的主动权，培养听命于自己的代理人基层。经由科举选拔出来的"官"，在具体治理中往往雇佣熟悉当地情况或有一定技能专长的"吏"作为辅助。中央通过改造官僚组织，降低了代理风险，但仍然缺乏足够的监督官僚系统的能力，也缺乏直接深入乡村的能力。官吏在替国家收取土地税赋时，私自增收和从中克扣等已成为普遍现象，在正式税费外，官吏又创制出各种名目的苛捐杂税中饱私囊。"中国农民困苦的基因，与其说是由于正规租赋课担太重，毋宁说是由于额外的、无限制的、不能预测到的苛索过多、繁多。"[1] 如果将政治关系大致划分为中央-官吏-农民三层，主要矛盾是中央与官吏的"委托-代理"矛盾和官吏向农民的过度提取资源矛盾，官吏自利引起"上下交困"，中央与农民不直接发生矛盾，一定程度上还是互相依赖关系，中央需要农民的物质资源（农业利益）与非物质资源（合法性认同），农民则希望中央监督官吏的克扣贪污等行为。

官僚组织如要成为韦伯意义上的那种理性组织，需要物质资源的充足和监督技术力量的提高，传统时代难以做到以上。中央至多制约到"官无封建"，这种简单的权力收放，不能改变治理行为性质，无法解决贪腐，即使明太祖出台极其严酷的法律，也难遏制。同时，收缩官权又带来吏权扩大的问题，即"吏有封建"的问题，另外"官无封建"还引起"强干弱枝"等问题。中央政权针对官僚组织"自上而下"的改进已难见成效，但村庄内生组织的成长，反而"自下而上"地制衡了官僚组织。"皇权不下

[1] 王亚南：《中国官僚政治研究》，商务印书馆，2010年，第129页。

县、县下惟宗族"是常被提起的对于传统中国政治状况的描述,但这种村庄自治状态并非是自古便有、一直存在的政治"传统",秦晖通过分析史书和出土书简,认为汉唐间的乡村基层控制,主要依靠国家的"编户齐民"和乡吏治理,血缘性的自治力量未有展示。[1]村庄在很长一段历史内都未形成足够的自主政治能力,乡村中充盈着国家制度安排,这并不意味着中央政权的深入,反而成为官员胥吏扩张自身利益的名目。

[1]秦晖:《传统十论》,复旦大学出版社,2003年,第2-44页。

　　将村庄组织起来,历朝历代都有不同程度的尝试,如"里"、"社"、"村社"、"保甲"、"里甲"等等,组织设置、税制和役制,三者经常进行排列组合式的改革,但结果更多体现为文本上的变动,引不起基层治理效率实际提高,因为以上无论制度上如何变动,村庄组织都没有主体性,无法塑造克制官吏的实质力量。针对基层屡屡出现的失序局面,宋代一些理学家如张载、程颐等人开始提倡祭祖的庶民化,把原来只适用于贵族和官僚阶层的宗法活动推广到民间,期望通过宗法"管摄天下人心"。朱熹进一步将宗族庶民化建议进行种种具体的操作化,如祠堂、祭田等等。理学家的建议成为民间突破以往等级宗法制桎梏的理论依据,但宋代基层宗族还未普遍发展。明朝尝试了多种的村庄代理形式,如开国设立"粮长",由地主负责征收田赋,以避胥吏之害,十年后设立以便利征税为目标的"里甲"。"粮长"失去仕途升迁机会后,最终无人问津。[2]明朝后期,"里甲"式微。官方制度逐一凋零,而民间势力——宗族和士绅却不断壮大。明朝中期以后,宗族组织在乡村发展普遍,且有一套严密的组织设计。宗族的壮大,一方面来自儒家伦理的下沉,一方面也是乡村应对基层混乱局面的自我保护行为。明朝在经过了初期的稳定后,很快又陷入了赋税徭役加重、官僚地主

[2]梁方仲:《明代粮长制度》,上海世纪出版集团、上海人民出版社,2001年,第5页。

压榨小农、游民四起、盗贼横行的混乱局面，"里甲"失去控制功能，村民依靠宗族组织的向心力和凝聚力，应对生产和生活风险。

宗族在民间的成长让村庄具有了实质政治实力的组织。宗族既是再分配组织，又是代理组织。宗族在族的范围内形成了一个小型的再分配组织，调配各种人力和财力。人力的调配包括生产方面的合作（如水利兴修）和参与宗族活动（如祭祀），财力的调配主要指土地利益的分配，有实力的宗族还涉及商业利益分配。宗族之所以具有强大再分配能力，主要原因在于"集体意识"在组织中的注入，众人拥有共享性的意识，可以大大节省彼此之间的谈判成本。宗族中心的"集体意识"内容为宗族的绵延生长，即"香火"的传递。宗族绵延不仅体现为组织制度，还成为每个族人生命意义之所在。"香火"传递是中国农民的宗教，其在世俗的家族生活中获取超越性的意义，此岸与彼岸奇异地融合在一起。正因为具备伦理信念的支撑，宗族才有较强的组织能力。宗族中的个人是没有独立地位的，祖祖辈辈–我–子子孙孙是连续统一体，个人只有融入家族长河中，才有存在感和归属感。宗族中的物同样没有独立属性，宗族不排斥私人产权，但私人的物必须服从宗族安排，允许宗族随时涉入。首先物要服务宗族整体成长，如南方一些宗族规定分家后必须缴纳一部分作为公田，其次物是家族延续一部分，不允许随便脱离，如买卖祖产是不孝，即使土地买卖也要优先选择族人。宗族中的物质不是单纯的横向"共有"，其还是一种纵向的、代际继替的"共有"。

宗族在其内部具备强有力的再分配能力。宗族很多时候吸纳和覆盖了"里甲"、"保甲"等官方建制，成为村庄事实上的代理组织，一些地方出现宗族"包税"现象。[1]宗族的崛起，对于中央政权提取土地利益，是有利的：其一，宗族通过共同行动开拓荒地、兴修水利、组织生产，增加了土地利益的总额；其二，在物质保障方面，宗族以集体力量防御盗贼祸患及各种自然风险，并有族田等机制扶助贫弱族人，在精神教化方面，宗族的伦理理念符合儒家父子君臣的秩序设计，前者减少了村庄瓦解、流民四起风险，后者减少了贫富差距带来的阶层矛盾、地主与村民之间的阶级矛盾，皆有利于村庄生产稳定；其三，宗族将分散小农集合成共同体，政府可直接与宗族代表谈判，减少了成本；其四，宗族的凝聚力，使其有实力与官吏讨价还价，保护村民利益，防止官吏过度提取。由于以上原因，中央政权基本承认了宗族在基层的构建，将其视为提取土地利益、稳固政权的一环，但也时时提防宗族发展过于强大。宗族势力成长起来后，士绅才在基层确立了地位。以往乡村精英没有村庄内生力量支持，往往只能依附于官和吏。士绅以认同官府和认同村庄的"双重身份"出现，平衡政府与村庄的势力，其帮助官府完成缴纳钱粮、伦理教化、纠纷调解等事项，也站在村庄一边抵制官府的汲取。传统中国的统治者意图在技术水平不发达条件下掌控幅员辽阔的帝国，这在管理学上是一个难题，传统中国往往以"简约治理"[2]或"实体治理"[3]面目出现，帝国高层虽然集权化，但在地方治理中广泛地使用了半正式的行政方法，依赖由社区自身提名的准官员来进行县级以下的治理。[4]乡村依照乡规民约进行"自治"，但乡规民约不能突破国家法律的大框架，"礼法兼施"是乡村治理的特点。[5]半正式的行政方法，可以尽可能精简官僚机构，减少官僚组织运行成本，但也给基层治理带来了相当的不确定性以及巧取豪夺的空间。士绅-宗族的兴起，增

[1] 魏安国：《清代华南的土地所有制、赋税制和地方控制》，载叶显恩主编：《清代区域社会经济研究》，中华书局，1992年，第913页。

[2] 黄宗智：《集权的简约治理——中国以准官员和纠纷解决为主的半正式基层行政》，《开放时代》2008年第2期。

[3] 李怀印：《华北村治——晚清和民国时期的国家与乡村》，中华书局，2008年，第15页。

[4] 黄宗智：《集权的简约治理——中国以准官员和纠纷解决为主的半正式基层行政》，《开放时代》2008年第2期。

[5] 汪毅夫：《明清乡约制度与闽台乡土社会——〈闽台区域社会研究〉之一节》，《台湾研究集刊》2001年第3期。

加了基层的稳定与秩序，其却作为"保护型经纪"抑制了"营利型经纪"在基层大肆盘剥，"简约治理"的实质正义程度提高。

中华帝制时期关于改善"中间层"的"治理术"的小结如下：（1）中国自秦朝建立"大一统"的中央集权制国家，如何在技术和信息不发达条件下管理地域广阔的庞大的人口，例如如何提取土地利益，始终是难题。（2）为了将权力深入基层，中央政权需依赖"中间层"代理主体，为解决对各代理主体的"委托–代理"问题，治理形态不断复杂化，以达到各种势力相互牵制。（3）"中间层"代理主体由起初的贵族官僚一家独大发展至官员–胥吏–士绅–宗族多个主体共享，彼此相互制约。宗族在民间成型，既有利于村庄生产和生活合作，也有利于中央政权提取土地利益。（见图9）

图9：中华帝制时期治理三层结构

中央政权（皇帝利益集团）

|

中间层：官员–胥吏–士绅–宗族

|

农民

陈氏家庙（福建）摄影：林瑞红

第四章

祭祖的个体化

（一）宗族的衰落、复兴或转型？

大陆地区在改革开放后，各种宗族元素重新出现在基层社会中。黄树民对于20世纪90年代福建林村的宗族复兴，有一段直观的文字描述：

"最近一些年，林氏宗族的政治力量确实变得举足轻重。林家出生的男性村民的人数在1980年代和1990年代逐步增加。近些年，他们中的许多人在私营企业里发了小财。1995年初，林家募集到35万元人民币（约43000美元），来重建大约35年前建水库时拆掉的祖庙。起初，村政府拒绝了重建祖庙的请求，理由是，这样的行为会鼓励恢复建立在父系宗亲凝聚力之上的封建关系。作为对这种官方拒绝的反击，林家声称，重建祖庙的资金是一位新加坡华侨出的，重建祖庙会吸引许多林姓华侨回祖国投资。于是，乡政府宣布同意重建它。这座红砖水泥建筑在1995年10月完工，12月7日的揭幕式上，从泉州、厦门和邻近村子吸引了许多林姓的人和正统的亲族。这座壮观建筑的完工，林姓村民似乎在宣布：自从上个世纪经历了冷酷的凋零之后，林家正在复兴，不可忽视。"[1]

以上场景在改革开放后的村庄尤其是华南村庄中经常出现，宗祠、族谱等外在物质形式的重现建立，宗族势力影响村庄政治等等，皆让调查者或多或少地感觉到宗族的复兴。宗族的复兴，首先表现于外在物质形式方面。徐扬杰认为，所有的家族，都由祠堂、家谱和族田三件东西联接起来，族田是家族制度赖以存在的物质条件，依靠它把族人团聚在一起，叫做"收族"；祠堂和家谱则用以尊祖敬宗，强调血缘关系，规定家规家法，从上层建筑和意识形态方面维系家族制度，这三者是近代家族制度的主要特点。[2]农村田地在土地改革、农业合作化运动等一系列社会主义改造之后已经收归国家（集体）所有，宗族已无可

[1]黄树民：《林村的故事：一九四九年后的中国农村变革》，生活·读书·新知三联书店，2002年，149~150页。

[2]徐扬杰：《宋明家族制度史论》，中华书局，1995年，第20页。

能再对土地进行所有权意义上的占有。关于宗族的重建，冯尔康认为可以用两个标准来判断是否重建了宗族，其一看是否修了族谱，其二看是否维修或重建了祠堂。[1]

[1] 冯尔康：《中国宗族社会》，浙江人民出版社，1994年，第271页。

除了族谱和祠堂等外在物质形式，很多学者还注意到了宗族组织的复现。与族谱和祠堂相比，宗族组织在复现过程中呈现出的变化幅度更大。在不同时代和环境之下，宗族物质的再造相对容易，复刻的程度也相对高，而宗族组织更受外在约束条件的形塑，不同时代和环境之下难以保持完全一致。因此，宗族组织相比较宗族物质更能凸显当代宗族的变迁与转型。钱杭和谢维扬通过对江西农村的调查认为，宗族组织在大陆地区的重新出现已是客观事实，但无论哪个地区的复现宗族都不能与传统的宗族相提并论。"转型中的宗族在组织上有如下特点：一、形式的多样性。就是说，没有统一的组织形式。二、没有正式的宗族名义。几乎所有宗族组织都是借某种与宗族相关的活动的名义形成的。三、不稳定性。许多宗族组织至少在形式上具有临时性的特征。当然在实际上，这些'临时性'的宗族组织总是试图尽可能长久地延续下去，但它们毕竟还不是真正永久性的宗族组织形式。四、宗族组织的建设主要集中在这些组织的上层领导机构中，而在普通宗族成员中，旧宗族所有的支房体系已不完整，并不在宗族活动中起主要作用。普通成员与宗族领导机构的关系是直接的。所有这些特点表明，转型中的宗族在组织上是一种弱式的结构，这同传统宗族房支严密的组织特征形成了鲜明的对比。根据中国宗族发展史的一般历程，这种类型的宗族组织只相当于同姓同宗人群间一种临时的事务性集会，似乎还不能称为真正意义上的、具有明确自觉意识的宗族组织（我们曾经把这类'宗族组织'，看做是一些对宗族文化了解不多的人对宗族传统的一种浅层次"模仿"的结果）。"[1]钱杭和谢维扬认为，现阶段农村宗族的重建，很可能在根本上并不追求在组织上达到旧宗族的水平，它们更多的是在与现实生活相协调的条件下发展某种新型的宗族组织形式，与其说是宗族的"复兴"，不如说是宗族的"转型"。[2]

唐军通过对华北农村的调查认为，随着新中国的成立，中国传统的正式组织化的家族已基本终结，非正式组织化的家族却延续着它的生长历程，这所体现的是植根于借生活事件而展开的理性行动之中的亲缘连带模式的存在，这是一种新家族主义。[3]新家族主义的组织方式"不同于家族主义下的长老统治，新家族主义实行的是能人统治……家族事务和社区事务的兼顾，这或许是新家族主义的一个重要特色之一。不同于家族主义下的紧密组织方式，新家族主义下的组织方式是相对松散的，正如人们常说的，现在的家族是'无事各干各，有事大家来'，[4]而即使在'有事大家来'的情形下，随'事'的不同，所'来'之人的范围也不同……不同于家族主义下制度化的组织方式，新家族主义的组织方式是非制度化的，这与以上所说的松散的组织方式具有某种内在的一致，家族没有物化的手段、规律的活动，依靠的只是建立在共同的家族意识和共同的利益取向之上的内聚力。"[5]

冯尔康认为，中国传统的家族在18世纪以来的三百年中，发生了非常大的变化，即"从古代的宗法性的祠堂族长制，向现代社会社团方向变革，分化出两个枝权：一枝是族会、族务理事会、宗亲会，实行议会式的民主管理形式，取代宗法族长专制，并且坚持家族固有的血缘原则，惟将传统家族

[1]钱杭、谢维扬：《传统与转型：江西泰和农村宗族形态》，上海社会科学院出版社，1995年，第58—59页。

[2]钱杭、谢维扬：《传统与转型：江西泰和农村宗族形态》，上海社会科学院出版社，1995年，第53页。

[3]唐军：《蛰伏与绵延——当代华北村落家庭的生长历程》，中国社会科学出版社，2001年，第141页。

[4]钱杭和谢维扬的调研材料中亦有类似表述：一位村书记说，"宗族没有常设机构，也没有族长等。有事情就组织起来，办完后就解散。"（参见钱杭、谢维扬：《传统与转型：江西泰和农村宗族形态》，上海社会科学院出版社，1995年，第46页）

[5]唐军：《蛰伏与绵延——当代华北村落家庭的生长历程》，中国社会科学出版社，2001年，第141页。

仅仅承认男性血统扩展为兼容男女血统；另一枝是联宗会、同宗会、宗亲会系统，逐渐发展成同姓氏成员的社团，实行现代民主管理，但不讲究共同血缘的原则，是家族的某种异化。"[1]当代家族活动的特点如下："第一，地域性明显。家族组织及活动出现在许多地区，成为一部分城乡民众社会活动的一种形式。但它在各地表现情形不同，发展颇不均衡……第二，家族活动的质量与家族组织程度的严密性差异很大。宗亲活动有的是社会团体性质的，有的则是宗亲因血缘关系偶尔开展活动。第三，家族文化活动初步开展。从90年代中期以来的趋势看，家族开始注意它的文化建设，文化活动增多，由纂修家谱，发展到研究家族文化及村志，并与地方史研究开始结合起来。第四，女性开始以个人本位出现于家族活动中。族女以个人身份参加宗亲活动，个别的家族允许以其为本位（主位）录入家谱；妻子不再作为丈夫的附庸出现于家族活动中。第五，过渡状态具有变动性。即宗族组织处在变动之中，古代宗法成分在削弱，近代成分在加强，在向着近代社团方向转变。宗族组织处在变动之中，或者可以说是处在它的转型期。"[2]

以上学者皆描述了宗族组织在当代的变迁及若干特点，宗族组织相对于宗族物质来说，变动幅度更大、更明显，那么，通过宗族组织的变化，我们可以判断出宗族是"复兴"、"衰亡"、"重生"抑或是"转型"？恐怕仅通过宗族组织还难以做出准确判断，因为宗族本身就不是从先秦至今一成不变的古老组织，从本书第三章即可看出，无论是宗族组织的理念还是宗族组织的实践都不断随着外部环境的变化而变化，我们现在所认为的宗族组织的"理想类型"，也大多只是明清时期宗族庶民化的结果。而即使是明清时期庶民化的宗族，也是在不断调整自身

[1]冯尔康：《18世纪以来中国家族的现代转向》，上海社会科学院出版社，2005年，第1页。

[2]冯尔康：《18世纪以来中国家族的现代转向》，上海社会科学院出版社，2005年，第357-358页。

漳州龙海王氏宗祠（福建）
摄影：林瑞红

的。可以说，宗族组织的"变"是常规状态，"不变"是偶然状态，但同时我们也要看到，宗族组织中有些核心元素是"不变"的，正因为这些核心元素的"不变"，宗族组织才能"以不变应万变"，根据外部环境变化，使用不同的生存策略，对各种新型元素吸收、利用和改造，最终为宗族所用。这种核心元素，就是血缘认同性，更准确地说，是超越小家庭的、对于大家族的血缘认同性。

例如，一般认为商品经济是与自给自足的小农经济对立矛盾的，基层宗族扎根于农业和农村，那么商品经济和宗族也是不相兼容的。但是，学者们在考察了历史上的实际情况，却指出，中国封建社会晚期商品经济的发展，不仅未能对家族制度产生有效的冲击作用，相反，在一定程度上促进了家族制度的发展与完善。[1]正因为宗族核心认同稳固，看上去与宗族不相兼容的商品经济，反而为宗族在传统农业收入之外带来了新的利益渠道，商品经济相对于农业的高利润，往往可以极大巩固并进一步扩大宗族组织的规模。

又如，上文提到的台湾移民，早期需要整合性的力量对抗自然与其他群体，却又没有足够的宗亲以组成严格血缘性的宗族，这种情况下，宗族只能牺牲血缘的严格关联性，而以名义上的或虚拟性的血缘祖先来最大限度容纳人员加入，此时的宗族，只能说是一定空间区域内的移民，有着共同生计合作需求，然后在一定相似的文化背景之下（同籍或同姓）组成了"宗族"团体。但是，人们在权宜性地组成了缺乏真正血缘联系的宗族后，并没有忘却血缘认同性，自身在当地站稳脚跟后，便开始"本土化"地发展自己血脉传承的宗族，严格血缘性的宗族重新出现。

甚至，有时并未遭遇移民这种极端不稳定情形，宗族亦会主动对血缘这个核心结构进行调整：（1）对房支进行调整。如第三章所叙述的，新桉村邱氏经过一段时间的繁衍，各房各支在人口、势力等方面都出现不均衡的状态，为了保证整个宗族更稳定的发展，宗族"家长"决定对宗族内部的力量进行重新的平衡，将"五派、九房"调配为"四大角头"，"四大角头"并非按各个房头在村落中的地理位置分配，而是按实力强弱进行搭配。（2）为攀附而虚构宗族祖先。如唐末五代，王潮、王审知兄弟率一批河南光州固始籍人士入闽开拓，这些河南固始籍人士占据了福建上层要位，因此，许多与王氏兄弟等固始籍入闽人士毫不相干的家族，为了在社会上取得一席之地，亦纷纷借托祖籍固始，以夸耀门庭。[2]即使是原先的闽

[1]陈支平：《近五百年来福建的家族社会与文化》，中国人民大学出版社，2011年，第192-193页。

[2]如郑樵所言："闽人至今言氏谱者，皆云固始，其实谬滥云。"（参见陈支平：《近五百年来福建的家族社会与文化》，中国人民大学出版社，2011年，第5页）

越土著，为了适应新的社会环境，亦多改称中原姓氏，附会固始祖籍。[1][2][3]

以上第一个例子是宗族对本是冲击性力量的经济基础予以吸收，最终将商品经济为己所用。第二个例子是宗族本已"去血缘性"，在一定的条件成熟后，移民又重新建立了"血缘性"的宗族。这皆显示了宗族强大的韧性和生命力，一般情况下，其可以吸收各种新的外部有利因素壮大自身，特殊情况下，外部约束条件令宗族难以克服和超越，宗族的核心——"血缘性"亦被改造和削弱，但是一旦实力足以抑制外部约束条件，宗族就会复归"血缘性"的状态。第三个例子和第二个例子类似，但更体现出宗族的灵活性，宗族并非遇到了难以逾越的无法组成血缘性宗族的障碍，而是在血缘性宗族发展历程中，为了更好地促进宗族发展，主动对宗族的血缘性进行修改乃至虚构，血缘性本是宗族的核心，但是，宗族对于血缘性进行修改乃至虚构，却并未摧毁宗族，反而如料想中的推动了宗族壮大。原因在于，血缘性，关键在于血缘的"认同"，而不一定在于所认同的血缘的"纯粹"，也就是说，

[1] 如《奥地纪胜》云："闽州越地……今建州亦其地，皆蛇种，有王社，谓林、黄等是其裔。"又《刘氏族谱·入闽考》云："闽自汉武迁其民于江淮之间，尽墟其地，故后世氏族半属中州，然《路史》谓闽乃蛇种，若黄、林是其土著，余考二氏谱牒，又似不尽然……皆曰光州固始。"原来的闽越土著，后代大部分成为汉人、、，而在汉人的族谱中，我们完全看不到有关祖先为闽越族人的记载。（参见陈支平：《近五百年来福建的家族社会与文化》，中国人民大学出版社，2011年，第5-6页）

[2] 汪毅夫认为，闽人称祖"或曰"光州（包括光州固始），完全符合历史事实；闽人称祖"多曰"光州（包括光州固始）基本符合历史事实；闽人称祖"皆曰"光州（包括光州固始）则非"基本符合历史事实"。古今学者郑樵、方大琮、陈振孙、洪受、陈支平、杨际平、谢重光、徐晓望一千人等对"闽祖光州固始"之说的批评和质疑是正当而合理的。汪毅夫在《闽台社会史札记》一文里也有类似观点。（参见汪毅夫：《关于"中原与闽台关系研究"的若干思考——与戴吉强书》，《闽台文化交流》2011年 第3期）

[3] 附会和攀附祖先，并不只是发生在福建。冯尔康指出，清代以前，人们编写家谱，叙述家族历史，往往讲述家族姓氏的由来，所以谱书多有姓氏源流的内容，而且一追溯就追到黄帝、帝工、名臣、圣人、贤人那里。清人继承了前人的做法，认为写姓源是理所当然的事情，然而仍有纪昀、朱次琦等人提出异议，他们都认为应谨慎从事，愿望都是不忘本根，不犯数典忘祖。（参见冯尔康：《18世纪以来中国家族的现代转向》，上海社会科学院出版社，2005年，第170-177页）

对于宗族的崇拜和认同是最为重要的，至于宗族的血缘关联是确实有先天DNA意义上的关联还只是后天虚拟构建的关联，并不是重点。宗族只需让族人在"观念"上相信是一个血缘性团体即可，并不需要该宗族的血缘性在追根溯源的"事实"上分毫不差（但族人的"现实行为"却往往必须在"血缘性"的严格指导下进行）。只要族人对于宗族的"集体意识"始终强大而牢固，宗族便可以灵活地根据外在约束条件的变更而对自身各方面进行调整。族人对于宗族的"集体意识"是一条主轴，"集体意识"保证了宗族对于自身的各种改造围绕这条主轴上下波动，却始终不会偏离这条主轴。

祭祖在近现代的变化，附属于宗族在近现代的变化。林耀华在20世纪30年代既描绘了宗族组织的理想形态，也指出这一时期宗族组织频频遭受各种新力量的冲击："近代变迁，能够使宗族组织动摇，其势力大别有四，今简言之。（一）西洋思想：基督教堂创立已有20年的历史，教友23家，堂内小学男女生29人，教友学生一面奉教，一面拜神拜祖，教化势力薄弱。（二）新文化运动：1927年创办新式小学，堂所在宗祠，学生170人，占全数学生20％，势力远不若私塾。1933年本族在都市读书学生20人，集合组织榴峰文化促进会，成绩尚属渺焉。（三）新兴经济势力：族人移动出乡，在城市国外经营，所获利益，回乡建洋楼，置产业，贫富因之悬殊，生活方式稍为改变。（四）政治改革：1931年省民政厅下令划闽侯为实施自治县，县分13区，区立区公所。第二区分24乡，义序即其一，乡有乡公所，1932年成立。乡公所内容，虽即祠堂会的实力，而外形则已更改。"[1]广东凤凰村和福建义序乡一样，在20世纪上半叶被人类学家经由田野调查记录了若干社区状态。美国学者葛学溥（D.H.Kulp）根据在广

[1]林耀华：《义序的宗族研究》，生活·读书·新知三联书店，2000年，第4页。

东凤凰村的调查，写成《华南的乡村生活：广东凤凰村的家族主义社会学研究》一书。周大鸣对广东凤凰村进行了追踪回访，其经过今昔对比，认为宗族衰落有如下原因："1、海外移民；2、新观念的引入；

新桉村基督教堂

3、基督教的进入；4、因为没有科举制度，无法经常产生权威和偶像，商业力量比不上成功儒士的权威，使得宗族向分散化发展，各房支的竞争犹如商业竞争；5、时局的不稳定，抗日战争、解放战争等，这些都是宗族的力量无法抗衡的；6、国家的权力不断渗透到乡村。"[1]

面对近代以来的政治、经济、文化等各方面的冲击，宗族在物质、组织、观念方面发生了各种程度的变化。近代，宗族面临各种冲击，仍然和以往一样，努力试图对自身进行多方面的调整，在稳定性和灵活性之间达到大致的平衡。传统时代宗族较为成功地在核心的"不变"与形式的"变"之间达到均态，在近现代中国发生"千年未有之大变局"的情况下，宗族还仍能做到这一点吗？祭祖是观察宗族状态的窗口之一。

（二）祭祖的个体化：从"崇拜"到"纪念"：

庄英章在《林圯埔》中，描述了一个台湾集镇的社会经济发展史，其中罗列了当代（大致是20世纪70年代）林圯埔地区宗族的祭祖状况：

1、林圯埔街的林氏祭祀公业："台湾光复后，崇本堂的土地因都市计划而增值，因此重新组成一个宗亲团体，'派下人'（宗族的成员）限于竹山镇内之林姓，

[1]周大鸣：《宗族复兴与乡村治理的重建》，载肖唐镖、史天健主编《当代中国农村宗族与乡村治理：跨学科的研究与对话》，西北大学出版社，2002年，第33页。

只要住在竹山镇内的林姓均可参加，如果迁离竹山则取消派下人之资格。现有会员417名，成立理事会，聘干事一人，以管理崇本堂事业。每年冬至召开派下人大会，举行祭祖仪式，并分发纪念品，1968年崇本堂出售部分土地财产，把崇本堂扩建成为竹山最豪华的祠堂。"[1]

2、东埔蚋的刘氏祭祀公业："近年来刘氏祠堂的土地渐减，收入已不足维持祭典费，因此每年仅在冬至由管理人备简单祭品祭祀而已，全体派下人已不再一起参加祭典。"[2]

3、社寮、后埔仔的庄招富、招贵祭祀公业："'顶公'自1929年重新拟定公业章程后，派下人共有30名，由于派下人的资格是父子相承，迄今派下人已增加到56名。'顶公'目前有一甲多的公田，由派下人承租耕种，每年的收入除了充当祭祀及'吃公'的费用外，并设置子女教育补助金。近年来由于部分派下人迁居都市或因工作的关系，往往无法参加祭祖及'吃公'，因此特地把祭祖的日期改为11月份的第一个星期天举行，以便利派下人参加。祭祖的仪式已相当的简化，参加的代表已不限于男性，男女均可参加，派下人无法亲自参加时，为了享受其应得的权利不乏由妇女代表参加的例子。"[3]"'下公'由于失去共同财产的支持，每年定期举行祭祖及'吃公'的活动也就取消了。目前仅剩下家庙两边的几间房子出租，以充当祭祀之费用，由管理人负责祭祀，其他派下人已不再参加，所以'下公'实际上几已解散。"[4]

4、后埔仔的曾子公祭祀公业："曾氏祭祀公业现有派下人130名，早期的资料不详，设有管理人一名，处理祭祀公业，每年冬至举行祭祖，同时全体派下人一起'吃公'（祭祖）。大约在80年前兴建简单的祠堂，1931年重新扩建。目前曾氏祠堂在后埔子街道两旁约有1000坪

[1]、[2]庄英章：《林圮埔：一个台湾市镇的社会经济发展史》，2000年，第182-183页。

[3]庄英章：《林圮埔：一个台湾市镇的社会经济发展史》，2000年，第184-185页。

[4]庄英章：《林圮埔：一个台湾市镇的社会经济发展史》，2000年，第185页。

的房地产出租，收入充当祭祀祖先及'吃公'的费用。"[1]

5、砲磈陈五八公祭祀公业："后因林圯埔街实施都市计划，殖民当局为开辟道路而强行拆除陈五八祠堂，同时因派下人对祭祀公产的纠纷，祭祖的仪式一度停止。台湾光复后，部分派下人在砲磈重新组成陈五八祭祀公业，设置代表3人，任期4年，按年轮流管理1分多的公共土地，并负责主办春秋两次的祭祖仪式，在春祭时并举办'吃公'之活动，全体派下人均可参加。"[2]

6、林圯埔街叶初祭祀公业："日据时期，猇雅寮陂被殖民当局收买，叶福兴堂仅留下若干公共土地财产。1946年五房的叶万枝又发起重修福兴堂，修护费用大部分均由叶万枝负担。目前每年清明节举行祭祖仪式，全体派下人用所提供的祭品一起'吃公'。"[3]

7、溪洲仔陈朝祭祀公业："陈朝宗族现有族产水田五分，由4位派下人承租耕种；此外，在公路旁又有四分多的房地产，出租给其他村民兴建店铺，按建坪数收租，收入充当祭祀费用及派下人子女教育补助金。每年清明节全体派下人每户各派一人参加祭祖及'吃公'。"[4]

8、社寮张创祭祀公业："日据初期浊水溪大泛滥，张创宗族的祭祀公业大部分被洪水冲失，仅剩下公厅附近的部分房地产，因缺乏祭祀公产的支持，每年全体派下人祭祖的仪式也就取消了，社寮与中寮两地的派下人乃渐行疏远。1952年重修'开基祖妈'（张创之妻）的坟墓，全体派下人均分摊费用。1956年重修张创公厅却只有社寮方面的派下

[1]庄英章：《林圯埔：一个台湾市镇的社会经济发展史》，2000年，第185页。

[2]庄英章：《林圯埔：一个台湾市镇的社会经济发展史》，2000年，第185-186页。

[3]庄英章：《林圯埔：一个台湾市镇的社会经济发展史》，2000年，第186页。

[4]庄英章：《林圯埔：一个台湾市镇的社会经济发展史》，2000年，第186-187页。

[1]、[2]庄英章:《林圯埔:一个台湾市镇的社会经济发展史》,2000年,第188页。

人负责,迁居中寮的派下人并未参与此事。"[1]

9、社寮的陈佛照祭祀公业:"在日据时期,二房的陈克己经商发迹,在1912年捐款兴建公厅。陈克己不仅在宗族内有很大的影响力,而且在社寮的公共事务上也扮演一个重要的角色。1936年,陈克己过世后,一些迁居彰化、集集等地的陈姓族人要求分公产,祭祀公业均分后也就不再定期举行祭祖及'吃公'的活动。台湾光复后实施土地改革,有不少宗族成员的土地被放领,生活愈渐穷困,纷纷迁移他处谋生,目前还住在社寮的仅剩下13户而已,宗族组织几已解体。"[2]

10、猪头棕的陈高祭祀公业:"目前有派下人1名,公共土地二分余,设管理人一名,负责祭祀公业的事务。目前他们已不在尊德堂祭祖,仅清明节前后择一吉日扫祖墓,由三房轮流负责预备祭品,公共财产的收入仅供维持祠堂的香油费及缴纳地租,因此并不举行'吃公'的活动。"[3]

[3]、[4]庄英章:《林圯埔:一个台湾市镇的社会经济发展史》,2000年,第189页。

11、砳碴的廖孟祭祀公业:"渡台始祖迄今已八代,现有派下人80余户,其中约有60户住在砳碴。他们早期有系谱记载,现已不再记载,1925年兴建武威堂,俗称廖姓公厅。现有公共土地8分,收入充当祭祀费用。但是全体派下人已不一起祭祖,仅由管理人负责祭祀,其余派下人各自来公厅拜祭祖先。"[4]

庄英章在上述文字中,重点指出了宗族掌控的资源与宗族祭祖之间的紧密关联。宗族仍能保留土地财产的,便能通过土地利益聚集族人,实施集体祭祖。前文已讨论过,祭田(宗族集体经济)是宗族祭祖的重要促进要素,却并非必要条件。传统时期,有些宗族无祭田仍可以祭祀祖先,而当代,有些宗族有宗族集体经济,宗族集体祭祖却并不兴盛,可见,宗族祭祖还有资源之外的影响因素。

为了更完整展示祭祖在现代化进程中发生的变化，下文再列举大陆地区两种类型的宗族村庄情况。

侯村属于多姓杂居的南方宗族村落。侯村目前人口三千余，户数八百余，18个村民小组。侯村发展至今，已有大小姓氏45个，较大姓氏有赵姓一百多户、王姓一百多户、吴姓九十多户、陈姓七十到八十户、刘姓四十多户、陈姓（与前面那个陈非同族）三十多户、杨姓二十多户。侯村在当地之所以表现出多姓的特殊性是和其独特的地理位置相关的，侯村地处码头交通要道，人口流动频繁，地缘性关系的发达，使得村庄无法在稳定和封闭的环境中具有血缘性关系的单一性。血缘性被地缘性削弱后，村庄中的宗族在组织和物质方面都相对具有不完整性，宗族对其成员无法具有笼罩性的力量。新中国成立前，侯村的祭祖按地点不同可分为家祭、墓祭、祠祭。从参与人数和仪式规模来看，祠祭最为隆重，墓祭次之，家祭再次。

家祭一般在直系家庭或核心家庭内部举行，祭祀的形式较为简单。每家大堂里都有一个"公婆龛"，里面摆放着祖先的木制牌位，一般供奉两至三代的祖先，即曾祖父、曾祖母、祖父、祖母、父亲、母亲，牌位上写祖先的姓氏及生卒年月，龛前常年放置香炉、烛台、花瓶、果盘等，到年节时，依据年节的不同摆放不同的供品（但豆腐、腐竹、线面这三样每次都必须有），供品一般放十盘，象征"十全十美"，祭拜间须烧香燃烛、烧纸钱等，全家秉香祷拜，拜完后全家将供奉祖先的食品分食。家祭的时节较多，大年初一、元宵节、清明节、端午节、中元节、中秋节、祭灶（十二月廿四）时都要举行家祭，仪式和规矩大同小异，只有中元节稍显特殊，这一天已嫁之女子一般都回娘家祭祖，[1]但如果已嫁之女子未生男性子嗣，则不被允许回娘家祭祖，除了以上普遍性的时节，还有每家每户特殊性的祭拜日子，即各位祖先的忌辰。

墓祭分为"春祭"和"秋祭"，"春祭"在清明节举行，"秋祭"在中秋节举行。"春祭"和"秋祭"的仪式大致相同。祭祀时，祭祀的人群范围并不固定，可以是村中全族，也可以是某一房无论哪种，都由其中辈分最长之人带领大家到山上扫墓，女性一般不允许参与。扫墓的一般程序是：先清理乱草杂木及雨后冲积的泥沙，并培土加固，开沟理水，接着在墓上或四周以石块"压纸"，用红漆或蛋白加朱砂重描墓碑铭文，并在墓前摆设供品，点燃香烛，供品的标准是十碗，荤菜一般为鸡肉、鱼肉、猪肉、肉燕等，素菜一般为豆腐、腐竹、线面、光饼、"菠菠粿"，然后辈分最长之人召集大家在族中或房中始祖的坟前集体拜一拜，焚烧纸钱，燃放鞭炮，拜完始祖坟后，再按谱系依次祭拜其他祖先的坟墓，最后小家庭各自去拜自家的父母。

祠祭也分"春祭"和"秋祭"，祠祭一般在墓祭之后举行。祠祭把族内的列祖列宗都祭祀到，一直追溯到最早来到此地的开基祖。宗族把族里的几亩"公田"出租，租金作为祠祭之开支。祠祭在祠堂中举行，祠堂里陈立着列祖列宗的牌位，祭祀时，牌位前的案桌上摆放总祭品，共十盘，有猪头、羊头、鹅、鸡、海鲜等，每家每户也在大厅中摆放各自的祭品。新中国成立前村里各族的祠祭程序并不相同。有的家族每家派一个男性代表到祠堂中聚餐，先是集体祭拜一下祖先，吃饭前族长会给大家讲一段话，每年大体都是：先号召大家要好好干，做出色一点，如此才能萌宗佑祖，大家要多赚一些钱，多贡献一点给族里，最后讲一年的收入与开支情况。然后就是吃饭。有的家族只是召集族内所有男丁来祠堂中聚餐，没有集体祭拜的仪式，族长和房长等族内精英作为代表祭拜，开餐前族长和房长也并不讲话。还有的家族是所有男丁全体参与祠祭，按辈分从大到小祭拜，祭拜活动在晚上搞，第二天中午才办宴席，宴席也比较简单，就是大家聚在一起吃一下。

祠祭虽然是当地三种祭祀中规模最大的、祭拜追溯代数最远的、参与人数一般也是最多的，但是当地的仪式构不成传统祠祭的理想样态，其在仪式隆重性、考究性、严肃性等方面都还有一定差距，各族祭拜程序不一样，正是由于各族都执行了一些祠祭的仪式，但都各有遗漏。在弱宗族村庄中，由于宗族文化部分残缺，宗族仪式的原样越复杂，仪式在实际操作中越容易有所缺漏。家祭和墓祭参与人数少，仪式相对简单，这两种仪式在执行过程中反而容易接近仪式的理想样态。

如今的侯村村民的祭祖习俗较新中国成立发生了比较多的变化。（1）家祭方面，表现为：一是仍供奉两至三代的祖先，但木制牌位基本消失，"公婆龛"也多不存在，村民们一般在大厅里贴几张红纸，红纸上写祖先的姓氏及生卒年月，有的人家在红纸旁边还会挂祖先的画像和相片；二是家祭的时节大大缩减，现在只有在清明节和祖先忌辰时才举行家祭。（2）墓祭方面，表现为：一是祭拜代数大大缩减，新中国成立前村内各宗族最多祭拜至村庄开基祖，最少也祭拜到七八代，但如今族内祭祖的集体行动已不多见，村中七十多岁的陈大爷说，

侯村杨氏祠堂

这几年都是他一个人带着刷子和纸钱去给陈姓祖坟扫墓，目前最常见的是小家庭各自去祭拜两至三代的祖先；二是家祭的时节也由原来的"春祭"和"秋祭"简化至只有"春祭"。（3）祠祭方面，表现为：村中基本已无祠祭。新中国成立后，宗祠都遭到破坏和拆除，二十世纪九十年代以后，村中陆续有王姓、赵姓、杨姓新修了宗祠，重修宗祠时，搞得很是热闹，族内德高望重的老人负责向海外华侨和村内族人募捐，然后请人把旧祠修葺一新，但宗祠修好后，基本闲置在那，只有赵姓举行过两次祠祭，分别是1997年重建宗祠之时和2004年修族谱之时，祠祭的仪式很"复古"，隆重而详细，但这只是应景之作，每年一次的常规化祠祭是没有的，族中老人谈起宗祠萧条的事都很无奈，"族人没什么持续的热情，捐一次款、修一次谱、聚一次会，这个可以，但搞多了，大家就觉得麻烦了"。[1]

[1]侯村访谈笔记，访谈对象：侯村村民李进才，2010年11月19日。

新桉村则属于单姓为主的南方宗族村落。新桉村邱氏宗族的发展，其一具有一定人口规模，其二具有一定的组织规模，其三经历过从元代至新中国的各个时期，基本可以算是南方宗族的典型写照。接近宗族的"理想类型"的新桉村，宗族的复兴情况以及当前祭祖情况又是如何呢？

改革开放后，新桉村邱氏宗族便有复苏迹象，20世纪80年代，邱氏宗族更是从海外宗亲处获得了钱财资源，这更有利于宗族的恢复。1984年5月，松房的家长邱有利到香港与槟城龙山堂邱公司的主席邱吉种、财政邱鼎才等会面，说服龙山堂恢复给家乡寄"经常款"，支持家乡发

被出租屋围绕的新桉邱氏祠堂

展。邱吉种、邱鼎才两人回到马来西亚槟城以后，跟其他信理员开会讨论，一个月后，新江的诒谷堂就收到了槟城龙山堂寄回的"经常款"。当时每月有价值500元人民币。到90年代，增加到每月1000块马币，此后一直延续到现在。这些钱主要用于修理村里的路灯设施和宗祠的修缮以及支付村里公共卫生、幼儿园、小学、春秋两次祭祀、乡村文化如各种岁时节日里的唱戏、三年一次的"王帮节"等费用，还有每年的农历屯月十五日到青礁东宫进香，以及正顺宫日常的水电费和看管人员的工资等等。[1]具备充足宗族集体资源的邱氏，集体祭祖是否能够保持和延续？

新桉村传统的祭祖分为三种形式：家祭、墓祭、祠祭。（1）家祭一般祭拜三代以内祖先，即父辈和祖父辈，村民一般在祖先忌日、清明、冬至、除夕、元宵等时间祭拜。（2）墓祭既有小家庭性质的祭拜，如父辈和祖父辈，也有大家族的共同祭拜，如家族或房头的一世祖、二世祖等等。墓祭在清明和冬至进行。（3）祠祭一般不针对某个特定祖先，而是对列入祠堂的所有祖先进行集体性的祭拜。祠祭的日子有：清明节、冬至节、元宵节、农历十一月初一迁荣公（一世祖）的"忌日"。1962年以前宗族或房头组织的集体墓祭和祠祭活动都有"吃祖"

[1]刘朝晖：《超越乡土社会：一个侨乡村落的历史、文化与社会结构》，民族出版社，2005年，第136页。

程序，大的祭祀由诒谷堂公司主持，小的由各自的房头主持。凡是邱姓的子孙（一般是男丁和年少的女孩）都有资格"吃祖"，"吃祖"的食物一般是用来祭祀的面条和干果、米糕、糍粑以及"三牲"等。[1]

新桉村邱氏总祠堂

[1] 刘朝晖：《超越乡土社会：一个侨乡村落的历史、文化与社会结构》，民族出版社，2005年，第148页。

集体祭祖一般也都有念祭文仪式，由族长或房头长诵读。

当前新桉村祭祖的情况如下：（1）家祭一直保留着，祭拜代数和以往也没太多变化。但外在形式简化了许多，如"公婆龛"减少。（2）墓祭方面，一般村民只在清明时进行小家庭性质的祭拜，即祭拜父辈和祖父辈，一些远祖的祭拜，由族代表或房头代表进行，如诒谷堂的几位成员代表全族祭拜前五祖，也没有了念祭文的仪式。各房头有的有代表前往，有的没有代表前往。（3）祠祭方面，也是由族代表或房头代表进行，元宵节诒谷堂的成员代表全族在"诒谷堂"祠堂祭拜，村民可以去也可以不去，没有强制性规定，一般是没有普通村民参与的，祭拜程序中也没有"吃祖"了，仅剩余上香、焚纸和跪拜。

常年未整修的邱氏房支祠堂

从侯村和新桉村的经验材料可以看出，宗族祭祖在新中国成立后的变化趋势是：从"崇拜"到"纪念"，即家族性质的"崇拜"减少，个人性质的"纪念"凸显。具体表现在三个方面：（1）仪式的简化，（2）祭拜对象代数的缩减，（3）参与祭拜人数的缩减。以上尤其是后两者说明祭祖仪式的内核发生了变更：从宗族到个人。当前多数村民无论在家祭还是墓祭时只祭拜两至三代的祖先，即只祭拜对自己有养育之恩、和自己有过情感交流的祖先，这表达的是个人的纪念之情。传统时期村民在墓祭和祠祭时追溯到族中始祖或房中始祖，两三代以上的祖先对于村民来说更多只是一个符号，即代表着整个宗族的符号，人们在祭拜时表达的是对于整个宗族的崇拜，这其中最重要的并不是个人的情感性因素。宗法制主宰下的祭祖，个人情感是达到宗族认同的一个过渡，祭祖的机制设计是从感恩怀念近祖的个体情感出发，逐步上升到服从和膜拜整个家族，有了个人情感作为中介，家族崇拜显得自然而有人情味，祭拜近祖是保证祭祖绵延性一个不可或缺的润滑剂。但是目前，祭拜近祖犹存而祭拜远祖不在，个人—家族的链条发生了断裂，祭祖只剩下了个人的纪念，而没有了对于家族的崇拜，曾经的中介和过渡成为了目前祭祖的主旨。

（三）价值观念层面的家：

本书曾将宗族的构成分为三个方面：物质、组织、观念。物质包括宗祠、族谱、坟墓、族田、族山等等，组织即宗族组织，观念的核心为家族绵延观念。侯村和新桉村在改革开放以后，宗族物质和组织逐渐恢复，宗族观念却不断衰退。

村庄中，多数族人对于"族"仅有依稀的认同感，但这依稀的认同感不足以转化为长期的行动力。宗祠在物质方面表现得宽敞漂亮，但这个家族活动场所中却少有家族活动进行，宗祠本是族内个体与宗族整体交流的媒介，但现在却失去了本质上的意义成为孤零零的摆设，"名"与"实"发生分离。以上祭祖活动外在形式的变化，无不反映出祭祖活动内在机理的变迁。

家族"崇拜"式的祭祖是宗族物质、组织、观念三者相互配合的结果。清末民国，宗族势力已经受到来自国家以及内部的冲击，但物质、组织、观念三位一体的运行方式没有改变。新中国成立后，国家代替宗族成为村庄的权力机构，这一时期宗族被瓦解的主要是物质和组织，族谱被毁坏，族田被没收，宗祠被拆除，许多坟墓也在开荒造田中消失，宗族组织在村庄中也失去了以往在政治、经济、文化、法律、社交等方面的全面统摄作用，取而代之的是大队和生产队，宗族组织原先严格的尊卑等级性也被新政权所提倡的人人平等观念所代替。但这一时期，宗族的价值体系没有被完全摧毁，与国家制度相容的家族传统有遗存的可能。

改革开放后，宗族三个因素的变化方向与集体化时代正好相反。国家政权在村庄亲力亲为的"身体性"控制大大减退，宗族的物质复兴和组织复兴有了空间，这一时期许多地方刮起了重建宗祠和重修族谱之风，宗族理事会纷纷成立，宗族各种仪式也在村庄中重新出现。但是，这种复兴是宗族表象文化的复兴，此时宗族的内核文化即价值体系正遭受着致命的打击，[1]原因有三：原因之一是集体化时代宗族物质与组织被消除的影响延迟至改革开放后才体现，集体化时代，物质与组织虽被消除，但宗族价值观念仍存留于村民心中，但这种存留是个体记忆式存留，传统的集体记忆式存留随着物质与组织的消失而消失。历经三十年集体化时代，逐渐有村民离开人世，宗族价值观念无法通过集体记忆方式传递，而个体记忆随着个体消亡而湮灭。改革开放后，只有老一辈村民还具有一定的宗族价值观念，年轻一辈因为遭遇集体记忆的断层，对于宗族的感觉很是模糊，因此改革开放后村庄中的宗族价值观念

[1] 吕德文：《涧村的圈子》，山东人民出版社，2009年，第8页。

的弥漫程度反而不如集体化时代。宗族集体记忆在传递数代之后不会因为短暂的几次运动而快速消失，但集体记忆"失忆"数年后也不会因为物质和组织重建就在短时间内快速恢复。原因之二是国家的计划生育政策，其粉碎了宗族价值体系中的核心部分——传宗接代观念。原因之三是市场化逻辑进入村庄，个人利益最大化的考虑势必要与宗族绵延这种宗教性的、非物质性的考虑发生矛盾，仍以祭祖为例，本人在福建候村调研时，听到两句很有代表性的话，一位村民说："拜神能保佑我做好生意，远祖能管到那么多代吗？还是神仙厉害些。"[1]另一位村民说："现在怎么可能搞得起来全族祭祀呢？大家都忙着打工赚钱，时间上怎么搞得拢？小家庭聚在一起扫下墓就可以了。"[2]

　　物质、组织、观念三者关系是：（1）传统时期构成"三位一体"的完整序列，三者相互影响，相互加强。（2）物质最易变更，也最易恢复，组织的变更和恢复的难易度在三者中处中间位置，而观念最难变更，也最难恢复。（3）观念最为重要，观念决定物质和组织的性质。从这个意义上说，改革开放后，由于宗族观念削减，宗族从实质上看是"衰退"了，其"复兴"的是物质和组织方面的一些表层文化，当观念衰退，物质和组织即使重建，也不可能达到传统宗族的效果。

　　当前，宗族物质和组织在部分农村不同程度地重新恢复。首先，宗族对于物质资源的掌控能力与传统时期不可同日而语，以往宗族凭借的最重要的一个资源是族田，而当前的宗族不可能还拥有族田，这也意味着大多数宗族没有持续稳定的维持组织运转的财力。新桉村邱氏宗族在财力方面较为幸运，其有三部分收入来源：一是马来西亚的族人寄来的钱财；二是落实华侨政策后，政府归

[1] 候村访谈笔记，访谈对象：候村村民李静总，2010年11月23日。

[2] 候村访谈笔记，访谈对象：候村村民王培江，2010年11月20日。

还了诒谷堂几处不动产，这些不动产每年都有稳定的租金收入；三是诒谷堂每年可从村中主庙正顺宫收香油钱。如邱氏宗族这般拥有雄厚财力的宗族并不多，很多宗族只能依靠族人捐献，族人捐献只能维持短暂性活动。如新桉村林姓，没有不动产租金，也没有大型寺庙的香火钱，海外华侨势力也不强，最近四年寄回来的钱总共不到1000元，每年200-300元。林姓搞活动只能靠族中有钱的人牵头，林姓宗族理事会会长说："以前宗族有公田，缴租金为理事会费用，现在，公司（即理事会）没东西，现在办事都要靠自己……当族长要比较有经济能力，因为公司没有钱，关键时刻必须自己掏钱。身上没钱给你一个主席也没有用。有钱才能搞得动活动。现在有钱才有威望，没钱被人看扁，讲话也没什么人相信。"[1]缺少资源的宗族往往是看别的宗族先编了族谱、修了祠堂，为了"面子"才"跟风"，但"跟风"后，却缺少后续资源运转组织，如某村民说："（这些事）成为意气之争，别人搞了，我没搞，面子就输了，我们也要搞，不能输给人家，大家都要面子。"[2]林姓会长说："一个地方会搞出一个模板，兴起一股风气，然后其他人我看你，你看我，你这家族没搞，好像会被其他人说没出息，没钱也要搞个大概的形式，就像别人有车，你买个摩托车也行。"[3]

其次，因为宗族观念衰退，即使物质资源充足、组织顺畅运行，村民也与宗族组织彼此隔离。恢复宗族的物质和组织，往往是宗族中少数文化精英的意愿，恢复后，也仅仅是少数文化精英在管理，普通的族人不关心宗族组织的运行，也缺乏参与宗族活动的兴趣，宗族组织毕竟牵扯权力和利益的掌控，很多宗族精英也乐于普通族人不过问，于是宗族物质和组织"悬浮"于多数族人。我在福建某村调查时发现，村中不少宗族都重修了祠堂，但自从落

[1]新桉村访谈笔记，访谈对象：新桉村村民王耀良，2011年12月25日。

[2]新桉村访谈笔记，访谈对象：新桉村村民陈东，2011年12月24日。

[3]新桉村访谈笔记，访谈对象：新桉村村民王耀良，2011年12月25日。

成那年族人一起举办了祭祖仪式，以后多年祠堂都大门紧锁，而如新桉村邱氏祭祖，也仅是诒谷堂的几个成员作为代表祭拜，一般的村民并不前往。在其它事务方面，也体现出村民与宗族组织的隔膜，如有一段时间诒谷堂希望华侨在村中投资不动产，此事一般的族人不关心也不了解，如某村民说："这个项目我事先不知道，后来没有搞成，他们之间互相怪罪，村部说是宗族公司（指诒谷堂）的人无能，就知道捞钱，宗族公司的人说是村部和上面的人不配合和支持，反正说来说去都不是好东西。项目搞成了，只是少数人得利，我们这些老百姓，虽说是同宗族的人，那是得不到好处的。"[1]话语之中，显示出一般族人对于宗族组织的分离和不信任。

[1]刘朝晖：《超越乡土社会：一个侨乡村落的历史、文化与社会结构》，民族出版社，2005年，第232页。

二、国家权力的影响

（一）力不从心的"中间层"：

上一章曾论述，中华帝国在交通、通讯、监测等技术手段无法有效支持的情况下，为了控制幅员辽阔、人口众多的疆域，主要在"治理术"方面进行改善，其中一项最为重要的"治理术"就是塑造和改进各个"中间层"。各层政治力量围绕土地利益分配经历了漫长岁月的博弈，最终在明清发展成一个各方大致均衡的治理形态，即皇帝-（官员-胥吏-士绅-宗族）-村民。明清时期，宗族的成型为"中间层"纳入重要的治理力量。

但这种均衡是一种低度的均衡，均衡不主要依靠治理形态效率的提升，而依赖于治理形态的复杂化。治理形态的逐渐多层次，有利于各代理主体相互制约，不至于某一方特别出格，但中央渗透基层的能力没有实质增长，最明显的例子是政府对于土地信息的匮乏，如从清王朝建立之初起，明朝于16世纪末的调查记录便实际上成为不可更改的、一成不变的标准了。[1] 中央与农民的关联是虚弱的，中央缺乏直接动员和协调基层的能力，而反之农民对于中央的认同也不高，农民知晓的是在等级序列中皇帝地位的至高无上，其表达的是对于皇帝个人的崇敬，而不是现代意义的国家理念，农民的精神归属更多投入在宗族的"小公"认同中，并非国家的"大公"认同，这即是有"家"而无"国"。没有直接的汲取能力，中央政权只能依赖代理组织，并寄希望于代理组织的自律和相互牵制，结果大量土地利益耗散在代理主体中，官员、胥吏、士绅不同程度地呈现"自利"取向，扩大提取并截留，而宗族则作为一种组织的整体"自利"，其需要支付组织运政成本，而且是一种维护"集体意识"的成本，许多资源用于"敬宗收族"的仪式。

经过多层代理主体，中央与村民掌握的土地剩余都十

[1] 王业健：《清代田赋刍论》，高风 等译，人民出版社，2008年，第28页。

分有限，二者皆处在生存的边缘。农民除了应对法定税，另要面对各种附加提取，佃农还要向地主上缴租金。斯科特形容小农以"生存伦理"为准则，"就像一个人长久地站立在齐脖深的河水中，只要涌来一阵细浪，就会陷入灭顶之灾。"[1]另外一端的国家境况亦是如此。地广人多意味着充足的纳税人口，也意味着巨大的管理成本。经过各中介主体，到达中央的土地利益不足以支持帝国在各方面有积极的和激进的作为。国家宏观目标必须相对简单，即保持基本秩序。理想式的国家模式为：对外不穷兵黩武、不大肆扩张，对内尽量休养生息、轻徭薄赋、不大兴土木。儒家的"德治"和道家的"无为"等政治理念之所以被统治者采纳，是与微观治理形态相关的。再分配环节为提取–分配，没有提取无所谓分配，之所以这样说一是由于行为发生顺序，先有提取后有分配，二是由于提取与分配本质上是一样的，即都依靠于治理结构的顺畅运行，中央政权无法控制治理结构提取资源，也往往无法向公众分配资源，因为分配资源也要经由治理结构。传统中华帝国的公共服务能力比较薄弱，既因为缺乏民主政治体制"取之于民、用之于民"的公共财政设置，也缺乏再分配资源的客观能力，首先汲取资源时各中介主体截取造成国家财政减少，其次分配资源时又被各中介主体贪污克扣。中央与村民任何一端，都只能应对常态，而无法应对突发情况。如遇外敌入侵，国家若不加大提取，无以御敌，加大提取，则又可能激起民变；而乡村如碰到各种自然祸患，国家在救灾时亦很尴尬，不救灾，百姓落入生存线之下将揭竿而起，救灾，恶官酷吏劣绅又从中盘剥，并加大对基层赋税劳役的提取，将救灾成本转嫁到基层，雪上加霜的百姓一样会揭竿而起。

　　中华帝国后期，除了自然祸患，一个更为恒常的压力

[1]詹姆斯·C.斯科特：《农民的道义经济学：东南亚的反叛与生存》，程立显、刘建 等译，译林出版社，2001年，第1页。

越来越在基层凸显，即人地关系越来越紧张。和治理结构一样，人地紧张关系也是通过"向内用力"的方式来解决，即将既有种种设置不断复杂化。其一是粗放使用劳动力，人地紧张关系让中国的小农经济逐渐变成一种"糊口经济"，小农应对方式是在有限的土地上投入大量的劳动力来获得总产量增长的方式，这种单位劳动的边际效益递减的方式，被黄宗智称为"没有发展的增长"，即农业"内卷化"（"过密化"）。[1]其二是各种兼业行为，如手工业，村庄手工业服务于家庭再生产。其三是土地产权的分散，除了诸子均分，人口增加也是地权不断分散和平均的原因。[2]其四是土地产权的多样化，如田底权和田面权的设置。民间种种自发调整，使社会不致完全陷入"马尔萨斯陷阱"，但分母不断增大也意味着小农分享的田地利益更加有限，这对土地利益再分配的结构带来了挑战。

人口压力被各种精细的制度设计（无论是产权制度还是赋税制度）所化解，传统中国逐渐形成"超稳定"结构，持续以"向内用力"的方式来解决各种问题，如官吏和士绅发展出更多的中介策略、宗族越来越有韧性、土地产权形式更加多样化等等。只有"一治一乱"之循环，而无实质性突破。但是，19世纪以来的另一重压力过于沉重，终于压倒了这种低水平均衡的"超稳定"结构，这重压力便是外国列强的入侵。外国列强的入侵，迫使中国往现代的"民族–国家"迈进，也迫使中国改变公共财政制度、改变治理体制，当然也包括改变治理体制中的"中间层"。

[1] 黄宗智：《华北的小农经济与社会变迁》，中华书局，2000年，第301页。

[2] 赵冈、陈钟毅：《中国土地制度史》，新星出版社，2006年，第314页。

（二）观点：改进还是抑除？

近代知识分子和政治人物对于宗族，来自两个不同方向的批判，一个来自于个体角度，一个来自于国家角度。

个体角度，家族抑制了个人主体性的发展、人格的健全、权利的伸张、个体创造力的释放等等。典型如陈独秀在《东西文化根本思想之差异》一文的论述："东洋民族，自游牧社会，进而为宗法社会，至今无以异焉；自酋长政治，进而为封建政治，至今亦无以异焉。宗法社会，以家族为本位，而个人无权利，一家之人，听命家长。《诗》曰：'君之宗之。'《礼》曰：'有馀则归之宗，不足则资之宗。'宗法社会尊家长，重阶级，故教孝；宗法社会之政治，郊庙典礼，国之大经，国家组织，一如家族，尊元首，重阶级，故教忠。忠孝者，宗法社会封建时代之道德，半开化东洋民族一贯之精神也。自古忠孝美谈，未尝无可泣可歌之事，然律以今日文明社会之组织，宗法制度之恶果，盖有四焉：一曰损坏个人独立自尊之人格；一曰窒碍个人意思之自由；一曰剥夺个人法律上平等之权利；（如尊长卑幼同罪异罚之类。）一曰养成依赖性，戕贼个人之生产力。东洋民族社会中种种卑劣不法惨酷衰微之象，皆以此四者为之因。欲转善因，是在以个人本位主义，易家族本位主义。"[1]

对于宗族另一重批判是：宗族阻碍了中国发展成为现代化的国家。理由一是宗族是传统帝制国家的统治基础，理由二是宗族隔断了现代国家与民众的直接联系。这两个理由是一体两面的，宗族契合于传统帝制国家，不适合现代国家。建设现代国家进程中，必然要整改宗族。整改宗族的方式有两种：一是改进宗族，二是抑除宗族。

梁启超和孙中山基本持改进宗族的观点。梁启超认为，华人"有族民资格而无市民资格"、"有村落思想

[1] 陈独秀：《青年杂志》第一卷第四号，1915年12月15日。

而无国家思想"，传统中国并非没有"自治"，该"自治"却是以家族本位为基础的"宗族自治"、"村落自治"，中国的建国之路应不同于西方的"城市自治"或"市民自治"，而应该以"宗族自治"和"村落自治"为基础："吾中国社会之组织，以家族为单位，不以个人为单位，所谓家齐而后国治是也。周代宗法之制，在今日其形式虽废，其精神犹存也。窃尝论之，西方阿利安人种之自治力，其发达固最早，即吾中国人之地方自治，宜亦不弱于彼。顾彼何以能组成一国家而我不能？则彼之所发达者，市制之自治；而我所发达者，族制之自治也。试游我国之乡落，其自治规模，确有不可掩者。即如吾乡，不过区区二三千人耳，而其立法、行政之机关，秩然不相混。他族亦称是。若此者，宜其为建国之第一基础也。"[1]

孙中山认为，以现代国家的标准来看当时的中国，国家对于民众的整合能力非常差，可以说是"一片散沙"，但是，这"一片散沙"只是针对国家难以将大量分散的个体团结起来，并不是说个体与个体之间没有联系，传统中国是依靠宗族把个体凝聚在一起，但也正因为宗族强大的凝聚能力，个体多只认同宗族而不认同国家，宗族与宗族之间互相隔离、"一片散沙"。当前要建立现代性的国家，必须将民众的宗族认同上升和转化为国家认同。宗族认同上升和转化为国家认同，对于国家建设来说具有可操作性，因为整合亿万个体难，而通过整合百千个宗族再整合亿万个体则相对容易；对于宗族延续来说也具有必要性，因为国家和民族危在旦夕，国家和民族不保，覆巢之下安有宗族之完

[1] 梁启超：《新大陆游记》，湖南人民出版社，1981年，第144-145页。

卵，在此危机形势下，民众团结一致，既保卫了家族，也保卫了国家，而国家观念也趁此机会建立起来。孙中山的具体论述和操作方式如下："外国人常说，中国人是一片散沙。中国人对于国家观念，本是一片散沙，本没有民族团体。但是除了民族团体之外，有没有别的团体呢？我从前说过了，中国有很坚固的家族和宗族团体，中国人对于家族和宗族的观念是很深的。譬如中国人在路上遇见了，交谈之后，请问贵姓大名，只要彼此知道是同宗，便非常之亲热，便认为同姓的伯叔兄弟。由这种好观念推广出来，便可由宗族主义扩充到国族主义。我们失了的民族主义要想恢复起来，便要有团体。要有很大的团体。我们要结成大团体，便先要有小基础，彼此联合起来，才容易做成功。我们中国可以利用的小基础，就是宗族团体。此外还有家乡基础，中国人的家乡观念也是很深的，如果是同省同县同乡村的人，总是特别容易联络，依我看起来，若是拿这两种好观念做基础，很可以把全国的人都联络起来。要达到这个目的，便先要大家去做。中国人照此做去，恢复民族主义比较外国人是容易得多。因为外国人是以个人为单位，他们的法律，对于父子、兄弟、姊妹、夫妇各个人的权利都是单独保护的。打起官司来，不问家族的情形是怎么样，只问个人的是非是怎么样。再由个人放大便是国家，在个人和国家的中间，再没有很坚固很普遍的中间社会。所以说，国民和国家结构的关系，外国不如中国。因为中国个人之外注重家族，有了什么事便要问家长。这种组织有的说是好有的说是不好。依我看起来，中国国民和国家结构的关系，先有家族，再推到宗族，再然后才是国族，变种组织一级一级的放大，有条不紊，大小结构的关系当中是很结实的；如果用宗族为单位，改良当中的组织。再联合成国族，比较外国用个人为单位当然容易联络得多。若是用个人做单位，在一国之中，至少有几千万个单位，像中国便有四万万个单位；要想把这样多数的单位都联络起来，自然是很难的。如果用宗族做单位，中国人的姓普遍都说是百家姓，不过经过年代太久，每姓中的祖宗或者有不同，由此所成的宗族或者不只一百族，但是最多不过四百族。各族中总有连带的关系，譬如各姓修家普，常由祖宗几十代推到从前几百代，追求到几千年以前，先祖的姓氏，多半是由于别姓改成的，考求最古的姓是很少的。像这样宗族中穷源极流的旧习惯，在中国有了几千年，牢不可破，在外国人看起来，或者以为没有用处，但是敬宗收族的观念入了中国人的脑，有了几千年。国亡他可以不管，以为人人做皇帝，他总是一样纳粮；若说到灭族，他就怕祖宗血食断绝，不由得不拼命奋斗。闽粤向多各姓械斗的事，起因多是为这一姓于那一姓名分上或私人上小有凌辱侵占，便不惜牺牲无数金钱生命，求为姓中吐气，事虽野蛮，义至可取。若是给他知了外国目前的种种压迫，民族不久即要亡，民族亡了，家族便无人存在……用宗族的小基础，来做扩充国族的工夫，譬如中国现有四百族，好像对于四人做工夫一样，在每一姓中，用其原来宗族的组织，拿同宗的名义，先从一乡一县联络起，再扩充到一省一国。各姓便可以成一个很大的团体。譬如姓陈的人，因其原有组织，在一乡一县一省中专向姓陈的人去联络，我想不过两三年，姓陈的人便有很大的团体。到了各姓有很大的团体之后，再由有关系的各姓互相联合起来，成许多极大的团体。更令各姓的团体都知道大祸临头，死期将至，都结合起来，便可以成一个极大中华民国的国族团体。有了国族团体，还怕什么外患，还怕不能兴邦吗！……如果不从四百个宗族团体中做工夫，要从四万万人中去做工夫，那么，一片散沙便不知道从哪里联络起。"[1]

以上为宗族改进说。宗族曾作为传统国家与民众的中介发挥重要作用，如今，宗族反而成为现代国家接触民众的障碍，将宗族改造过后，宗族便可重新成为现代国家与民众的桥梁。宗族抑除派别在宗族隔断国家与民众联系方面，这一派与宗族改进派持相同论点，但是，宗族抑除派认为，宗族不可能再适用于新型国家体系，宗族在基层宣传落后文化，并形成欺压百姓的等级制度。如毛泽东认为，"中国的男子，普通要受三种有系统的权力的支配，即：（一）由一国、一省、一县以至一乡的国家系统（政权）；（二）由宗祠、支祠以至家长的家族系统（族权）；（三）由阎罗天子、城隍庙王以至土地菩萨的阴间系统以及由玉皇上帝以至各种神怪的神仙系统——总称之为鬼神系统（神权）。至于女子，除受上述三种权力的支配以外，还受男子的支配（夫权）。这四种权力——政权、族权、神权、夫权，代表了全部封建宗法的思想和制度，是束缚中国人民特别是农民的四条极大的绳索。"[2]农民运动将民众从族权的压迫中解放出来，"地主政权既被打翻，族权、神权、夫权便一概跟着动摇起来。农会势盛地方，族长及祠款经管人不敢再压迫族下子孙，不敢再侵蚀祠款。坏的族长、经管，已被当做土豪劣绅打掉了。从前祠堂里'打屁股'、'沉潭'、'活埋'等残酷的肉刑和死刑，再也不敢拿出来了。女子和穷人不能进祠堂吃酒的老例，也被打破。衡山白果地方的女子们，结队拥入祠堂，一屁股坐下便吃酒，族尊老爷们只好听她们的便。又有一处地方，因禁止贫农进祠堂吃酒，一批贫

[1]孙中山：《三民主义》，载广东省社会科学院历史研究室、中国社会科学院近代史研究所中华民国史研究室、中山大学历史系孙中山研究室主编：《孙中山全集》（第九卷），中华书局，1981年，第237-240页。

[2]毛泽东：《湖南农民运动考察报告》，载《毛泽东选集》（第一卷），人民出版社，1991年，第31页。

农拥进去，大喝大嚼，土豪劣绅长褂先生吓得都跑了。"[1]

知识分子和政治人物对于宗族在现代国族建立过程中的地位和作用，有着各种不同的看法。但改造宗族不仅是一个认识问题，更是一个实践问题。当然，知识分子和政治人物的认识会在一定程度上影响实践，尤其是知识分子和政治人物掌握了实权之后。早在清末，国家政权便开始有意识地重塑"中间层"，其中当然也包括宗族。在国家政权眼中，宗族更多不是一个价值判断问题，即"先进"还是"落后"，而更多是在国家向基层提取资源时如何减少宗族横亘其间的问题：建立现代国家，必须减少繁琐的"中间层"，打造新的"中间层"，不让资源过多流入"中间层"，而是直接提取至国家。

（三）实践：激荡与妥协：

国家权力冲破宗族的中阻进而渗透至基层的努力，从清末民国时期便开始实施。自晚清以来，现代国家构建一直是中国政府的主要目标，但中国始终面临的一个难题是，"人口膨胀而资源短缺的农民国家追求工业化的发展问题"。[2]晚清，外国列强屡屡入侵，中华帝国颇感压力。晚清政府决定向现代民族-国家转型，直接动力是政府背负巨额战争赔款，需要扩充财源，另外政府也希望通过学习国外政治制度设计来改变被动挨打的局面。晚清"新政"囊括了组织现代化的各种努力：实行财政革新、创建警察和新军、划分行政区域、建立各级"自治"组织甚至还有建立新式学校。[3]官僚组织改革本身也是需要资源的，现代官僚体制需要更多费用的支持，现代官僚体制是增加基层汲取的促进

[1] 毛泽东：《湖南农民运动考察报告》，载《毛泽东选集》（第一卷），人民出版社，1991年，第31-32页。

[2] 温铁军：《"三农问题"的世纪反思》，《经济研究参考》2000年第1期。

[3] 杜赞奇：《文化、权力与国家：1900-1942年的华北农村》，王福明译，江苏人民出版社，2003年，第2页。

手段，亦是增加基层汲取的缘由。结果，无论是工业、军事发展，还是官僚组织本身构建，都将压力集中于乡村土地利益提取的扩大。

国家权力欲深入基层，需突破隔在国家与村民之间的宗族和村落。晚清的"地方自治"和民国时期的"新县制"，都是此背景下的产物，国家希望打碎以往的村庄"权力文化网络"，通过任命制把村庄代理人纳入正式官僚组织。村庄代理人的官方化在实践中产生两个结果：其一，若村庄组织自身力量强大，则吸纳国家的行政制度，村庄精英仍然占据新的代理人职位（如村长、县议事会和参事会成员），并与官府讨价还价，屡次挫败了县衙门增加税款、税种的企图；[1]其二，若村庄组织自身力量不够强大，税费剧增的压力到达村庄，结果把乡绅等"保护性经纪"排斥出村庄的政治舞台，他们充当国家代理人的"精神和物质报酬越来越少，而这一公职所带来的麻烦却越来越多"，[2]另一方面，地痞恶棍等"营利性经纪"却充斥于基层管理职位，他们借着国家征税的名义大肆中饱私囊，这引发了杜赞奇所说的国家政权"内卷化"，即"国家机构不是靠提高旧有或新增机构的效益，而是靠复制或扩大旧有的国家与社会关系——如中国旧有的赢利型经纪体制——来扩大其行政职能"，"国家财政每增加一分，都伴随着非正式机构收入的增加，而国家对这些机构缺乏控制力"。[3]晚清民国的各种措施，均没有完成对基层社会的整合，"政权现代化所需的结构'集中'与整合，只停留在机构建制和身份委任的表面，而未能达到管辖与治理的深度。"[4]前一种情况，村庄得到了保护，但国家政权建设的目标落空。后一种的情况更加糟糕，可以称得上国家与乡村的"双输"，村庄原有的"权力文化网络"解体，地痞恶棍上台后，趁机横征暴敛，农

[1]李怀印：《华北村治——晚清和民国时期的国家与乡村》，中华书局，2008年，第25页。

[2]杜赞奇：《文化、权力与国家：1900~1942年的华北农村》，王福明译，江苏人民出版社，2003年，第157页。

[3]杜赞奇：《文化、权力与国家：1900-1942年的华北农村》，王福明译，江苏人民出版社，2003年，第51页。

[4]张静：《基层政权：乡村制度诸问题》，浙江人民出版社，2000年，第31页。

民民怨沸腾，而由于地痞恶棍从中截留，国家扩大提取的愿望也没实现，政权的合法性反而进一步遭到削弱。

中国共产党在革命时期及取得国家政权之后，都试图在基层建立新式乡村组织。新式乡村组织解决了国家政权"内卷化"问题，[1]也终结了"国权不下县"的历史。共产党政权通过各种政治运动对恶霸、地痞等原先的"营利型经纪"群体进行了严厉的打击，同时也取消士绅、宗族等"保护型经纪"的合法性，并通过"阶级"话语建立了稳定而可靠的代理人队伍。从上一节可以看出，在共产党人的理论体系中，宗族多被定义为封建性并具有压迫性的组织，并关注宗族组织中的等级性，如族长对于族田"化公为私"以及利用权威欺压族人，共产党在革命中实践着上述理论。钱杭和谢维扬认为，共产党政策对于宗族势力较大的冲击有两次，一是"土改"，二是"文革"初期的"扫四旧"运动。第一次主要是切断了旧宗族与封建土地所有制的联系，同时将地主、富农从宗族活动中清除了出去，但尚未禁止一般的宗族活动。第二次主要是对旧宗族物质遗产的扫荡。"土改"时幸存下来的大量的族谱、祠堂、祖墓、牌匾、碑刻遭到大规模的销毁，宗族活动也完全停止。[2]"土改"主要打击了宗族原有的组织系统以及非常重要的物质资源——族田，族长、缙绅等原有的宗族领导人不再领导族人，甚至在新的政治话语中成为批判对象，而支持宗族运转的重要公共资源族田也在"土改"中被没收，宗族已经没有可能再像以往那样集政治、经济、文化、社会、军事等各种功能于一身，同时，新式的集各种功能于一身的基层组织建立起来。

[1] 杜赞奇：《文化、权力与国家：1900-1942年的华北农村》，王福明译，江苏人民出版社，2003年，第183页。

[2] 钱杭、谢维扬：《传统与转型：江西泰和农村宗族形态》，上海社会科学院出版社，1995年，第24页。

下文以新桉村邱氏宗族个案,更详细地揭示宗族在近现代的起伏兴衰:19世纪的后半期,邱氏内部出现了一股反对宗族的势力,这些人被称为"新派"。"新派"主要来自南洋邱姓商人集团里的"读书人"。他们不但成为当时国内维新力量的积极响应者和鼓吹者,而且还是新桉村维新思想萌芽和维新革命的实践者。他们以宗族力量的对立面出现来表明自己的"革命性"。[1]这些海外的"新派"对宗族势力奋力声讨,新桉村也有不少邱氏族人不同程度地接受了新的思潮,但宗族还是能够控制住村庄的大小事务。

民国时期,门房的邱志煊,在20世纪的20年代,据说曾经在广州参加过毛泽东举办的"农民运动讲习所",接受了民主主义思想,回到家乡后联合一些族人举办"农会",在新桉村掀起了一股"革命"的思潮。他们订立新式的乡规民约,号召村民反对宗族。[2]"农会"并不彻底地反宗族,仅是选择性地改造宗族。例一是,"新派"组织"护村队",让村民到海澄县参加县政府举办的训练班,接受正规的军事训练,但所需费用却要宗族"诒谷堂"承担。例二是,新式的乡规民约中既有反对红白事的繁文缛节、铺张浪费这种新观念,也保留了"邱氏族人不得变卖祖产"这种传统条文。虽是选择性地改造,却也爆出一件新旧势力剧烈冲突的事件,即邱思亮"逼死族长案",邱思亮联络一批村中"新派"青年,以违反村规民约的理由,批斗邱主源、邱主尘兄弟,邱主源不堪其侮,愤而跳井自杀。引起全村震动,不久,邱思亮又动手殴打邱主尘,邱主尘也跳进同一口水井自尽,晚辈殴打逼死长辈的事件引起全村人的愤怒,最后,邱思亮不得不离开新桉村。[3]不仅内部出现"新派"力量,外部的民国政府也在不断加强对于基层社会的控制,保甲等行政建制渐渐

[1]刘朝晖:《超越乡土社会:一个侨乡村落的历史、文化与社会结构》,民族出版社,2005年,第191页。

[2]刘朝晖:《超越乡土社会:一个侨乡村落的历史、文化与社会结构》,民族出版社,2005年,第204页。

[3]刘朝晖:《超越乡土社会:一个侨乡村落的历史、文化与社会结构》,民族出版社,2005年,第196页。

代替了宗族的诸多社会管理职能。

新中国成立后，国家对新桉村进行了全面的社会主义式的改造，如"土改"等等。对宗族势力影响最大的是"文革"的"破四旧运动"。"文革"期间，当时的"团总支"改变成为"红卫兵总部"，"红卫兵总部"与"贫协"共同执掌新桉村的政权。他们的首要工作是"破四旧"：把村里的祠堂、菩萨、神明、村民家里的神龛、村民家里私自收藏的珍贵的文物都没收上缴。此期间，村庄权力基本上都集中在"红卫兵总部"手里，"红卫兵总部"书记邱仙助和"贫协"会主任邱武吉是领导核心。他们首先取得了宗族的管理权，宗族的诒谷堂主席邱美斯被"批斗"，戴"高帽"游街。此时，槟城龙山堂秘书长邱庆仁回到新江省亲，亲眼所见了一些他意想不到的事情：部分远祖的坟墓被掘挖；诒谷堂主席被游街批斗；祠堂的神牌、饰物等被严重破坏，宗族用于祭祖的宗器比如族谱、名贵的字画（据说是唐伯虎的"云龙图"真迹）被毁坏或丢失。为了保护宗族的财产，有一天，诒谷堂董事会开会讨论如何保护宗族财产的时候，红卫兵冲入，把邱美斯抓起游街。诒谷堂的秘书邱翔平也被抄家。至此，宗族的权力完全被"贫协"取代和改造。一些"异姓"人（王姓、柯姓、蔡姓等）加入了诒谷堂董事会。到"文化大革命"晚期，作为村支部书记的邱仙助开始着手重新"改造"宗族的机构，诒谷堂董事会中的"异姓"人员退出，原来被"清理"出去的宗族族长又进入了诒谷堂董事会，在日渐宽松的政治氛围中，开始恢复活动，并试图重新与马来西亚槟城的龙山堂联系。[1]

[1]刘朝晖：《超越乡土社会：一个侨乡村落的历史、文化与社会结构》，民族出版社，2005年，第134-135、203-206页。

　　虽然共产党对于宗族持猛烈批判的态度并付诸实践，但在具体实践中，宗族并没有遭受彻底的根除。部分宗族气氛浓厚的地区，各级干部对于上级运动进行着明里暗里的抵抗。如钱杭和谢维扬调查的江西泰和，农村中的宗族传统一直没有真正中断过，即使是在建国后频繁的政治运动中也是如此，泰和城乡从未对宗族的历史传统进行过过分严厉的"清算"，调查者在许多地方都见到了经过精心保存的旧宗族文献，和大致完好的宗族祠堂，许多乡村干部怀着非常欣慰的心情告诉我们，当时是如何巧妙地使某部宗谱、某座祠堂幸免于难。[1]

　　如泰和这样连族谱或祠堂等物质形式都尽力保存下来的地区，在全中国毕竟是少数。大部分地方，宗族组织和宗族物质都在历次运动中逐渐消失。但本文所说的宗族并没有遭受彻底的根除，除了指少部分地区规避了政策，更主要是指多数地区虽然失去了宗族的组织和物质，但宗族的价值观念和认同感却存留和延续。宗族没有完全湮灭，一方面是因为老一辈族人个体记忆中仍有宗族文化，另一方面更为重要的是国家政权在下乡过程中，遭受挫折后根据现实情况对之前关于宗族和村落的激进看法进行了修正和改进。其一，宗族价值观念并不全盘与社会主义理念对立，如为家族伦理所遵奉的"亲亲"、"老老"、"幼幼"和为社会主义家庭道德所倡导的团结和睦、尊老爱幼就有着共同的基础。[2]其二，也是主要的因素，是中国现代政权仍然要部分妥协于传统时代累积下来的社会结构和心理结构。经过历次政策变更，国家治理的基本单位最终选定在生产队，而生产队很多时候又与"自然村-宗族（房）"重叠，甚至完全复制了以往的"自然

［1］钱杭、谢维扬：《传统与转型：江西泰和农村宗族形态》，上海社会科学院出版社，1995年，第24-25页。

［2］唐军：《蛰伏与绵延——当代华北村落家庭的生长历程》，北京：中国社会科学出版社，2001年，第42-43页。

村-宗族（房）"。"土改"开启了国家替代和消除宗族的进程，但是，国家仍然需在基层建立一个中间组织沟通农民，农民合作化速度不断加快，从互助组到低级社、再到高级社、又到人民公社（大公社），大部分高级社和人民公社（大公社）已经超出村范围而达到乡镇范围，快速拔高农民的国家认同意识，并未取得预期的效果，遭到农民的不配合和抵制，最终国家将农村治理模式定位于"三级所有、队为基础"的公社体制，在农民原有的认同单位——"自然村-宗族（房）"中塑造对于国家的认同。赵晓峰认为，这是借助了"自己人的治理逻辑"，达成"国家的治理逻辑"。[1]"三级所有、队为基础"的公社体制，依循了以往的村民聚居模式，宗族血缘认同在居住地理环境未被打乱的情况下继续发展，并且国家在治理中也会主动借助宗族血缘认同。因此唐军指出，"血缘关系与地缘关系相交叠，将村落社区中众多成员名义上的关系与生活中的沟通极为紧密地压缩进家族群体之中，他们的观念和活动自然会持久地附着上家族的色彩，只是这些观念和活动在相互发生作用的同时也逐渐地与新的社会制度相调和。"[2]村民与村民之间的联系紧密程度，集体化时代的大队和生产队（尤其是生产队），甚至高于传统时代的村庄和宗族，因为生产队中，村民生产资料是共有的，生产以队为单位、娱乐生活以队为单位、政治活动以队为单位。公社之间形成"蜂窝状"，[3]内部比以往联系密切，而外部比以往更加隔膜。

[1] 赵晓峰：《公私定律：村庄视域中的国家政权建设》，华中科技大学博士论文，2011年。

[2] 唐军：《蛰伏与绵延——当代华北村落家庭的生长历程》，北京：中国社会科学出版社，2001年，第138页。

[3] Vivienne Shue, The Reach of the State: Sketches of the Chinese Body Politic. Stanford University Press. 1998.

因此，清末以来，历次国家权力下乡都未真正动摇宗族核心，共产党对于宗族予以了最为严厉的打击，但也只是去除了宗族的组织和物质，宗族的价值观念最终得以延续，甚至还有继续发展的地理空间和政治空间。

三、计生政策和市场力量的影响

现代"民族-国家"在构建过程中，渗透至基层的权力虽强大，但并没有像想象中那样迅速干净地摧毁宗族。大陆方面对待宗族的态度较台湾方面要严厉，但在大陆方面，革命年代的国家权力也未彻底驱逐宗族影响。由此可见，国家权力下乡即使剧烈改变了宗族的传统形态，却也有对宗族借用和妥协的一面。

庄英章在《林圯埔》书中，分析了台湾宗族的衰落原因。首先，庄英章也认为政治权力对于宗族起伏有很大的影响。"迨日据末期，由于日本殖民当局极力推行皇民化运动，宗族的发展受到很大的打击，林圯埔的宗族乃走上没落之途。"[1]但是，台湾光复之后，当局对台湾宗族组织的发展未加限制，然而，台湾宗族组织却继续衰落，这主要是由于现代经济发展过程中，村民的经济活动、交往范围都超出了宗族之外，宗族已非村民的生活关注重心。[2]

大陆宗族的发展进程和台湾有类似之处。改革开放后，国家政权已大幅度从乡村撤出，乡村政治中不再实行"全能主义"，[3]村庄和村民有了更多的自主性，宗族等传统文化也有了重新被表述和践行的空间。但是，各村的宗族复兴往往喧嚣一时，大多很快沉寂萧条，如本文所举的祭祖例子，很多村庄祭祖的硬件设施——祠堂很快复

[1]庄英章：《林圯埔：一个台湾市镇的社会经济发展史》，2000年，第195页。

[2]庄英章介绍的详细情况如下："光复以后，林圯埔在当局的计划经济策动下，社会经济更加繁荣，尤其是山区竹林业的发展更为快速，成为林圯埔一项最主要的产业。虽然如此，林圯埔的山区村落仍旧没有任何新的宗祠出现，即使平原地区原有的宗族组织也逐渐地没落衰微。这种导致宗族组织衰微的原因当然不止一端，不过最主要的可能是由于交通的发展，人际之间的关系变成极复杂与频繁，村民所关心的已不再限于小范围内的事务，而关心到整个村落，甚至超出村落以外的事务，因此宗族组织逐渐衰微没落。例如，近年来当局极力推行'社区发展'计划，林圯埔沿清水溪流域的山区村落，大部分均已推行社区发展计划，这些地区因仰赖林业的兴起，村民的经济情况普遍好转，因此积极争取推行'社区发展'工作，每一村落均兴建社区活动中心，以充村民聚会及育乐活动的中心，所以这些村落虽一直没有村庙或宗祠的兴建，也未因经济情况的好转而普遍兴建村庙或宗祠了，他们所关心的问题已转移到其他方面。"（参见庄英章：《林圯埔：一个台湾市镇的社会经济发展史》，2000年，第195页）

[3]邹谠：《二十世纪的中国政治》，牛津大学出版社，1994年，第3-4页。

建，但建好之后，却少有祭祖仪式举行。这说明，大陆改革开放后的宗族，夹杂在两种变革潮流之中，一种是村民对于之前带有一定政治强制性的抑制宗族政策的反弹，从而希望恢复传统，另一种却是村民在现代化进程中，逐渐主动地放弃了宗族的认同和价值理念。

近现代以来宗族的兴衰起伏，都与不同群体范围内的资源分配状况相关，更准确地说，是与现代化进程中不同时间段、不同群体范围内的资源分配状况相关。改革开放之前，对大陆宗族影响程度最甚的是国家政权下乡，改革开放之后，对大陆宗族影响程度最甚的是计划生育政策和市场化。现代国家的构建是一个区域开启现代化的基础，而市场化则是经济现代化的重要实现方式之一，和前二者相比，在现代化学说理论体系中，计生政策不构成国家现代化的组成部分，其只是中国大陆根据国情制定出的特殊性政策，计生政策是国家人口发展战略的一项重大调整，有意识地控制现代化过程中的人口资源数量。

计划生育政策和市场化削弱的是民众的宗族价值观念，撼动的是宗族的根基。和台湾地区一样，市场化的高速发展，改变了村民的谋生方式、谋生范围，也改变了村民的观念体系。和台湾地区不同的是，大陆对于宗族价值观念的影响多了一重因素即计生政策，这也有可能让大陆宗族价值观念瓦解比台湾来得更为快速：之前政治权力将宗族组织和宗族物质去除得更为彻底，宗族观念虽留存，少了宗族组织和宗族物质的辅助和依托，传承必然大受影响，而改革开放后，不仅有市场化因素触动，还有被要求严格执行的计生政策，双重元素将对宗族观念带来前所未有的挑战。

（一）计生政策：

人口资源在中国现代化进程中占据什么样的地位、数量是否应该控制等等，新中国成立以来一直处在争论之中。建国之前的革命时期，广大人民群众的支持一直是共产党胜利的核心法宝，而建国初始，面对国内一穷二白的局面，丰富的人口资源又是国家进行原始积累极为重要的保证之一。"革命加生产即能解决吃饭问题"，这个公式说明，当时共产党的领导层有信心，在精神层面上将数量巨大的民众调动起来进行物质生产，便能解决若干难题（吃饭问题只是其一）。1949年，毛泽东在中国人民政治协商会议第一届全体会议上说："我们的极好条件是有四万万七千五百万的人口和九百五十九万七千平方公里的国土。"毛泽东在《唯心历史观的破产》一文中也谈到，"中国人口众多是一件极大的好事，再增加多少倍人口也完全有办法，这办法就是生产。西方资产阶级经济学家如像马尔萨斯之流所谓食物增加赶不上人口增加的一套谬论，不但被马克思主义者早已从理论上驳斥得干干净净，而且已被革命后的苏联和中国解放区的事实所完全驳倒。""世间一切事物中，人是第一个可宝贵的。在共产党领导下，只要有了人，什么人间奇迹也可以造出来。"[1]领导层当时对于人口增长是持鼓励态度的，具体措施有严格限制人工流产和禁止做绝育手术的规定，对多子女的职工实行经常性的困难补助等等。[2]建国初期，在鼓励人口发展的政策引导下，辅以若干客观条件，如多年国内战乱局面的结束，又如医疗卫生条件的改善，人口死亡率特别是婴儿死亡率大幅度下降，国内人口迅速增加，1953年中国进行了第一次全国人口普查工作，结果表明，新中国建立后的四年净增加人口四千六百多

[1] 毛泽东：《唯心历史观的破产》，载《毛泽东选集》（合订本），人民出版社，1964年，第1400、1401页。

[2] 付强，《当代中国人口》，http://www.1921.org.cn/blog/tushu.php?ac=inlist3&bvid=53362&bid=1010&id=5

万。领导层由此逐步认识到需要控制人口增长，20世纪50年代，周恩来、邓小平、刘少奇等领导人在不同场合都表达了"节制生育"的必要性，同一时期，毛泽东在不同场合反复强调"要提倡生育，要有计划地节育"，毛泽东关于人口的思想渐次从"人多是好事"向节制人口的思想转变，并一度提出了"计划生育"的观点。[1]1973年，国家计委把国务院提出的人口计划指标正式列入国民经济发展计划之中，国务院关于计划生育工作具体指标的提出，标志着我国人口政策由节制生育向有计划生育的过渡，计划生育的基本国策初步形成。[2]改革开放初，是计划生育政策成型的重要时期，经过多次讨论，20世纪70年代初期提出的"一个不少，两个正好，三个多了"和"晚、稀、少"的要求，最后定位在1980年的"提倡一对夫妇只生育一个孩子"。[3]1981年3月，第五届全国人大第十七次常委会决定设立国家计划生育委员会。1982年2月，《中共中央、国务院关于进一步做好计划生育工作的指示》第一次明确规定了中国的人口政策，即"控制人口数量，提高人口素质"，并对生育政策做出完整、具体的表述："要继续提倡晚婚、晚育、少生、优生。"[4][5]面对严峻的人口增长形势，针对放任自流和急躁冒进两种错误倾向，1984年4月，中共中央及时批转了国家计生委党组《关于计划生育工作情况的汇报》，"堵大口，开小口"，实行因地制宜、分类指导的政策。此后，各地制定和完善计划生育条例都遵从这一指示精神制定具体的生育政策。2002年12月，《人口与计划生育法》颁布后，各地对计划生育条例中生育政策的规定进行了微调，并逐步形成现行的生育政策。[6]

国家的计生政策，是站在中国现代化进程中如何调配和平衡人口资源和物质资源的全局战略高度进行思考

[1]、[2]汤兆云：《从节制生育到计划生育——新中国人口政策的演变》，《百年潮》2007年第5期。

[3]、[4]于学军：《中国计划生育政策三十年的回顾与评论》，《当代中国人口（英文版）》2008年第5期。

[5]具体要求是："国家干部和职工、城镇居民，除特殊情况经过批准者外，一对夫妇只生育一个孩子。农村普遍提倡一对夫妇只生育一个孩子，某些群众确有实际困难要求生二胎的，经过审批可以有计划地安排，不论哪一种情况都不能生三胎。对于少数民族，也要提倡计划生育，在要求上，可以适当放宽一些。具体规定由民族自治地方和有关省、自治区，根据当地实际情况制定，报上一级人大常委会或人民政府批准后执行。"

[6]于学军：《中国计划生育政策三十年的回顾与评论》，《当代中国人口（英文版）》2008年第5期。

和实践的。但是，全国层面的资源分配政策的变动，难以立即被村民所理解，村民千百年来一直是按照"多子多福"和"传宗接代"的观念来安排家庭人口再生产的，全国层面的人口资源分配政策与村民家庭层面的人口资源分配政策之间有巨大的衔接裂缝。村民的传统生育观念是"传宗接代"，并大多在"传宗接代"基础上追求"多子多福"。传统生育观念有三重考虑：1、价值观念层面，血脉绵延即上接祖祖宗宗、下接子子孙孙是中国老百姓的超越性价值追求；2、社会竞争层面，在村庄中不论是地位方面的"有面子"还是实际方面的获取资源，不论是进取方面的竞争资源还是防御方面的保卫资源，子女多尤其是儿子多是一种重要的依仗；3、家庭功能方面，农业生产方面，多生儿子是家里充足劳动力的保证，养老方面，家庭养老是中国人养老的主要途径之一，尤其是儿子养老，因此有"养儿防老"的说法。由以上可以看出，"多子多福"和"传宗接代"无论在精神观念层面还是在物质资源层面，都是村民人口再生策略的首选。计生政策要动摇中国老百姓固有的"多子多福"和"传宗接代"理念，必然要经历一个艰难的过程，20世纪80-90年代，农业税费收取和计生工作是乡村干部最为头疼的两项工作，乡村干部面临上级的任务压力，有时候甚至采取暴力方式完成计生工作。经过十余年、数十年的来回拉锯争斗博弈，村民更多地选择了服从国家政策，这首先从传统时代宗族势力便不甚强大的地区表现出来，这些区域，血缘性组织不强大和血缘性观念不强大是互为表里的，国家政策稍一冲击，血缘性观念便解体，而且是从"传

宗接代"这个基础上完全的解体。下文以龚为纲的分析图
表（见图1、图2）为例证：

图1：1990年地级市纯女户比例（%）的区域分布情况［1］

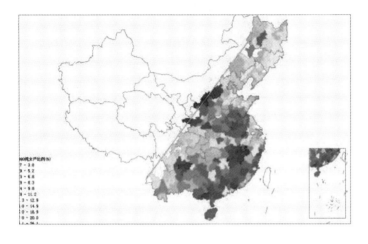

［1］数据来源：图1根据1990年
人口普查1%原始抽样数据计算，
以40—50岁育龄妇女生育儿子数为
统计口径，一般认为，在1990年
初生育数量接近更替水平时，农村
妇女在40岁以上生育的就凤毛麟
角了，可以大致看作是已经结束了
生育过程，那些儿子数量为0的家
庭可以被认定为是永久的纯女户家
庭。另外，由于中国的人口主要分
布在"黑河——腾冲"一线以东，
限于篇幅，文章主要分析该线以东
的情况。（龚为纲：《中国农村生
育转变的区域类型学》，《中国人
口科学》2013年第1期）

图2：2000年地级市的出生性别比［2］

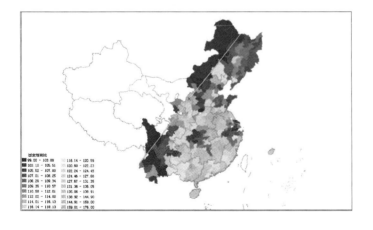

［2］龚为纲利用地理信息系统，
分析了国家统计局公布的2000年地
级市出生性别比数据。

　　贺雪峰曾从认同与行动单位的角度将中国大致划分
为以宗族认同为主的"团结型"华南村庄、以小亲族认
同为主的"分裂型"华北村庄、以小家庭认同为主的
"分散型"中部村庄，［3］龚为纲的图表证明，不同区
域宗族形态的差异与不同区域的男孩偏好是一致的。图

［3］贺雪峰：《村治模式：若干
案例研究》，山东人民出版社，
2009年，第79-83页。

1表明：生育男孩偏好比较强的区域主要分布在以下地区：一是由广东、福建、江西、广西所构成的华南地区；二是由河南、鲁西南、皖北、苏北和冀南等地区所构成的中原地区；另外、湘南、鄂东、山西、陕西和贵州等地区的纯女户家庭比例也比较低。生育男孩偏好比较弱的区域则主要分布在：一是东北三省；二是山东（除去鲁西南）和河北（除去冀南）；三是大致在地图的中部，由长江下游平原（包括苏南、浙北和皖南少部分地区）、长江中游的江汉平原和洞庭湖平原以及湖北的西部、长江上游的成都平原（四川的大部分地区）和重庆等地区，这个地区的位置大致就是长江流域的空间范围（除去鄂东地区）。[1]对图2和图1进行比较，可以发现纯女户所体现的男孩偏好及其空间分布与出生性别比的空间分布具有高度一致性，纯女户比例很低的区域，大致就是出生性别比严重偏高的区域；反之亦然。[2]也就是说，华南和华北地区大多数人仍然有"至少生一个男孩"的生育偏好，而中部地区和东北地区则转变为"生男生女都一样"的生育偏好，不再执着追求"传宗接代"。

但是，就算在华南和华北这些生育男孩偏好比较强的区域，生育观念也从"多子多福"退缩为"传宗接代"，即"多生孩子"到"至少生一个男孩"。下文以吕德文和田先红制作的宗族型村庄中的生育状况表格为例证。吕德文是以福建涧村的华山别墅的所有户籍人口中的母亲为主体制作的子女信息表格。田先红是以江西万村柳树下一个小组为单位制作的子女信息表格。（见图3、图4、图5）

[1]，[2]龚为纲：《中国农村生育转变的区域类型学》，《中国人口科学》2013年第1期。

图3 福建涧村华山别墅生育状况

序号\胎次\年龄	1	2	3	4	5	6	备注
1	91	男	女	男	男	女	男	
2	87	男	男	男	女	男		
3	72	女	女	女	男	男		
4	71	女	女	男	男	女		
5	70	男	女	男	男	女	女	
6	64	女	女	男	女	女		
7	63	男	男	男	男	女		
8	62	女	女	女	男	女	男	1、2双胞胎
9	62	女	女	女	女	女		
10	62	女	女	男	男	女		3早亡
11	59	男	女	男	男	男	女	456扎后生
12	58	女	男	女				
13	54	女	男	女	男	女		5扎后生
14	53	男	男	女				
15	51	男	女					
16	50	男	男	女				
17	48	女	女	女	女	男		5超生
18	46	女	女	男				
19	46	男	女	女	男			
20	45	女	女	男				
21	42	女	男	男				3超生
22	42	男	男					2均为"错办
23	41	男	男					
24	37	女	女					
25	36	女	男					
26	36	男	男					2超生
27	36	男						
28	35	女	女					
29	34	男						
30	34	男						
31	33	男	男					双胞胎
32	32	女	男					
33	32	男						
34	30	女	男					
35	28	男						
36	28	女	?					
37	28	女	?					
38	24	男						
39	24	女	?					
40	24	女	?					

图4　万村柳树下组生育数量情况简表

年龄段	0孩	1孩	2孩	3孩以上	合计
55岁以上	0	0	2	7	9
比例%	0	0	22.2	77.8	100
40–55岁	0	1	12	11	24
比例%	0	4.2	50.0	45.8	100
40岁以下	1	7	14	8	30
比例%	3.3	23.3	46.7	26.7	100
合计	1	8	28	26	63
比例（%）	1.6	12.7	44.4	41.3	100

　　注：为统计上的便利，表中将再婚者的所有小孩都只算作一对夫妻的生育数量。且表中还将两对在外有正式工作单位的夫妻计算在内。这些夫妻类型的数量较小，因而不会对样本构成太大影响。

图5　万村柳树下组生育男婴情况简表

年龄段	1男	2男	3男及以上	纯女户	合计
55岁以上	6	2	1	0	9
比例%	66.7	22.2	11.1	0	0
40–55岁	16	6	2	0	24
比例%	66.7	25.0	8.3	0	100
40岁以下	20	6	0	3	29
比例%	69.0	20.7	0	10.3	100
合计	42	14	3	3	62
比例（%）	67.8	22.6	4.8	4.8	100

注：本图将1对尚未生育的夫妻除去，所以只统计62对已生育夫妻的生育男婴情况。

以上三个表格清晰地表明了村民生育观念从"多子多福"到"传宗接代"的转变。华南和华北这些宗族势力较强的地区，村民生育男孩的意愿高于中部和东北等宗族势力较弱的地区。从上述表格可以看出，华南地区村民在严格的计生政策制约下只能尽量做到生一个男孩从而实现"传宗接代"的目的。传统"多子多福"有两个目的：一是从血脉绵延的角度出发，即尽可能多生几个儿子，这样不仅儿子这一代人丁兴旺，孙子这一辈血脉继续绵延的几率也大大增加；二是从生活美满、有保障的角度出发，儿子多固然热闹，但往往有女儿才让家里更温馨，而晚年父母养老，物质生活多由儿子负责，但精神层面的快乐经常是女儿带来，女儿更细心和体贴，因此民间才有"女儿是贴心棉袄"、"生男孩是名气、生女孩是福气"等通俗说法。计生政策施行后，"传宗接代"的实现都很艰难，更遑论"多子多福"，头胎是女孩，二胎就有很大的赌博性质，如果再是女孩，生三胎从而"传宗接代"的机会很小、代价却很大，而如果头胎是男孩，有些人就不愿冒着被罚款等代价继续生女孩。

（二）打工经济的影响：

计生政策，凭借其国家的强制推行力度，深刻地影响着民众的生育观，弱化了血缘认同的核心——传宗接代。但是，计生政策不是改革开放后影响民众生育观的唯一因素，否则无法解释，21世纪以来，农村计生政策普遍放宽了尺度，首先是治理手段方面不允许滥用暴力，其次是政府约束越来越少，如头胎与二胎之间的时间间隔，又如增加生二胎的条件，再如很多地方政府为了增加政府收入，也为减少计生工作难度，默许村民"交钱就能生"。但当计生政策逐渐宽松后，很多村民却主动选择只生一胎（无论男女）。这说明，村民关于传宗接代的价值理念，不仅有外在政策制度的影响，也有内在主观认识的变化。而内在主观认识的变化，主要来源于愈来愈深入和广泛的市场化，而市场化在农村的直接体现就是打工经济。打工经济对村民血缘性价值观念的影响，一是打工造成村民有可能长时期地离土又离乡，离开村庄也意味着宗族生活和家庭生活都不能正常地参与，二是打工过程中，消费主义随之渗入村民，村民习得以货币为单位进行理性算计，甚至偏向只关注个人享乐、只关注个人利益，这都会对村民履行宗族和家庭义务产生消极影响。打工经济不仅动摇了宗族，更动摇了宗族的基础——家庭。很多村民小家庭的生活也不能实现中国传统意义上的"常规化"。

费孝通曾把传统时代的中国家庭称为扩大的家庭（expanded family），"中国人所说的家，基本上也是一个家庭，但它包括的子女有时甚至是成年或已婚的子女。有时，它还包括一些远房的父系亲属。"[1]费孝通后来认为，"小家族"比"大家庭"更适合来形容中国乡土社会的基本社群。[2]因为小家族具有长期性，"必须是绵续的，不因个人的长成而分裂，不因个人的死亡而结束"。[3]由于中国的家庭是个绵延性的事业社群，父子为主轴，而夫妻为配轴。[4]

新中国成立后尤其是改革开放以后，中国农村家庭发生了巨大的变革，许多学者针对这一变迁进行了讨论。讨论大致可以分为两种类型，一种是从宏观结构方面进行探讨，即家庭结构小型化、核心化，父子轴逐渐让位于夫妻轴。[5][6][7]另一种是从微观决策方面进行描述，以个人行动作为出发点来观察家庭变动，其主要关注点在于家庭中权力的分配和家庭交往的关系网络。随着夫妻轴逐步替代父子轴成为家庭中心，研究家庭权力运作的学者把注意力也转向夫妻关系，[8]或通过静态的数据分析，或通过动态的博弈展示，学者们分析了家庭中的策略是如何生成的以及女性在家庭中地位和资源的状况。[9][10][11]研究家庭交往关系网络的学者则发现，姻亲关系、地缘关系、业缘关系、趣缘关系乃至利益关系打破宗亲关系的垄

[1]费孝通：《江村经济》，商务印书馆，2002年，第41页。

[2]费孝通：《乡土中国 生育制度》，北京大学出版社，1998年，第38页。

[3]费孝通：《乡土中国 生育制度》，北京大学出版社，1998年，第40页。

[4]费孝通：《乡土中国 生育制度》，北京大学出版社，1998年，第41页。

[5]费孝通：《三论中国家庭结构的变动》，《北京大学学报（哲学社会科学版）》1986年第3期。

[6]王跃生：《中国农村家庭的核心化分析》，《中国人口科学》2007年第5期。

[7]杨善华：《改革以来中国农村家庭三十年——一个社会学的视角》，《江苏社会科学》2009年第2期。

[8]唐灿：《学术研究综述 最近十年国内家庭社会学研究的理论与经验》，《中国人口年鉴》2006年。

[9]王金玲：《非农化与农村妇女家庭地位变迁的性别考察——以浙江省为例》，《浙江社会科学》1997年第2期。

[10]许敏敏：《走出私人领域——从农村妇女在家庭工厂中的作用看妇女地位》，《社会学研究》2002年第1期。

[11]潘鸿雁、孟献平：《家庭策略与农村非常规核心家庭夫妻权力关系的变化》，《新疆社会科学》2006年第6期。

[1]阎云翔，《私人生活的变革》，龚晓夏译，上海书店出版社，2006年，第113-118页。

[2]杨善华、侯红蕊：《血缘、姻缘、亲情与利益——现阶段中国农村社会中"差序格局"的"理性化"趋势》，《宁夏社会科学》1999年第6期。

[3]张文宏、阮丹青、潘允康：《天津农村居民的社会网》，《社会学研究》1999年第2期。

[4]吕德文：《涧村的圈子》，山东人民出版社，2009年，第2页。

断，成为人们愈来愈重要的构建关系的凭靠，同时，越来越多的个体不再依附于家庭而独立建构自己的关系网络。[1][2][3]

无论是宏观结构还是微观决策，都主要从外在组织方面如形态、资源、制度等来理解家庭的变迁，关于围绕家庭产生的人生意义和精神寄托，则比较少被提及。家庭组织方面的架构，是服务于家庭的意义世界的。因此，我们关注家庭，不仅要从组织方面进行理解，更重要的是从中国人生活的精神和价值寄托方面进行理解。[4]中国老百姓对上进行养老、送终、祭祀，对下进行"生儿子"、"盖房子"、"娶媳妇"，其灵魂的归属和寄托正是通过一系列世俗的"过日子"来完成的。家对于中国人来说既是"此岸"，又是"彼岸"，家族的绵延是中国老百姓实质意义上的宗教。家庭外在的形态、资源、制度服务和映射内里的意义世界，中国农村家庭的变迁，不仅是组织方面的，更是精神和价值方面的。

打工经济是引起家庭组织结构和意义世界变化的一个重要变量，打工经济与家庭相互影响，家庭既作为村民外出务工的生活和精神的双重保障，也受到外出务工的消解和冲击。在打工经济影响下，很多农村家庭突破了主干家庭和核心家庭等常规模式，隔代家庭、单亲家庭、单身家庭等非常规家庭越来越多出现。非常规家庭在农村中正变得"常规化"，一方面由于实践的村民自身对于家的理解发生了变化，非常规家庭越来越多地被创造出来，另一方面则说明其他未实践的村民对于家的理解同样发生了变化，非常规家庭不被视为异类遭到舆论的压制，村庄为非常规家庭的生长留下了空间。非常规家庭不仅打破了组织结构上的常规，更为重要的是破坏了家族绵延的持续性，非常规家庭的"常规化"，说明家越来越难以成为人们的终极人生价值，村民脱离出家庭，从个人的角度来体验生活。

1、家庭作为生活和精神的双重保障：

出于比较优势考虑，国际资本在全球范围内不断寻找着制造业加工地，20世纪80年代制造业逐渐从韩国、台湾转移到中国大陆，中国大陆以廉价的土地和劳动力吸引着外来的资本和技术，缺乏自身资本和技术，中国大陆必定只能分配很少的一部分利润，国家经历了第一轮剥削，工厂中干活的农民工还要经历第二轮剥削，当企业、政府拿走了仅存利润的大头时，农民工只能拿到微薄的辛苦钱，与此同时，农民工却要面对超长的工作时间、管理者的训斥、狭小的居住空间、劣质的伙食等等，异化在这种情况下不可避免地发生，劳动者和劳动产品之间、劳动者和劳动之间、劳动者和管理者之间、劳动者和自身人格之间都在发生异化。外来资本在中国具有"人口红利"之时对中国的农民工进行了一轮迅猛地剥削，留给中国的是环境的污染、劳动者的病痛、劳动者的人格缺陷，环境的污染和劳动者健康问题需要政府用大量财力来解决，而人格方面的损害无法用金钱来解决，人格方面出现的问题更加难以得到修正。

我们访问了一群在外漂泊的村民的感受，结果是令人遗憾的。外出打工的村民遭遇了种种的精神困苦，有的来自工头的臭骂、有的来自加班的折磨、有的来自机械劳动的无趣、有的来自恋爱的失败、有的来自物质方面的自卑、有的来自向上流动的无望。有些年轻人在外经历的烦恼多了，回来精神方面都出了问题。随父母出去的儿童，他们在农民工学校读书经历同样不愉快，一个孩子说学校里整天是打架和吵闹，根本无法提供一个正常的学习环境。

村民在外打工，常常遇到的情况是经济拮据、精神烦闷，而村庄中的家则为外出打工者提供了生活和精神的双重保障。[1]从经济方面来看，村庄中的家是打工经济的"稳定器"和"蓄水池"，打工者从事的多是技术含量较低的工种，当打工者年龄大了，体力无法胜任时，其可以退回村庄中的家进行农业或其它方面的生产，遭遇金融危机等突发性失业时，返乡则成为了打工者的失业保障。从精神方面来看，当打工者在外遭受了苦楚、悲伤、寂寞时，其经常希望回到家庭的港湾中，从中找到慰藉，缓解精神压力，在媒体大力宣传城市文化的当下，年轻人总是"要出去"的，年轻人出去为了挣钱，更是为了体验城市生活，但一些年轻人出去后，常常"想回来"，回到村庄中的家，既是身体的回归，更是精神的回归。

打工经济兴起后，农村出现了一些新型的非常规家庭，而且这些非常规家庭正变得"常规化"，以家为中心的意义世界不断被解构。

下文将基于湖北笋村的经验材料，来分析家庭与打工经济的互动以及非常规家庭的"常规化"，并由此展示村民关于家庭意义世界的变动。笋村地处武陵山区，村庄面积15336.2亩，其中林地13747亩，耕地1589亩（水田700亩，旱地889亩），全村人口1562人，422户，劳动力808人，约60%外出务工，笋村出现外出打工的时间大致在1995年左右，而大规模外出打工则在最近4～5年出现。笋村为杂

[1]关于更多家庭与打工之间的联系，可参见：张世勇：《生命历程视角下的返乡农民工研究》，华中科技大学博士论文，2011年。

姓村，最大姓为刘姓，三百余人，第二大姓为林姓，两百余人。

2、纵向的非常规家庭：

非常规家庭在纵向即代际间主要表现为隔代家庭的大量出现，表现为儿子和儿媳妇外出打工，老人在家种田、带孙辈。

隔代家庭的出现，源自于农民为了应对打工经济而对家庭内部资源进行重新整合。年轻人外出打工，获取城市中的收益，而老年人在家种田，获取农村中的收益，通过代际分工实现"半工半农"，[1]打工经济引起的"半工半农"形式，增加了老年人对于子辈的付出。在打工经济中，城市把发展的许多成本转嫁到了农村中，具体到打工者个人，年轻人出去打工又把照顾家庭的成本转嫁给了老年人，在农村中的老年人转嫁了双重成本——城市的和儿子的。老年人负担加重表现在两方面：一是照顾孙辈，二是照顾老年人自己，老年人的养老在很长的时间内要由他们自己来完成。原来当地的理念是"家不分不发"，但现在的实际情况是，"分了也等于没分"，无论分不分家，子辈都要离开村庄外出打工，老年人不仅自己承担起养老任务还要负责孙辈的生活，这就是当地老人说的"养了一代养二代"。年轻人如此增加老年人负担时有个很客观的理由，"要挣钱，有什么办法呢？"老年人同样也是以这个理由来说服自己的。年轻人外出打工、老人在家种田带孙子的"半工半农"模式，使农村承担了城市发展的成本，老人承担了年轻人发展的成本。老人现在成为了家庭稳定的基石，访谈中，一位姓周老人说了一句很有代表性的话："要想好，老敬小"。姓周老人的具体生活案例如下：

姓周的老人有三个儿子，大儿子34岁，二儿子31岁，

[1]贺雪峰：《地权的逻辑》，中国政法大学出版社，2010年，第4页。

三儿子26岁，三个儿子都在福建跑运输，大儿子和二儿子已经结婚，各有一个男孩子。儿子们结婚后几个月姓周的老人就提出分家，其认为分了孩子才有奋斗目标，而且分得早，不影响团结，两代人之间的矛盾和扯皮会少很多。但分了以后，老人感觉还是与没分一样，孩子春节回来以及平时回来，都在老人家里吃，而且，孩子们出去后，2个孙子都是老人带，并且是"干带"，孩子说过给钱，但实际上没给，老人也没主动去要。大孙子从1岁带到现在（7岁），二孙子从半岁带到现在（5岁）。目前大儿子在县城里租了房子，把大孙子和二孙子都接到城里上小学和幼儿园，大儿子和二儿子一家都在福建，他们让公公到城里接送孩子上下学以及照顾日常生活，大儿子和二儿子承诺每月每人给800元，到目前为止每个月都给，但没给齐，老人的想法是"给了不推辞，不给也不讲长短"。婆婆在家种田，农活重的时候公公回来干，婆婆换到城里照顾孙子，农活虽重，但公公感到这是"一年中最轻松的时候"。

隔代家庭是纵向家庭关系在组织结构方面表现出来的"非常规"，而代际关系失衡则是纵向家庭关系在伦理价值方面表现出来的"非常规"。当前农村中的"啃老"现象愈来愈严重，[1]打工经济引发的代际分工加重了父母对子女的付出，而打工经济将市场化逻辑导入村庄引发"孝道"沦落则改变了代际间的"付出-反馈"的基本规则，后者对于代际关系的冲击才是致命的。

市场化逻辑消极的一面有过度消费、贪图享乐、功利算计等等，当前村民普遍受到市场化逻辑

［1］联羽：《农村"啃老"现象及其内在逻辑——基于河南Y村的考察》，《中国青年研究》2010年第12期。

的影响，但长期在城市中打工的年轻人，比在村庄中的老年人更多受到市场化逻辑的左右。村庄传统的代际资源传递模式是"恩往下流"，在"孝道"的支持下子辈有一定资源反馈，但总体上不及父辈的付出，打工的出现，加重了"恩往下流"的资源输出。部分年轻人，利用"恩往下流"的代际规则，以剥削老年人为代价来支持自身享乐，自己在外吃喝玩乐，不寄钱回家，年轻人的借口是，"我哪有这么多钱？每个月都不够花"。不少老人不仅要耗费精力照顾孙辈，还要支付金钱，老人有劳动能力时尽力帮助子辈，不能劳动时却不一定能得子辈的反哺，村中有不少打骂和不赡养老人的案例。笋村现在已经出现了一部分"不管老也不管小"的年轻人，他们在外挣钱消费而对家里老人和孩子不管不顾，一位宋姓村民，把两个孩子留给老人照看，自己长期在外，从不寄钱，并且从不接家里电话，最后甚至还更换了号码。

打工经济促使隔代家庭出现，这加重了老年人负担但却未必导致代际关系的紊乱，年轻人外出打工，如果生活意义仍在家庭之中，家庭"形散而神不散"，年轻人以暂时的离开换取金钱资源的回流，家庭仍能正常维续。而如果打工者意义价值取向脱离家庭而以个人为中心，很容易在消费主义的裹挟下演变为自私自利的享乐主义。阎云翔在调查中也发现了"走出祖荫的个人"并没有获得真正独立、自立、自主的个性，反而表现出"一种极端功利化的自我中心取向，在一味伸张个人权利的同时拒绝履行自己的义务，在依靠他人支持的情况下满足自己的物质欲望"。[1]个体式的享乐主义强调自我的利益而不强调对长辈的义务，强调自我当下的感受而不强调家庭延续的灵魂归宿感。只考虑自身享乐逻辑的出现，割裂了家庭的延续脉络，"父辈-子辈-孙辈"无法完整串联起来，父辈与

[1]阎云翔，《私人生活的变革》，龚晓夏译，上海书店出版社，2006年，第5页。

孙辈组成一种家庭生活模式，而子辈单独跳脱出来形成一种个人式的生活模式，这时隔代家庭便"形散神也散"了。

隔代家庭这种纵向的非常规家庭变得"常规化"，其一是从组织结构的角度来说，由于打工经济兴起使得隔代家庭越来越普遍，其二是从伦理价值的角度来说，当出现不孝顺的自私个人时，村庄中难以有抑制的力量，首先，经历了政治力量压制后，"族长"等内生权威已经消失殆尽，其次村庄的舆论体系也在瓦解，没有了说"公道话"的人，如果在公开场合议论别人的家事，会引起当事人的不满，"我又没吃你的饭，穿你的衣，你管我干什么？"一位村民说，村里的为人处世原则是"稀饭冷了自己吹"，莫管别人闲事，当村庄能够容忍不顾家庭只顾自身的个体存在，这种非常规的逻辑和行为就逐渐变得"常规化"了。

3、横向的非常规家庭：

在解放前甚至改革开放前，笋村由于地处山区，经济条件总体不好，很多人组成家庭较为困难，当时也有很多非常规家庭，如上门女婿，如换亲，如招夫养子，这些非常规家庭是为了完成家庭延续的一种特殊策略，不太关注个人的感受。

随着经济条件的好转、男女比例不断趋于平衡、跨省婚姻的出现，村民已基本能顺利组成常规家庭，传统的非常规家庭的数量在逐渐减少，但随着打工经济的进入，村庄中又出现了新的非常规家庭，新的非常规家庭不注重家庭延续的逻辑，其关注个人的感受，或是利益，或是感情，个人为了自己的感受可以任意地拆散家庭甚至不组成家庭。以下仅举两种类型，光棍和单亲家庭。

（1）光棍：

笋村中，"自愿型"光棍越来越多。以前的光棍，多是被迫成为的，或因为身体原因，或因为家庭条件原因，或因为家庭成分原因，但现在一些年轻人，正在主动地往光棍方向发展，他们自身条件无论是相貌还是经济都不错，但就是不愿意结婚，父母帮他寻找对象他也不愿意去相亲。这些年轻人多在外面打工，他们觉得"自己还没有玩够"，自己挣钱自己一个人花，在城市中的压力还是相对小的，聚聚会上上网唱唱KTV，逍遥自在，但要是成了家，经济收入便不可能全部分配到自己身上，生活中要考虑的问题也复杂起来。农村年轻人接受了城市中的娱乐性的生活风格，也模仿城市年轻人中流行的"钻石王老五"的单身文化，但乐在其中的他们没有考虑到自己身处的婚姻圈位置，城市是婚姻圈的顶端，女性大量涌入，女性资源相对过剩，城市男青年不急结婚在逻辑上是可以大致成立的，但农村男青年玩过几年后，错过了谈婚论嫁的最佳年龄，自己身处的农村处于婚姻市场下层，男性过剩，于是到时候想结婚却成为了个老大难。想要多玩几年的农村男青年增多，使村庄中的结婚年龄推迟，同时也增加了一部分的光棍。

（2）单亲家庭：

笋村近年离婚事件愈来愈多，靠近集镇的一个小组最近4～5年离婚的有三十多例，甚至一天之内就有3对夫妇离婚。除了离婚，村庄中还发生了一些"准离婚"事件，一些妇女独自外出打工后，便抛下了丈夫和儿子，和别的男人跑了，没有办离婚手续，但该妇女长期也不回来，家庭便这么奇怪地存在着，甚至有的和丈夫一起外出打工的妇女也有突然跑掉的现象。跑掉的妇女，或因为原来家里太困难了想过更好的生活，或者纯粹因为感情因素，总之为了个人原因可以毅然并突然离开家庭。从全国婚姻市场看，农村属于女性资源流出地，女性资源的相对稀缺让女性在农村婚姻市场中占据了优势地位，女性在提出离婚或直接离家出走方面更具主动性。[1]离婚的出现和打工经济关联很大，首先打工造成了空间上的隔离，丈夫在外打工妻子留守，或者丈夫和妻子在不同地区打工，造成了感情的隔阂，更关键的是打工增强了个体意识，为了个人享乐、个人利益、甚至是一时的性愉悦，个体可以轻易摆脱家庭的羁绊，卸掉家庭的责任感。

离婚或"准离婚"的主导者往往在没有安排好后续家庭生计的情况下突然宣告横向夫妻关系的解体，离婚后他们未必能过上幸福的生活，他们对离婚后的重组生活并没有很清晰的预期，有些人离婚、重组后一段时间后又离婚了，离婚者注重的是准备脱离原有家庭至刚脱离原有家庭的这一段轻松的、自由的、快乐的时光，因为这段不长的体验，他们可以迅速决定解散夫妻关系。我们搜集的一些案例中，很多人在有了孩子甚至有了多个孩子的情况下也可以突然地离开家庭，离开后就从此对孩子不管不问。贸然离婚不仅影响横向关系的稳定，更对纵向关系带来极大伤害，对上来说，夫妻关系破碎，需要老人对孙辈付出更多照顾，同时反馈至老人的赡养资源也大大减少，对下来说则影响更大，缺少父母完整的关爱，孩子在成长中，物质方面的给予减少，而心灵方面的创伤则更是难以弥补。

4、何处是精神家园？

传统时代，家族和家庭是村民的精神家园，是

[1]刘燕舞：《从核心家庭本位迈向个体本位——关于农村夫妻关系与家庭结构变动的研究》，《中共青岛市委党校.青岛行政学院学报》2009年第6期。

村民人生价值和生命意义的寄托所在。小家庭稳定，方能将长序列的家族串联起来，因此横向家庭关系服从于纵向家庭关系，小家庭被大家族规制，不允许个人因素在家庭之中随意彰显。

在宗族的评价体系中，光棍是极其受到歧视的，因为其无法传递香火。被宗族边缘，往往也意味着无法在村庄之中正常立足，个人要通过家庭和家族在村庄中活动，而光棍在宗族话语之下不能成为一个正常的家庭。在村庄中没人愿意和光棍交往，光棍被人际交往网络遗弃，光棍只能和光棍交朋友。同时，光棍因为没有组成家庭，人生意义无从寄托，大部分光棍的精神状态都很萎靡，人生没有动力和奔头，过一天算一天，混吃等睡。在笋村，宗族力量受到了大幅度的削弱，光棍的际遇也随之发生了变化，越来越多的年轻人不再将家庭延续视为人生意义的源泉，摆脱了来自传宗接代方面的心理包袱，光棍不再感到自卑和愧疚。除了自我认同，光棍在村庄交往体系中也逐渐受到其他村民认可。目前笋村中，光棍能够无障碍地串门、聊天、走"人情"，去歧视化体现了光棍已成为一个正常的家庭单位和村庄人际交往单位。光棍单身一人也能被视为一个正常的家庭单位，说明村民对于家庭的理解发生了变化。不少村民非常羡慕光棍，"他们不用操心家里家外，赚钱一个人花，多轻松"。

离婚在宗族逻辑中同样是被禁止和压制的。小家庭在家族链条中起承上启下的作用，小家庭的稳固是非常重要的。传统时代，不仅男性的意义世界寄托在家族之中，妇女同样亦是，妇女通过遵循"未嫁从父、既嫁从夫、夫亡从子"的逻辑脉络，将自己融入家族，从而获得归属和生命的体验。[1]当人们确定了某一系的家族绵延作为自己的终极追求和寄托，改嫁现象都极少出现，更不消说

[1] 杨华：《隐藏的世界：湘南水村妇女的人生归属和生命意义》，华中科技大学博士论文，2010年。

"婚外情"和离婚。而现在，对于"婚外情"和离婚的规制，无论从内化还是外化的角度来说，都不对个人形成巨大的道德压力。不管当事者还是旁观者，都认为离婚是个人的事，家的宗教意味正迅速瓦解。

从上述各种非常规家庭的"常规化"可以看出，愈来愈多的人不再选择家作为自己安身立命之所在，以家为中心构建起来的一套意义价值体系不断消解，人们"过日子"的基本单位逐渐从家庭变为个人，欲经由个体来体验人生。人们走出祖荫，便进入了一个充满不确定性的世界，人们一方面具有了追求个人利益和情感的颇多自由，一方面又要面临何处安放自己的灵魂归属的苦恼。人始终要面临"人为什么要活着"这个终极性的心灵拷问，当家这个传统的意义体系越来越难以为中国老百姓输出超越性的价值后，人们常常焦虑和迷茫地追问：何处是自己的精神归途？

20世纪80年代以来，越来越多的村庄被吸纳到市场之中，越来越多的村民投身于打工经济之中。打工带来的异化让村民身心俱疲时，村民必须找到慰藉之道来释放其中的紧张和不安。第一种途径是消费。本·阿格尔[1]认为，消费是针对生产的一种补偿机制，消费成为"人们为了补偿自己那种单调乏味的、非创造性的且常常是报酬不足的劳动而致力于获得商品的一种现象"，消费让人们暂时摆脱了生产异化的痛苦，但随即人们又陷入了消费异化的泥沼，与人们真实需求背离的消费，只能是为了消费而消费，人们期望通过货币的使用来满足心灵，这种感官刺激缺乏实质内涵，是短暂的、不稳

[1] 本·阿格尔：《西方马克思主义概论》，慎之等译，中国人民大学出版社，1991年，第494页。

定的，无法为人们提供终极价值，当一种感官刺激无法再给人们以刺激时，人们往往会去寻求更新奇、更刺激的事物，结果是不断堕向低俗同时疲惫不堪。以上还只是有货币支付能力时的情况，村民面临的现实往往是微薄的打工收入不足以支撑城市中的消费，被媒体宣传引起的巨大的消费欲望和实际中的窘迫消费能力，形成了难以调和的矛盾，这进一步打击了村民的精神世界。

第二种途径是宗教。中国传统的各类神灵信仰，往往依附于家族观念之下，由于家族观念主宰了中国老百姓的意义世界，神灵信仰受制于此只能更多地进行功能性的输出，同时由于家族观念需要神灵信仰的辅助，神灵信仰的功利性受到了抑制和平衡，并呈现出一定程度的宗教性。当前家族观念不断式微，神灵信仰中的家族观念也随之衰退，神灵信仰失去了家族绵延提供的宗教性后，功利性这一属性更加不受约束。当前要依靠中国传统的神灵信仰来提供终极价值，难度极大。而外来的宗教如基督教，和家族绵延观念之间存在着巨大张力，基督教以个体和上帝之间的关联来超越死亡，而中国的家族绵延观念则把个人融入家族来超越死亡，在逻辑原点上二者便呈现出个体模式和家族模式的不同，具体则通过各种事件如白事、上坟、祭祖、下跪、放鞭炮等表现出二者的矛盾。基督教这种外来的、一元性的宗教，是否能取代中国传统的家的意义以及取代过程中是否在精神世界将引起更加剧烈的动荡，都未可估量。

第三种途径是回归到传统的精神家园中——家。上文也提及了家如何抑制了打工经济的负面影响。中国的家不仅有功能的层面，更有价值的层面，因此中国的家存在双重机制应对打工经济，一是分配家庭内部资源即代际分工或夫妻分工，形成适应打工的生计安排，这延续和利用了传统"同财共居"的合作机制，二是通过以家为中心的意义世界来应对打工经济带来的各种心理冲击。新中国成立后尤其是改革开放以后，传统宗族制度出现双重瓦解，第一重是小家庭逐步从宗族中脱离出来，获得自主性，第二重是个人逐步从小家庭中脱离出来，获得自主性。小家庭刚离开了宗族的笼罩，又要面临内部成员的瓦解。当前的中国村庄，尤其是像笋村这样宗族力量不强的村庄，家已经无法全面统治人们的精神世界，村民的意义世界出现了极大的分化，一些人仍把家作为自己心灵的庇佑，另一些人则通过个体的方式去寻找生活的意义，他们找到的慰藉方式往往是和以家为中心的意义系统针锋相对的，如消费和基督教，消费的"个体-市场"逻辑和基督教的"个体-上帝"逻辑都会继续瓦解家族绵延观念。以家为中心的意义系统不仅受到来自打工经济的冲击，还来自应对打工经济的舒缓机制的冲击。几种应对打工经济的舒缓机制之间的关系见下图（见图6）：

图6：各种应对打工经济的舒缓机制之间的关系

应对机制	应对单位	和以家为中心的意义世界的关系
消费	个体	削弱
宗教Ⅰ：中国传统神灵信仰	家庭或家族	强化
宗教Ⅱ：基督教	个体	削弱
家	家庭或家族	强化

　　当前村庄中的意义世界呈现碎片化的样态，各种关于人生意义的解释和言说在其中相互竞争，在这个大背景下，家是否还能持续输出意义感和归属感帮助个体去抵御现代化和现代性带来的各种异化和冲击，抑或是家在市场或宗教等外来力量的压迫下迅速变形瓦解？村民意义世界的未来走向，值得我们继续关注。

第五章

祭祖的公共化

20世纪60年代，香港出现具有公共群体性质的"清明思亲法会"。香港随着经济的发展，特别是城市化进程不断推进，民众能保有的土地越来越少，而依附于土地之上的宗祠和墓地也随之减少。香港于20世纪50年代起开始提倡火葬，以便节省土地。吴真认为，"香港清明习俗并未因为取消土葬而日渐式微，反而衍生出清明思亲法会的新节俗。这意味着传统清明祭祖的仪式空间由户外转向室内，参与仪式的主体由个体家庭转为群体，仪式目的从传统的思亲报恩扩大到了具有公益性质的慈善事业。"[1]私营土葬所花费用过于高昂，多数民众无力承担，政府公营的骨灰龛位又不容易申请到，20世纪60年代一些道观或佛寺开始为信众提供安放骨灰盒或灵位的场所，以往属于家庭空间或家族空间的祖先祭祀转移到宗教组织空间内，道教、佛教等宗教团体也进入祭祖仪式。传统祭祖仪式，主要通过儒家方式表达，以家庭或家族为单位，道教和佛教一般在丧葬仪式中发挥作用，较少出现在祭祖仪式中。当祭祖空间发生转移，道教和佛教组织民众开展祭祖仪式便有了可能性，大量民众于清明节日时集中到某一宗教场所内与该宗教宣传教义意愿的结合，产生了"清明思亲法会"。在众人聚集的"清明思亲法会"中，祭祀对象"已经从传统清明思亲风俗的一家之祖延伸到天下的亡魂，法会最终获得冥阳两利之和谐。"[2]2008年清明节被列入国家公众假日之后，中国大陆地区也越来越多地出现"清明思亲法会"。下文摘录上海玉佛禅寺举办2013年"清明思亲法会"的两则网络文章：

[1]、[2]吴真：《清明祭祖节俗的城市化进程——以香港"清明思亲法会"为中心》，《西北民族研究》2010年第1期。

[1]慧融：《清明节追思先人 全国各地寺院隆重举行水陆法会》，http://www.pusa123.com/pusa/news/dujia/201348826.html

清明节追思先人　全国各地寺院隆重举行水陆法会[1]

清明节的习俗大约始于周代，是一个充满祥和惬意气氛的节日，距今已有二千五百多年的历史。现时的清明节，是阳历四月四日或五日，此时春暖花开，万物复苏，天清地明，最宜扫墓祭祖、春游踏青；踏青除了欣赏大自然的湖光山色、春光美景之外，还开展各种活动，增添情趣。二零零六年，"清明节"被列入第一批国家级非物质文化遗产名录。

清明扫墓与踏青，本来是两个不同的文化主题，宋代以后慢慢融为一体，并不断地被赋予深层的文化意义。人们把祭祀先人与中国传统重视孝道、慎终追远的民族性格直接联系起来，认为清明节习俗体现了中国人感恩、不忘本的道德意识；落实了中国圣人孔子与佛教始创者释迦牟尼佛，于公元前六世纪所提倡的孝道。人们会在当天前往祖先或亡者的坟墓、骨灰塔祭拜打扫，并以亡者的名字做功德。

孔子与佛陀虽分别住在中国和印度，但两者却生存于同一时代；孝道是两者为促进人间和谐，共同提倡的教义。孔子所提倡的孝道已根深蒂固地融入中国人的社会体系，以致每个人都明白到自己在清明节对祖先所应尽的义务；其文化意义正是中国社会数千年来得以和谐稳定发展的支柱，有助于在古人与今人、前人与后人之间建立和谐的代际关系，进而促进人与人、人与自然乃至万物之间的和谐关系，这是清明节具有强大生命力的人文内涵所在。

在佛教的《善生经》中提到，为人子女的义务就是时常做功德回向给已故的父母。因此，身为佛弟子者应在清明节追思怀念已故的祖先，并以亡者的名字做供养来帮助他们解脱。是故清明之际，佛教各大道场都会举行清明思亲法会，超度十方六道亡灵，而居家佛弟子则可以实行以下的项目：

一、到祖先灵位的坟墓、骨灰塔等地做打扫和拜祭

二、到寺庙为往生者做超度法会，并将功德回向给亡者。

三、为亡者受戒，并将功德回向给亡者。

四、为亡者做任何功德，如供僧、点灯等，并将功德回向给亡者。

五、为亡者做一切善行，如放生、布施等，并将功德回向给亡者。

因此，在清明节的时候，除了扫墓及祭祖以外，应遵循祖先的教诲、发扬祖先的美德，并且将一切善行功德回向给他们，令他们早生净域，离苦得乐，这才是实践孝道最具体的表现。

2013年3月29日至4月4日，上海玉佛禅寺举行癸巳年清明众姓水陆法会，约1500余名斋主参加法会，其中内坛斋主100余位。在七天的法会中，参加法会的内、外坛法师威仪齐整，如法如律的举行佛事活动。护法居士按照佛事活动仪程，在带香法师的引领下虔诚地参加诵经、拜忏、供天、放焰口等佛事活动。整个法会活动肃穆庄严，井然有序。

上海玉佛禅寺隆重举行2013年清明水陆法会 [1]

2013年3月29日至4月4日，上海玉佛禅寺举行癸巳年清明众姓水陆法会，约1500余名斋主参加法会，其中内坛斋主100余位。在七天的法会中，参加法会的内、外坛法

[1] 妙尘：《上海玉佛禅寺隆重举行2013年清明水陆法会》，http://www.pusa123.com/pusa/news/dujia/201348595.html

师威仪齐整，如法如律的举行佛事活动。护法居士按照佛事活动仪程，在带香法师的引领下虔诚地参加诵经、拜忏、供天、放焰口等佛事活动。整个法会活动肃穆庄严，井然有序。

水陆法会全称为"法界圣凡水陆普度大斋盛会"，是中国佛教经忏佛事中最隆重的一种，至今已有一千五百多年历史。水陆法会设有内坛、大坛、净土坛、华严坛、楞严坛、法华坛、诸经坛共七个坛口道场，并有焰口、供天、放生、皈依等佛事，需时七昼夜，由数十位僧人，一同诵经念佛，设供拜忏，以利冥阳两界，普济六道四生。启建法会的主要目的，就是通过佛法的巨大威力，以食施、法施为手段来救度一切众生，特别是要救度陷于水陆之处，蒙受深重苦难的六道众生。令在世者善根增长，福慧绵长；已故者同生净土，早登莲邦。水陆法会因其殊胜的功德与威力，一直是中国佛教最重要的大法会之一。

为了满足广大信教群众的精神需求，上海玉佛禅寺每年都会在清明和冬至期间举行两次大型的众姓水陆法会，全年在寺院客堂接受信众报名。

从以上两则文字可以看出，"清明思亲法会"是在新形势下多重群体多种意愿的集合体。如第二章所言，佛教、道教在中国儒家观念盛行的大环境中，为了扩大受众面，常常需要对自身教义和仪式做出一定程度的调整——糅合儒家观念。"清明思亲法会"也是佛教和道教通过对宗教场所和宗教仪式的改造，及时承接了民众无处安放的儒家祭祖习俗，这不仅使佛教和道教得到了极大的发展机会，又让民众的祭祖习俗能够延续。第一篇文字中，佛教徒便将"重视孝道、慎终追远"、"感恩、不忘本的道德意识"作为孔子与佛陀共同提倡的教义，指出在佛教的《善生经》中提到，为人子女的义务就是时常做功德回向给已故的父母，大家清明时节不仅要扫墓祭祖，还应做功德给已故祖先，并详细列出居家佛弟子该如何做功德。第二篇文字则进一步指出，"清明思亲法会"不仅是为自己已故祖先做功德，更是"通过佛法的巨大威力，以食施、法施为手段来救度一切众生，特别是要救度陷于水陆之处，蒙受深重苦难的六道众生。"而三亚南山举行的"清明思亲法会"将主题说得更为明确："南山寺金体僧众念颂三昧水忏，缅怀亲恩、奠祭古贤，并为四川汶川地震亡灵超度。该法会的主旨是弘扬中华民族的传统文化，秉着慈悲济世的精神，发扬忠孝伦理的观念。"[1]三亚南山这段文字不仅糅合了儒家的祭祀祖先和佛教的普度众生，还具有时代特征的言说表述，如"为四川汶川地震亡灵超度"、"弘扬中华民族的传统文化"，这都不断为"清明思亲法会"增加着合法性和合理性。

"清明思亲法会"可以说是个体性祭祖的延续，只不过在形式、内容和参与人群方面都有所变更。放入道观或佛寺之中的骨灰盒或牌位，多是三代之内的先人，人们至清明节至道观或佛寺祭拜的本意，只是纪念两代到三代的先人，这其实包含在第四章所说的"个体性祭祖"之中，只不过第四章所说的情况多在墓祭中完成。当城市化进程加快，在家庭附近越来越寻找到私人性质的墓地、公墓太贵或缺少名额、骨灰盒放在家中又不方便，因此部分民众的墓祭的场所迁移到了佛寺或道观中，佛教和道教因势利导，将民众祭祖需求与本教教义融合，双方共同改变着既有模式：佛教和道教创造了新的仪式，民众的祭祖观念在

［1］陈文武：《三亚南山举行清明思亲法会》，http://www.nanshan.com/News/Print.asp?ID=944

佛教和道教引导下变更和扩大——既保留祭祀祖先尤其是三代之内的近祖、又加入普度天下亡魂这种新的宗教观念。"清明思亲法会"对比"个体性祭祖"的家祭和墓祭，可以说前者是"公共性"的，后者是"个体性"的，但前者的"公共性"并不是回归到"宗族"层面的"公共性"，而是"社团"、"俱乐部"层面的"公共性"。目前来说，这种"社团"、"俱乐部"层面的"公共性"，还不构成"宗教组织"层面的"公共性"，即目前"清明思亲法会"是从"个体性"的"纪念"祖先发展到"公共性"的"纪念"祖先，至于今后能否发展为超脱世俗意义的、真正宗教性质的、类似"崇拜"祖先又取代"崇拜"祖先的仪式，未可知晓。

大陆民众移民台湾后，他们不仅把故乡浓厚的宗族观念和祖先崇拜的思想带到了台湾，而且，由于初期台地自然环境的恶劣，以及动荡不安的社会环境，都使得移民们比在原籍的百姓有更强烈的家乡意识。只要条件允许，他们就返乡祭祖、谒祖、寻根怀祖，自明清以来，台湾移民在每年的清明前后，都尽可能派遣族人回到祖地与留在祖地的族人和家人在一起祭拜祖宗坟茔。[1]台湾移民虽逐步"土著化"，但对大陆祖地仍有牵挂。移民对于祖地的归属感和对新居地的认同感并不是水火不容、此消彼长的，而是可能并行存在的。

1895年（光绪二十一年）甲午中日战争后，由于日本侵占台湾达50年之久，从台湾光复（公元1945年）到1949年，海峡两岸只有4年交往的时间，之后台湾与大陆又阻隔了三十余年，1979年1月1日，全国人民代表大会常务委员会《告台湾同胞书》发表，两岸民众开始出现通过第三地区转信联络的现象，并出现一些从台湾光复以来迁台的同胞绕道新加坡、泰国、印度尼西亚、日本等国及香港地区回乡探亲的情况。[2]1987年11月2日，台湾当局开始允许台胞回乡探亲和旅游。从这个时候起，出现更多的台胞回大陆寻根谒祖。台胞寻根有三种方式：一是写信给祖国大陆对台宣传的新闻单位，如中央人民广播电台台播部、福建人民广播电台台播部、海峡之声广播电台、厦门人民广播电台金门台湾部，请求这些电台的工作人员帮助寻根觅源，找访亲人，电台工作人员又通过对台工作部门再由电台广播告诉台湾同胞；二是委托华侨、港澳同胞中的亲友帮助查找；三是由宗亲派人先回祖地寻根，查对族谱，找到后再组织谒祖团体回祖地认亲。[3]台湾民众"寻根"之旅大致有以下几种类型：（一）找访亲人，多数为台湾光复后迁往台湾的民众找寻大陆三代之内

二、跨越台海的寻根谒祖

[1]杨天松：《血脉乡土》，海风出版社，2004年，第146页。

[2]杨天松：《血脉乡土》，海风出版社，2004年，第147页。

[3]杨天松：《血脉乡土》，海风出版社，2004年，第148-149页。

的亲属；（二）寻根拜祖，即回归大陆祖地，祭拜宗亲；（三）民间信仰溯源，这是较为特殊的"寻根"，其寻找的不是人类的血缘源头，而是神灵的血缘源头；（四）政治人物回乡，台湾政界人士返乡，一般亦是寻根拜祖，但由于其特殊身份，为祭祖活动增添了更多的象征意义。具体事例如下：

类型一：找访亲人

年逾花甲的台湾老人黄玉明，自从在台湾搬家后已有近二十年未与大陆亲人取得联系。今年国庆节期间，黄玉明老人到福州寻亲，在民警的帮助下，最终寻亲梦圆。8日，黄玉明老人特地打电话到仓山公安分局仓前派出所，对民警的大力帮助表示感谢。

10月6日上午，仓山公安分局仓前派出所民警林丽萍在值班时，一位满头白发的老人来到派出所寻求帮助。老人叫黄玉明，65岁，台湾人，目前在上海居住。老人称，这次借着国庆节假日来福州的机会寻找亲人。

原来黄玉明老人长年居住在台湾，几十年来仅与在福州的婶婶偶尔有过联系。但自从20年前在台湾搬家后，老人便与在大陆的亲人失去了联系。

6日，黄玉明老人凭着早年的印象，来到梅坞路一带寻找亲人。可是这一带早已经拆迁，原来的房子都已不存在。老人深感失望，以为白跑一趟，后经附近群众提醒，他来到仓前派出所寻求帮助。

了解完情况，证实了老人身份后，值班民警林丽萍给予了老人热情的帮助。老人介绍，自己的堂弟叫黄大标，根据此信息，林丽萍立即进入综合查询系统查找，不久找到黄大标的联系方式。

由于黄大标的电话始终无人接听，仅有的线索眼看就要断了。由于黄玉明老人此次只在福州停留一天，看寻找亲人无望，他准备放弃离开。看着老人失望的神情，林丽萍忽然想起，自己有位朋友名叫黄大村，与老人要寻找的亲人名字极为相像。抱着试试看的心态，林丽萍拨通了黄大村的电话。

遗憾的是，黄大村在电话中表示并没有亲戚在台湾。眼看一条线索又要断了，电话旁黄大村的二哥黄大明得知此情况后，表示家中确有亲戚在台湾。寻亲又有了希望，林丽萍立即让黄大村兄弟俩到仓前派出所。

一个小时后，黄大村兄弟俩赶到了仓前派出所。经过一番交谈，黄玉明老人确认黄大村兄弟俩就是自己的堂弟。尽管遗憾地得知自己的婶婶在4个月前刚刚去世，但黄玉明老人仍是紧紧握着民警林丽萍的手，一再表示感谢，他感慨地说："多亏了好民警的帮助，我这次回到福州寻亲才会成功。"[1]

类型二：寻根拜祖

10日,台南市西港谢氏宗亲首次组团回海沧祖籍地寻根谒祖，受到当地宗亲的热诚欢迎。"我找我们的祖先已经找了很久了，今天终于找到了。"一下车，台南市西港谢氏寻根团团长、台湾海基会顾问谢明辉就紧紧握住宗亲的手激动地说。

说起此次的寻根之旅，谢明辉介绍说，去年他到大陆考察时，通过省台办帮忙寻找祖籍地。因为年代久远，区域管辖权属的调整，寻找祖籍地遇到不少的困难，为此，省台办还专门组织一支文史工作考证队，考证他们祖籍地的古地名。经过一番周折，以及通过两地族谱的比对，终

[1] 曾建兵、张帅、郭艳：《台湾老人福州圆寻亲梦 近20年未与大陆亲人联系》，《福州日报》2010年10月8日。

于确定他们的祖先是从海沧石塘村分支到台湾的。"今天我们17个人第一次寻根认祖，这是开始并不是结束。今天开启这个管道，明年我们台南庆安宫举办香会，也将邀请海沧的谢氏宗亲过去参加，今后我们两岸的谢氏宗亲交往将会更加密切。"谢明辉高兴地说。

据悉，海沧石塘谢氏肇基以来，迄今已近800年历史。从清朝乾隆年间，陆续有海沧石塘谢氏迁徙到台湾聚居、谋生、繁衍后裔，目前主要聚居台湾南部。此前，已有台中市、桃园县中坜市等地的谢氏宗亲组团到海沧石塘寻根谒祖。[1]

［1］林广明、张小宁：《台南谢氏宗亲海沧寻根》，《福州日报》2011年7月13日。

类型三：民间信仰溯源

漳州是台湾民众主要祖籍地之一，有近四成台湾民众祖籍地在漳州。在漳州，星罗棋布着成规模的民间信仰宫庙达二千四百多座，它们不但是闽南民俗文化传承保护的一个重要平台，也成为台湾不少民众谒祖寻根的目的地。

漳州市民族宗教局刘加来局长告诉记者，不久前，一位在上海投资的台商李先生专门打电话来询问芗城区的正德宫是否还在。李先生说，他的祖先从漳州赴台后，已经传了五六代了，祖籍地已经没有亲人了。但是他的祖辈却一直没有忘记告诉子孙，祖籍地有一个正德宫，如果宫庙还在，他一定要回来寻根谒祖。

"民间信仰已成为台湾民众和祖籍地之间重要的感情纽带"，刘局长对记者表示。

几百年来，漳州先民片帆渡海，筚路蓝缕，在台湾开拓出一片新天地。他们同时还带去了家乡的许多民间信仰。漳州的主要民间信仰有保生大帝、开漳圣王、关帝、三平祖师等，在台湾都有几百座的分灵、分香。其他如龙海市的锦宅五恩宫、白水安怀宫，云霄县的云山书院，漳浦县的威惠庙、古公三王庙，平和县的三平寺，芗城区的西街王爷宫、天宝玉尊宫，长泰县的正顺庙等都是台湾同类宫庙的祖宫、祖庙。

据漳州市民族宗教局民间信仰科李旭春科长介绍，自二十世纪九十年代以来，漳台民间信仰文化交流日益频

繁，全市有五十多座民间信仰宫庙有台湾地区信众组团前来谒祖朝圣，并呈现逐年增多的态势。其中以龙海市白礁慈济宫、云霄县威惠庙、东山县关帝庙和平和三平寺为最。

据不完全统计，二00六年至二00七年六月，龙海白礁慈济宫接待台湾和东南亚国家前来进香的团队八十八

白礁慈济宫（始建于公元1150年） 角美镇 龙海市
摄影 林琦红

如意藻井 白礁慈济宫 角美镇 龙海市
摄影：林瑞红

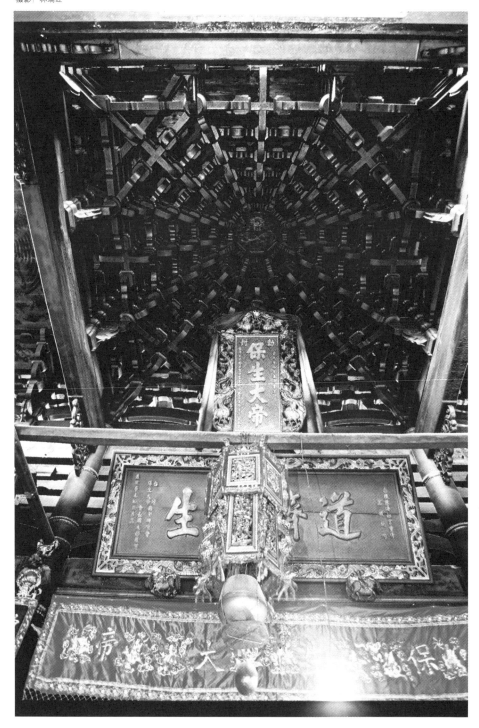

个、二点六万余人次；平和三平寺接待台港澳侨信众二百二十一批、七点零八万人次，在今年举办的首届平和三平祖师文化旅游节上，台湾二十七座分庙派出一百余代表前来参加。自一九九二年以来，东山关帝庙已连续十六年成功举办海峡两岸（福建东山）关帝文化节，在海内外引起很大反响。

此外，二〇〇七年三月二十八日，漳州云霄县举办首届国际开漳圣王文化节，台湾开漳圣王庙团联谊会会长林茂荣和新加坡首届国际开漳圣王文化联谊会会长陈宽成率一百三十余名代表出席，并到芗城区官园威惠庙出席开漳圣王雕像落成仪式。十月八日至九日，台湾中区开漳圣王庙团联谊会组织九座开漳圣王庙的二百六十余信众到芗城、龙文、云霄和东山谒祖朝圣，开展文化交流。二〇〇五年至今，台湾基隆市庆安宫和彰化县三山国王庙联谊会先后与芗城区下沙齐天宫妈祖庙结缘，每年都组织大型进香团前来朝拜进香，开展两岸民间信仰文化交流，进香团成员最多达到四百余人。

共祭保生大帝 白礁慈济宫 角美镇 龙海市
摄影：林瑞红

刘局长表示，未来漳州相关部门还将力争改变以往只有台湾方面走进来的单向交流现象，创造条件"走出去"，有计划地组织民间信仰宫庙人员赴台访问交流，为今后更好地开展对台交流交往打好基础。[1]

类型四：政治人物回乡

带着连家数代人的期盼，中国国民党荣誉主席连战，携夫人、女儿和儿子，于今天上午踏上还乡路，回到祖籍地福建漳州马崎社寻根祭祖。

四月的漳州，春暖花开，风清气爽。今天上午九时十分，连战一行踏入马崎的土地，一千四百多位马崎连氏宗亲以及四百多位来自周边地区的同族宗亲代表，自发聚集在村口、路边夹道欢迎。舞龙舞狮、威风锣鼓、大鼓凉伞、管弦乐队等富有闽南风情的传统表演，让迎接仪式呈现出浓烈的氛围。

来到马崎连氏宗祠"思成堂"，宗亲为连战夫妇敬上用鸡蛋、桂圆干制成的甜茶。参观了宗祠后，连战开始祭祖。祭祖仪式正式按照马崎当地风俗进行，从奏乐开始，经历就位、净身、盥洗、祭拜、迎祖驾、献香(参拜天地、祖先)、附服(奠酒、灌地，呈祭品、三牲、果品)、诵祭文、叩拜众祖、焚祭文和金纸钱等程序，最后又以奏乐结束。

身着深色西服的连战先生与家人神情肃穆，恭恭敬敬地替台湾的连氏祖辈和子孙，为马崎的祖先献上迟来三百多年的三叩大礼。

据悉，始建于明万历年间的"思成堂"，供祀着霞漳连氏鼻祖连南夫及其第十代孙、马崎开基始祖连佛保与夫人李氏的牌位。清康熙年间，马崎连氏后裔连兴位赴台湾

[1] 黄翔、陈悦、逯亭：《台海观澜：台湾民间信仰漳州寻"根"》，http://www.chinanews.com/tw/lajl/news/2007/12-13/1103154.shtml

拓垦，定居台南马兵营。连战是连兴位的第九世孙，连佛保的第十八世孙。

随后，连战与马崎宗亲代表在祠堂内叙亲情，聊家常。并当场题词："明心见性，垂教后嗣，积善福世，上继祖德。"马崎宗亲为连战送上了家乡水米、连氏族谱等六份富有深意的礼物。

首次回到故土，连战的心情格外激动。他用熟悉的乡音——闽南话对马崎宗亲说："人亲不如土亲，第一次回到这里，我感到非常地振奋。小时候，看到爷爷写的手稿，我就知道我们的祖先来自万松关下的马崎社。所以，今天，我和太太、儿女来到马崎，来找自己的根，这个梦想能够实现，心情是非常高兴。我在这里可以告慰连家的列祖列宗，爷爷呀，我回来了，我终于回来了！"

根据连战父亲连震东所著的《连雅堂》，连战的祖父连横曾表示希望回马崎村寻根，充实家谱。可惜天不作美，时局变换，连横的心愿竟成遗愿。

一湾浅浅的海峡，连家历经几代人才于今日走完回家的路。此情此景，令在场的连氏宗亲们颇为感伤，也备感欣慰！

连战的马崎同辈兄弟、七十二岁的连宗和激动地说："今天是马崎的特别日子、喜庆日子，台湾连战家族一支能于三百年后回到马崎认祖祭拜，我们所有的宗亲都非常的高兴。我们盼望已久。希望连战先生今后能常回来看看，增进两岸连氏情谊。"

连战一行还来到离村里不远的凤来山脚下连佛保坟墓前，进香拜祭、培土除草。临行前，连战还特地从坟地取出一杯黄土，带回台湾珍藏纪念。[1]

[1] 林国瑞：《原乡圆梦——连战先生漳州马崎寻根祭祖侧记》，http://www.chinanews.com/news/2006/2006-04-19/8/719664.shtml

↑
"慎终追远，两岸中国人血脉相连，渊源深厚。" 2006年4月19日，国民党荣誉主席连战携夫人子女回祖籍地漳州龙海马崎祭祖。摄影：林瑞红

←
连氏宗祠（康熙二十三年重建） 榜山镇 龙海市 摄影：林瑞红

→
2006年4月19日，国民党荣誉主席连战在祖籍地漳州龙海市马崎社连氏宗祠前发表激情洋溢的演说。摄影：林瑞红

↓
连氏开基祖连佛保墓（康熙
二十三年重建） 榜山镇 龙海市
摄影：林瑞红

　　跨越台海的寻根谒祖，常常以祭祀祖先的形式呈现，但其中又不限于家族绵延的考量，另有移民身份构建的因素和政治的因素。

　　移民回乡拜祖，涉及"我是谁"、"我从哪里来"两种心理。"我从哪里来"是通过追寻血缘DNA找到文化DNA，而"我从哪里来"最终服从于"我是谁"的确认，"我是谁"不仅需要从此时此地获取，还可能从历史和地理脉络中搜寻，通过追溯遥远的时间距离、遥远的空间距离获得一种确定的连接，从而心灵和精神具有安稳的寄托。

　　人们与家乡之间有一种天然的原生性关联，但这种关联情节常常在移民之后得到放大。王东杰通过考察四川移民会馆崇祀指出，"一般说来，随着移民的代际更替，其后代对于原乡的情感也会逐渐淡化，对移居地的认同度则会增加。然而，会馆活动的兴盛期并不在一般说来原乡意识最为浓厚的第一、二代移民生活的时期，相反，随着移民后裔'土著化'程度的增加，其活跃程度反有提升之势。显然，移民融入'新家乡'的趋势与他们对于原乡认同的维持并不是截然对立的。"[1]原因在于："一般说来，第三代以下的移民对原籍已无直接经验，仅仅通过口耳相传的故土记忆，显然难以为原乡情感提供持久动力。不过，会馆定期组织的祀神活动却可以周期性地唤醒他们的'本源'意识，而'五方杂处'的局面也为不同的移民或土著群体提供了互相参照并进而明确彼此区分的可能。但是，这种'原乡意识'到底在多大程度上仍具有'故土'的内涵，其实很值得怀疑。它的存在恐怕更多地依赖于和其他移民族群的区分，而不是对故乡的真切怀念，因而与其说这代表了一种'原乡认同'，毋宁说它更多的是

[1]王东杰：《"乡神"的建构与重构：方志所见清代四川地区移民会馆崇祀中的地域认同》，《历史研究》2008年第2期。

[1]王东杰：《"乡神"的建构与重构：方志所见清代四川地区移民会馆崇祀中的地域认同》，《历史研究》2008年第2期。

在'新家乡'产生的一种身份意识。"[1]移民对原乡的怀恋和对新居的认同是可能发生双重增进的。人的原乡意识往往在异乡得到强化，对原乡的怀恋背后是对新居的认同的一种变形式表达。在移居地塑造对故土的意识，可能只是一种虚幻的、模糊的情感，更多确实的指向是移民在当地的立足，原乡意识在现实的身份确认机制下产生，原乡意识是为新居认同服务的。而这种虚幻的、模糊的情感一旦被移民实践为回归原乡祭拜祖先的行为，移民对于家乡的感情就会实实在在得到培育和深化，此时新居认同又转为强化原乡意识。

政治人物的回乡祭祖，涵盖的面向要多于普通民众。其不仅有家族和家庭意义上的慎终追远之意，还表达了台湾政界人士希望与大陆对话、交流、合作的意愿。1992年2月，时任福建省副省长汪毅夫接受媒体采访时，推断连战祖籍地在龙海马崎，后来，厦门大学教授洪卜仁往南京档案馆查寻了连战父亲连衡的祖籍资料并得以确认，两年后，连氏宗亲连续五次邀请连战返乡谒祖，到了2005年，连战长子、国民党中常委连胜文来福州参加"海峡青年论坛"，有记者问及有无回乡谒祖之意，连胜文回答肯定，"明年春暖花开时，全家赴马崎认祖归宗。"2006年4月19日，连战携家人返乡。[2]连战回乡祭祖与其率代表团与大陆高层会面的行为相互配合。连战频频来访大陆，不仅争取了岛内民心，更建立了两岸政治的交流对话新渠道，对两岸关系的发展起到积极的推动作用。褚静涛认为，2005年以前，两岸政党间的交流几乎没有，2005年，连战在台湾岛内巨大政治压力下率团访问大陆，从客观上说，对两岸关系的发展做出了重大贡献，正因此次"破冰之旅"，连战得到了大陆方面的信任和认同，在卸任政治身份后，连战一直担当着两岸和平发展的重要角色，两岸

[2]钟岷源：《台湾政坛的"漳州群像"》，《南风窗》2009年第20期。

重大民间交流活动及重大国际性活动都会邀请连战出席，从某种角度来说，连战已经成为两岸关系持续向好的一个纽带角色，当前，两岸间的交流正在从民间交流、党际交流迈向主管事务部门交流的阶段。[1]两岸虽有政治分歧，但同根同源，血浓于水，民间有无数亲情交织在一起，而且两岸命运与共，经济、政治、文化方面加强合作必然带来两地双赢以及中华民族的整体强盛，以血脉亲情为载体巩固及深化各项务实的交流，是大势所趋。

[1] 邢世伟：《为何连战访大陆次数最多？》，《新京报》2014年2月19日。

三、两岸共祭中华圣祖

"民族"，是继"家族"之后，又一种连接海峡两岸的元素。"民族"和"民族主义"的概念，是现代国家构建过程中的产物。"民族"不仅是意识和观念，还外显为传统文化、文字、民俗、戏剧等各种符号。近年来，各种"公祭"中华历史上的"圣祖"的活动异常火热，民众祭拜"圣祖"早已超越了"家族"的范畴，成为民众、政府乃至海峡两岸共祭的大型仪式。下文仅以河南省新郑市举行的黄帝祭拜大典为描述对象。

（一）黄帝祭拜大典概况：

黄帝故里拜祖大典是指每年农历三月初三在河南省新郑市举行的祭拜中华民族的人文始祖轩辕黄帝的活动。

1992年，新郑市决定每年农历三月三举办寻根拜祖节，后演变为炎黄文化节，拜祖大典是其中的重要内容。2005年，升格为郑州市人民政府主办的"黄帝故里拜祖大典"。2006年，继续升格为由河南省政协主办，郑州市、新郑市人民政府具体承办。按照省委、省政府的决定，省政协、郑州市委市政府、新郑市委市政府与中华炎黄文化研究会、中国侨联、全国台联等有关方面精诚合作、共同发力，从2006年开始，连续在农历三月初三轩辕黄帝的诞辰日、黄帝故里新郑隆重举办拜祖大典，现场盛况经过中央电视台的现场直播，被国内外舆论和媒体广泛誉为"盛世国典"。主办方和承办方遵循保持民族性、体现时代性的原则，精心选择活动主题，赋予拜祖大典以深刻的历史意义和特殊的现实意义；遵循重在高规格、重在影响力、重在代表性的原则，力邀重要高层嘉宾出席大典，共拜人文始祖，共话故土乡情；遵循结合年份特点、选择社会热点、关注舆论焦点、打造新亮点、展现闪光点、激发兴奋点的原则，科学谋划系列活动，着力打造拜祖大典的

2013年黄帝故里——河南新郑
拜祖大典现场 摄影：汤其昌

特色品牌和强势招牌；遵循高规格、适规模、大宣传的原则，积极组织众多国内外媒体，多层次、多角度、多形式、全方位宣传报道大典系列活动盛况。[1][2]

2006年以后，黄帝故里拜祖大典的议程固定为九项，分别是：盛世礼炮（21响）、敬献花篮、净手上香、行施拜礼（主持人带领全体嘉宾一起行施拜礼）、恭读拜文、高唱颂歌（《黄帝颂》）、乐舞敬拜、祈福中华、天地人和。2013年大典流程为：[3]

早上9:45，汪毅夫会长宣布："癸巳年黄帝故里拜祖大典典礼正式开始。"

（1）盛世礼炮

[1] 李爱琴：《盘点黄帝故里拜祖大典20年的演变历程》，http://news.dahe.cn/2013/03-14/102075455.html

[2] 崔源：《新郑黄帝故里拜祖大典案例分析》，郑州大学硕士论文，2010年。

[3] 陈曜文、许会增、宋尚乐：《2013黄帝故里拜祖大典举行 本网图文视频直播》，http://news.dahe.cn/2013/04-12/102102709.html

主司仪汪毅夫宣读主持词："我宣布，癸巳年黄帝故里拜祖大典现在开始！大典进行第一项：盛世礼炮，请全体肃立，鸣炮21响。"

（2）敬献花篮

敬献花篮分四组进行。

第一组：共2人，每人敬献1个花篮。

全国政协副主席李海峰、十届全国人大常务委员会副委员长许嘉璐敬献花篮。

第二组：共2人，每人敬献1个花篮。

河南省省委书记、省人大常委会主任郭庚茂，河南省人民政府省长谢伏瞻敬献花篮。

第三组：共3人，每人敬献1个花篮。

国侨办副主任谭天星、中国侨联副主席李卓彬、全国台联党组书记梁国扬敬献花篮。

第四组：共4人，每2人敬献1个花篮。

河南省委常委、郑州市委书记吴天君、郑州市人民政府市长马懿、新郑市委书记王广国、新郑市人民政府市长张国宏敬献花篮。

（3）净手上香

第一组：共2人，每人上1炷香。

蒋孝严、蒋黄美伦敬香。

第二组：共4人，每人上1炷香。

林毅夫、李济华、林少毅、王智文敬香。

第三组：共3人，每人上1炷香。

李玉玲、袁仁国、周森敬香。

（4）行施拜礼

主司仪汪毅夫宣布："大典进行第四项：行施拜礼。全体人员在原位，随主司仪口令向黄帝塑像三鞠躬。

（5）恭读拜文

吟唱《黄帝颂》 摄影：汤其昌

主司仪汪毅夫宣布："大典进行第五项：恭读拜文。请十届全国人大常委会副委员长、中华炎黄文化研究会会长许嘉璐先生恭读拜祖文。"许嘉璐面向黄帝塑像宣读拜祖文。

（6）高唱颂歌

主司仪汪毅夫宣布："大典进行第六项：高唱颂歌。"成人合唱队、少儿合唱队以及领唱嘉宾现场跟随音乐合唱《黄帝颂》。

（7）乐舞敬拜

主司仪汪毅夫宣布："大典进行第七项：乐舞敬拜。"

（8）祈福中华

主司仪汪毅夫宣布："大典进行第八项：祈福中华。"

18位优秀炎黄子孙代表，在礼仪人员引领下面向拜祖台站立，转身悬挂祈福牌。

（9）天地人和

金龙飞舞 摄影：汤其昌

主司仪汪毅夫宣布："大典进行第九项：天地人和。"

来自祖国大陆、台湾、香港、澳门的4名少年儿童手持气球登上拜祖台，面向黄帝塑像一鞠躬，面向观众，放飞气球，放飞大典现场周边的气球，全场鼓乐齐鸣、颂歌飞扬、金龙吐水、礼花怒放、彩球腾空而起，寓意中华儿女对和平、发展、统一的期盼，象征炎黄子孙为实现中华民族伟大复兴所展现出的团结和力量。

早上10:45，主司仪汪毅夫："我宣布，癸巳年黄帝故里拜祖大典典礼告成。"

2013年（癸巳年）黄帝故里拜祖大典由河南省人民政府、政协河南省委员会、中央台湾工作办公室、国务院侨务办公室、中华全国归国华侨联合会、中华全国台湾同胞联谊会、中华炎黄文化研究会联合主办，由郑州市人民政府、政协郑州市委员会、新郑市人民政府承办。主题延续保持为"同根同祖同源，和平和睦和谐"。[1]

[1]《黄帝故里拜祖大典》，http://baike.baidu.com/link?url=9WuPH9oCndjAfIIefaO_87icE7sUkK9b9iTM77_BYmtdsuNmg6zttbLAekrThN34

拜祖广场人山人海
摄影：汤其昌

国侨办副主任谭天星、中国侨联副主席李卓彬、全国台联党组书记梁国扬、台湾中兴大学的副校长徐尧辉、全国政协副主席李海峰、十届全国人大常务委员会副委员长许嘉璐、中国国民党副主席蒋孝严及其夫人蒋黄美伦、中华炎黄文化研究会常务副会长赵德润等出席。会场延续了往年明黄色的色调，嘉宾都佩戴了黄帝丝巾，这条丝巾已成为黄帝故里拜祖大典的一个标志。[1]

往年拜祖大典现场约有两万余人，其中内广场八千余人（主要是海内外嘉宾和部分群众代表），外广场（百家姓广场）12000人（主要是当地群众和各类演职人员）。癸巳年黄帝故里拜祖大典大幅压缩总体规模，现场人数总规模控制在8000人以内，部分仪式在内外场布置上力戒奢华，整体风格力求简朴、庄重、肃穆，突出大典的神圣感和仪式感。[2]

（二）"黄帝"符号的构建：

"炎黄子孙"、"黄帝后裔"、"轩辕世胄"等词语和概念的出现，与中国近现代"民族-国家"构建息息相关。已经有一些学者借鉴艾瑞克·霍布斯鲍姆、本尼迪克

[1]、[2]《黄帝故里拜祖大典》，http://baike.baidu.com/link?url=9WuPH9oCndjAfIIefaO_87icE7sUkK9b9iTM77_BYmtdsuNmg6zttbLAekrThN34

特·安德森、厄内斯特·盖尔纳等的观点来研究"黄帝"符号。孙隆基认为，"历史是一个共同回忆，其组成有一个系谱学之线索可寻。有关现代国家起源的民族史系谱，往往是近代的发明。""明清之际的王夫之提倡严夷夏之防，曾奉黄帝为华夏畛域之奠立者，清季的汉民族主义分子遂将黄帝转化为民族始祖。黄帝崇拜的叙事，由古代、现代、本土、外来的因素编织而成，表面上首尾一贯，其实是一个混合语，而且一首一尾都是舶来品。"[1]中华帝制时期的"国家"，并非近现代意义的"民族-国家"，并不是一个政治-经济的实体组织，更像是一个文化共同体——以儒家思想为文化核心，相应的，传统中国以"天下"涵盖泛化的疆域，而并非以"国家"涵盖具体的疆界。中华帝国在19世纪屡遭西方列强打压，"天下"式的文化共同体成为不合时宜的、不再适用的组织形式。

"天下"观念瓦解，与西方列强猛烈压制有关。其一，西方列强在军事方面压倒了中华帝国，国人由此思索军事优势背后是否还存在着政治优势、经济优势——甚至是以前历次遭遇北方民族军事入侵都未考虑过的文化优劣问题。西方的船坚炮利，动摇了实际权力方面的以中华帝国为中心的"天下"地位，更动摇了文化意义方面的以中华帝国为中心的"天下"地位。遭受挤压、遭遇危机，才能愈加促动某一区域和范围的人群辨析"自己人"和"外人"，挤压和危机反而能推动人群内部的整合，明了己群与他群的边界。在前所未有的压迫感之下，"国家"代替"天下"，是必然的，既出于简单的原因——模仿，对战胜自己的西方国家组织形式的模仿，也出于深层的原因——"国家"比"天下"更有组织方面的凝聚力，更能将某区域内的人力、物力、财力等资源整合起来，当然，还有技术等外在的原因——通讯、传播、运输等手段的进步。

[1]《孙隆基：《清季民族主义与黄帝崇拜之发明》，《历史研究》2000年第3期。

　　构建"民族–国家"，就必须摒弃以往政治实体组织方式的一套言说和理论。梁启超等人认为应该发动"史学革命"，对于传统史学进行严厉的批判与反省，并要求以新的观点、新的体例，重新建构中国的过去。这种史学论述，借由一套新的词汇与叙事结构所构成的"语言资源"不但确立了"国族"作为历史主体的地位，也改造了中国知识分子对于国族与世界之过去与现在的看法。[1]梁启超认为，以往中国历史中，没有国家，而只有朝代一更一替。梁启超在《少年中国说》一文中认为，"夫古昔之中国者，虽有国之名，而未成国之形也。或为家族之国，或为酋长之国，或为诸侯封建之国，或为一王专制之国。虽种类不一，要之，其于国家之体质也，有其一部而缺其一部。正如婴儿自胚胎以迄成童，其身体之一二官支，先行长成，此外则全体虽粗具，然未能得其用也。故唐虞以前为胚胎时代，殷周之际为乳哺时代，由孔子而来至于今为童子时代。逐渐发达，而今乃始将入成童以上少年之界焉。其长成所以若是之迟者，则历代之民贼有窒其生机者也。譬犹童年多病，转类老态，或且疑其死期之将至焉，而不知皆由未完成未成立也。非过去之谓，而未来之谓也。""且我中国畴昔，岂尝有国家哉？不过有朝廷耳！我黄帝子孙，聚族而居，立于此地球之上者既数千年，而问其国之为何名，则无有也。夫所谓唐、虞、夏、商、周、秦、汉、魏、晋、宋、齐、梁、陈、隋、唐、宋、元、明、清者，则皆朝名耳。朝也者，一家之私产也。国也者，人民之公产也。朝有朝之老少，国有国之老少。朝与国既异物，则不能以朝之老少而指为国之老少明矣。文、武、成、康，周朝之少年时代也。幽、厉、桓、赧，则其老年时代也。高、文、景、武，汉朝之少年时代也。元、平、桓、灵，则其老年时代也。自余历朝，莫不有

［1］沈松侨：《我以我血荐轩辕——黄帝神话与晚清的国族建构》，《台湾社会研究季刊》第28期，1997年12月。

之。凡此者谓为一朝廷之老也则可，谓为一国之老也则不可。一朝廷之老且死，犹一人之老且死也，于吾所谓中国者何与焉。然则，吾中国者，前此尚未出现于世界，而今乃始萌芽云尔。天地大矣，前途辽矣。"[1][2]总之，梁启超认为，中国尚不具备西方"民族-国家"的形态，尚处于"民族-国家"形态的初期和萌芽。梁启超希望寻找超越各朝各代的、更高整合程度的国家符号。

每个"民族-国家"皆是想象的共同体，中国也不例外。新式的中国被塑造出来前，首先要塑造出能够被每个组成人员所认同的共同体符号。为了建构"现在"之"民族-国家"，必须对"过往"的历史事件或历史人物重新进行表述和诠释。在"天下"秩序中，最为重要的认同符号是"孔子"。晚清民国，仍有一批人士如康有为仍选择以道德文化立国，认为凝聚国人的符号应是"孔子"。中华屡屡战败"所产生的危机感促使康有为及其追随者在一个扩大了的世界重新放置中国。但他们仍透过儒家的天下主义去理解现代国际局势。他们设定的最高目标乃是'平天下'而不是建国。他们重新诠释儒教，以便包容新兴的达尔文主义。康在1885年至1887年间已从公羊学说中衍生出单线进步的'三世'说。他把斯宾塞的'进化论'嫁接到他那个土产的图式上头，使公羊学说和维多利亚式社会进化论产生共鸣。"[3]公羊学说的"平天下"过程有三个阶段组成：据乱世、升平世、太平世。大同之始基为据乱世，大同渐行为升平世，大同成就为太平世。但在实践中，天下主义的建国道路基本被封闭。

相对于"孔子"这种道德文化式符号，"黄帝"符号则是从血统和种族衍生。中国国族"被建构成一个由血缘纽带凝聚而成的亲族团体，一个扩大化的家族。"[4]在十九世纪中期以前，"黄帝"大体上只是现实政治权威的

[1]梁启超：《中国史叙论》，载《饮冰室合集　文集一》，中华书局，1989年。

[2]类似表达有："吾人所最惭愧者。莫如我国无国名之一事。寻常通称。或曰诸夏。或曰汉人。或曰唐人。皆朝名也。外人所称。或曰震旦。或曰支那。皆非我所自命之名也。以夏汉唐等名吾史。则庚尊重国民之宗旨。以震旦支那等名吾史。则失名从主人之公理。曰中国。曰中华。又未免自尊自大。贻讥旁观。虽然。以一姓之朝代而污我国民。不可也。以外人之假定而诬我国民。犹之不可也。于三者俱失之中。万无得已。仍用吾人口头所习惯者。称之曰中国史。虽稍骄泰。然民族之各自尊其国。今世界之通义耳。我同胞苟深察名实。亦未始非唤起精神之一法门也。"（参见梁启超：《中国史叙论》，载《饮冰室合集·文集一》，中华书局，1989年）

[3]孙隆基：《清季民族主义与黄帝崇拜之发明》，《历史研究》2000年第3期。

[4]沈松侨：《我以我血荐轩辕——黄帝神话与晚清的国族建构》，《台湾社会研究季刊》第28期，1997年12月。

另一象征，只是"皇统"的一个组成要素，然而，进入
二十世纪之后，官式的"黄帝"论述结构，却突然出现了
急遽的变化，"黄帝"虽然依旧维持其固有的"先祖"地
位，却已不再是一朝一姓专属的祖源，而变成了"中华民
族"的"共同始祖"；换言之，"黄帝"作为一项认同符
号，殆已脱离旧有之帝王世系的"皇统"脉络，转而被纳
入新起之民族传承的"国统"脉络。[1]这从中华民国时
期各政治团体对于黄帝陵的祭拜可以看出。中华民国时期
历次祭拜黄帝陵活动如下：

〔1〕沈松侨：《我以我血荐轩
辕——黄帝神话与晚清的国族建
构》，《台湾社会研究季刊》第28
期，1997年12月。

1912年孙中山在南京建立中华民国政府，同年3月派
人祭祀黄帝陵。据说孙中山写的祭文手迹遗失，今留下
"中华开国五千年，神州轩辕自古传。创造指南车，平定
蚩尤乱。世界文明，唯有我先。"文句。

1918年清明节，于右任拜谒黄帝陵，后约友人将黄帝
功德之见于记载者，编成《黄帝功德纪》一书，于1935年
由南京仿古印书局出版。

1935年（中华民国二十四年）4月7日，中国国民党中
央执行委员会、监察委员会，谨推委员张继、邵元冲；国
民政府敬派邓家彦；陕西省党务指导委员会、陕西省政
府、西安绥靖公署，公推邵力子、郭英夫、冯钦哉、雷宝
华、李志刚、宋志先等致祭于中华民族始祖轩辕黄帝陵。
同时，确定清明日为"民族扫墓节，每年举行仪式。"

1937年4月5日清明节，中国国民党特派委员张继、顾
祝同；国民政府主席林森特派陕西省政府主席孙蔚如；中
国共产党、苏维埃政府主席毛泽东和中国人民抗日红军总
司令朱德敬派代表林祖涵（林伯渠），各自携带祭文来到
桥山，列队致祭，并各自宣读祭文。4月6日《新中华报》
报道中说："苏维埃政府代表苏区内全体公民为中华民族
之始祖致敬，并表示誓死为抗日救亡之前驱，努力实现全

民族团结。"这是国共两党首次共祭黄帝陵，对唤起全国民众抗击日本帝国主义，起到了巨大的作用。

1938年4月5日，国共两党又一次共祭黄帝陵。蒋鼎文以国民政府西北行营主任、孙蔚如以陕西省政府主席身份，张国焘以陕甘宁边区政府副主席身份到黄帝陵祭奠。

1939年至1943年清明节，中国国民党、国民政府、陕西省政府均特派官员到黄帝陵祭祀，主祭人先后有张继、蒋鼎文、王陆一、熊斌等。这期间，蒋鼎文为黄帝庙大门题"轩辕庙"；程潜为大殿题"人文初祖"；蒋中正题"黄帝陵"，至今保存完好。[1]

（三）"黄帝"符号的功能：

关于"民族–国家"的认同符号，一些学者从其"建构性"、"修饰性"、"改造性"等特征进行批判，但所有符号，无论是语言、图案、文字，都不可能是客观现实的直接映射，都经过人类主观的选择和加工。"民族–国家"的认同符号不能仅从"发生学"的角度来考察，还要从"功能学"的角度来考察。从"发生学"的角度看"黄帝"符号，会发现其充满了不确定、暧昧不明和后天创制，本身"黄帝"在历史中各种形象就扑朔迷离，"黄帝"成为"民族–国家"的认同符号后，更是一个混杂多种意涵的容器，不同人群的意愿、认知、情感都可能汇聚于该符号之下，而且，不同历史时期，"黄帝"符号的意涵还会不断调整和变换。但是，单纯论述"黄帝"符号之缺失"真实性"和"明确性"，在学术方面，显得创新不足，在社会生活方面，显得"破"有余而"立"不足。后现代主义对现代社会诸多原本无可置疑的"一元性"的事物提出了质疑，世界上本无绝对的、客观的"真实"，一切呈现在我们眼前的事物皆是符号，符号背后皆有主观的

[1] 苏永：《不同历史时期对黄帝的祭祀活动》，http://www.huangdi.gov.cn/content/2012-10/29/content_7544229.htm

建构、修饰、选择、改造、发明乃至捏造，知识即权力，权力即知识，这在后现代主义学说中是常识。近年来，无论国内和国外都出版了许多模仿后现代主义前辈的揭穿符号之后的建构性作品，但是，大多作品只是在不断进行"材料创新"而非"观点创新"，基本原理不变，然后轮番揭示"这个符号有建构性"、"那个符号也有建构性"，这对学术发展增益并不大，很多时候是借着"后现代主义"的时髦性在过度消费"后现代主义"。

至于社会生活方面，适度提出符号建构性的观点，有助于给予人们警醒剂，不要盲从于社会表象。但是，"符号具有建构性"丝毫不会影响人类社会"建构符号的必要性"。所谓"符号"，没有是或不是建构性的，肯定是具有建构性的，所以，一味追究"符号具有建构性"，对人类社会发展没有实质性帮助。更多时候我们要追问的是，"被建构的符号的适用性"，即该符号被建构出来是否反映了当时社会发展需求、是否满足了当时社会发展需求、是否能被当时的社会资源所支持、是否推动了当时的社会和民众往更好的方向发展。

下文将从"被建构的符号的适用性"的角度来考察"黄帝"符号，即"黄帝"符号在晚清民国被诠释为中国"民族-国家"的认同中心，从实际效果看，"黄帝"符号是否胜任？"黄帝"从血缘根基性的角度来团结和整合国民，有其优势和便利之处，即中国人大多有强烈的家族认同感，从家族认同扩展至更大的家族认同——"中华民族"、从家族祖先扩展至更深远的共同祖先——"黄帝"，民众可以较为顺利地从原有的家族认同滑向更高层次的国族认同，"黄帝"符号可以说借助了中国人原有的心理基础并加以推广。但是，从血缘根基来整合"民族-国家"，有一个不利之处，即血缘具有天然的"排他性"，若选择的血缘范围太小，不足以整合区域内的所有人群，结果可能不但总体团结和整合的目的没达到，反而引起该区域内的几类群体基于不同血缘而争斗。"黄帝"符号起初便有涵盖范围狭窄的问题，这不仅由于"黄帝"世系推演的问题，更由于排满兴汉斗争之现实需要。不久，中华仁人志士便发现，当时社会主要矛盾远非是满汉矛盾，更主要的矛盾和危机是西方列强不断入侵中华大地，而且，西方列强陆续染指中国东北、西北、东南、西南的边疆，也让仁人志士增加了保卫边疆领土的意识，以往这些边疆区域只是文化意义上的"蛮夷"之地，但在现实的入侵压力面前，文化意义上的、模糊的边疆逐步被逼迫地成为了清晰的国土边界，既然要维护这些国土边界，就必须把这些区域的人群也纳入"民族-国家"的范围，"黄帝"符号就不能再只是汉族的"小民族"，很快革命领袖和知识分子便将"黄帝"符号拓宽为汉、满、蒙、回、藏等人群都应纳入的"大民族"。

为了拓展"黄帝"符号的血缘涵盖范围，知识分子们做了若干尝试和努力，但王明珂认为："无论是以'黄帝后裔'或'炎黄子孙'所为之国族血缘建构，或是以'英雄徙边记'所为之新中国边缘建构，都难以合理地、有说服力地将满、蒙、藏，以及西南少数民族包括在此一国族之血缘想象群体中。因此在某种程度上，'黄帝'或'炎黄'记忆。以及各种'英雄徙边记'记忆，代表由华夏蜕变为中华民族过程中延续性发展的一面。在另一方面，近代中国国族建构中最重要的想象、创新与因此造成的近现代中国内涵与边缘之变化，是由于新传入的语言学、体质学、民族学与考古学对国族建构之影响。"[1] "黄帝"符号在中国"民族-国家"建设中的作用，一方面来说，其有局限性，即其以血缘作为连接民众之根基，难免在

[1] 王明珂：《英雄祖先与弟兄民族：根基历史的文本与情境》，中华书局，第201-202页。

整合范围方面有力所不逮之处，需要其它方式的辅助，但另一方面来说，"黄帝"符号在中国"民族-国家"建立之初确实发挥了很大的功效，并且影响深远悠长，不仅当时被很多人所接受，当今亦是华人最为重要的文化表征之一，而且不仅在大陆地区深入人心，在香港、澳门、台湾地区也是人所共知的"集体记忆"。

从晚清民国直至1949年，"黄帝"符号经过不断改进和扩展，反映了当时中国"民族-国家"建设的需求、也很大程度上满足了当时中国"民族-国家"建设的需求。并且，"黄帝"符号一经创制，便拥有了自身的文化生命力，其在中国"民族-国家"成立后仍会随着外在环境和资源的变化继续变更、修改、延伸。那么，各种"黄帝祭拜大典"，在当前发挥何种作用，"黄帝"符号的内在意涵又有何变化？

（四）"黄帝祭拜大典"的目的：

当前大陆地区的"黄帝祭拜大典"，与晚清民国时期的祭拜黄帝，既有类似又有区别。类似之处是"黄帝祭拜大典"仍有促进群体团结的功效，区别之处是，当前"黄帝祭拜大典"虽除了发挥中华民族整合的功能，亦有地方政府之目的，即借用"黄帝"这个总体中华民族的符号，为本地政府招徕名气和利益。具体而言，"黄帝祭拜大典"的举办目的如下：

1、增强中华民族凝聚力和向心力

"黄帝"符号，一直是中华民族认同的最为重要的符号之一，"黄帝祭拜大典"之所以能有影响，便是借用了"黄帝"符号的巨大感召力，而"黄帝祭拜大典"举办，也必然以加强中华民族认同作为初衷之一。河南一份新闻宣传稿件中提出："黄帝是中华民族一脉相承的祖根，是华夏文化生生不息的象征，是海内外华人魂牵梦绕的精

世界炎黄姓氏历史文化研究会
摄影：汤其昌

〔1〕、〔2〕河南文化产业网：《拜祖大典取得那些丰硕成果？》，http://gaoduan.henanci.com/Pages/2009218154143.shtml

神寄托。几千年来，黄帝文化早已融入了我们民族的血脉，成为连接所有中华儿女的精神纽带。中华民族万姓同根，万宗同源，'根'与'源'就在黄帝故里。每年都有众多来自世界各地的海外华人华侨，云集新郑黄帝故里，共拜祖先。通过场面宏大，气氛庄严的恭拜仪式，彰显了人文始祖对营造中华民族向心力、凝聚力的巨大意义，体现了中原地区作为'所有中华儿女心灵上的故乡'的特殊地位（中国国民党荣誉主席连战先生语），展示了黄帝文化、中原文化撼人心魄的力量，打响了黄帝文化这一强势品牌，加深了港澳台胞和海外侨胞对中华民族的认同感和归属感，为'建设中华民族共有精神家园乡'作出了独特的贡献。"[1] 2008年郭庚茂省长在讲话中强调："尤其是新郑黄帝故里拜祖大典，举办的时间不长，但已经成为在全国和世界华人中有影响的文化盛事，对于提升河南形象、扩大河南的对外开放、增强中华民族凝聚力起到了积极作用。"[2] 2009年起"黄帝祭拜大典"主题为"同根同祖同源，和平和睦和谐"，省政协主席王全书认为，

"前半句'同根同祖同源'是保持民族特性、维系民族情感的精神纽带，是国家统一、人民团结的思想基础，是中华民族面对严峻挑战和各种复杂环境巍然屹立、历经磨难而百折不挠的力量源泉，后半句'和平和睦和谐'是取自胡锦涛总书记2009年的新年贺词，符合当今社会之主题，顺应海内外同胞之愿望，是国脉所在、世人所愿、盛世吉言。"[1]

[1] 王倩、张菅：《"同根同祖同源，和平和睦和谐"将于3月29日举行的己丑年黄帝》，http://news.sina.com.cn/o/2009-02-19/071615186108s.shtml

2、促进两岸交流

"黄帝"符号，原本致力于为国家的形成提供凝合剂，但最终影响力又不仅局限于国家。除了大陆地区，台湾、香港、澳门等区域乃至海外的华人都认同自己为"黄帝后裔"、"炎黄子孙"，"黄帝"符号逐渐超越了国家、也超越了具体的种族，成为全体华人的崇拜对象，也是全体华人的精神连接纽带。大陆与台湾之间的沟通和交流，是两地的重要的政治事务、经济事务、文化事务，"黄帝祭拜大典"主打"黄帝"符号，因此利用"黄帝"

炎黄子孙合影留恋
摄影：汤其昌

符号作为两岸交流的润滑剂也是应有之义。

2006年以来，国民党副主席、海基会董事长江丙坤、国民党荣誉主席连战、台湾新党主席郁慕明先后应邀率团参加黄帝故里拜祖大典。连战先生表示："轩辕黄帝是中华民族共同的祖先，今天特别荣幸能够参加拜祖大典，这不但是我个人也是中国国民党向中华民族的共同始祖黄帝表达最高的崇敬之意。中国国民党一定同心同德，一心一意，为两岸人民的福祉继续努力奋斗，祈求两岸的和平、稳定、繁荣、发展，这是我此行最主要的目的。"[1]连战先生在参加拜祖大典期间多次讲，"我们都是河洛郎"，"中原之行是一次难忘的文化之旅，寻报之旅、亲情之旅"，"中原是所有中华儿女心灵的故乡"。在2009年的拜祖大典上，宋楚瑜先生挥毫题写了"河洛原乡追远，黄帝故里归宗"。他表示："自己是祖籍河南，生在湖南，在台湾打工，今后要做河南与台湾交流合作的志愿者，为两岸开放双赢贡献力量。"[2]2008年，中国和平统一促进会海外会长会议破例在首都以外的郑州召开，会议发表了题为"把握主题、抓住机遇，共同推动两岸关系和平发展"的《郑州宣言》，宣言充分肯定了拜祖大典在反独促统、推动祖国和平统一大业中发挥的重要作用，指出："在中华民族人文始祖黄帝诞辰纪念日，我们来自全球近80个国家和地区130多名中国和平统一促进会的会长和代表，云集黄帝故里，同拜祖先，共话统一，共商促进两岸关系和平发展大计，深感民族大义重于泰山，决心携手并肩共担重任"，宣言向全体中华儿女发出了"共同行动起来，努力推动两岸共同协商，尽早达成和平协议"的呼吁。[3]

2012年河南省委书记、省人大常委会主任卢展工在会见中国国民党荣誉主席吴伯雄时表示，"同根同祖同源是

[1]河南文化产业网：《拜祖大典取得那些丰硕成果？》，http://gaoduan.henanci.com/Pages/2009218154143.shtml

[2]崔源：《新郑黄帝故里拜祖大典案例分析》，郑州大学，2010年硕士论文。

[3]河南文化产业网：《拜祖大典取得哪些丰硕成果？》，http://gaoduan.henanci.com/Pages/2009218154143.shtml

根本是优势，和平和睦和谐是愿景是追求。"卢展工说：
吴伯雄荣誉主席是从大陆迁移到台湾的客家人，客家人根
在中原，这次吴主席率团前来参加黄帝故里拜祖大典，就
是回到故乡了……胡锦涛总书记特别强调，推动两岸关系
和平发展，符合两岸同胞的共同愿望，符合中华民族的整
体利益，符合时代发展进步的潮流。我们应该沿着这条正
确道路继续向前迈进，为台海地区谋和平，为两岸同胞谋
福祉，为中华民族谋复兴。胡锦涛总书记的重要讲话，对
于推动两岸关系和平发展具有重大指导意义，我们要认真
学习领会、坚决贯彻落实……我们相信，随着建设中原经
济区、加快中原崛起河南振兴总体战略的深入实施，河南
一定能够为推动两岸关系和平发展、加强两岸合作交流、
实现中华民族伟大复兴做出更大贡献。吴伯雄说："看到
现在两岸人来人往和平繁荣的景象，我非常感动。我们要
本着对历史负责、对子孙负责的态度，真正做到海峡两岸
永远不要再有炮火伤害彼此，我们中华民族决不再内战，
海峡两岸决不再内耗……台湾与大陆血脉相连。在台湾，
无论是客家人还是河洛郎，都与河南和中原有着深厚渊
源。我作为从大陆迁移到台湾的第四代客家人，是土生土
长的台湾人，但也是炎黄子孙、中华民族的一分子，也是
中国人。我深爱台湾，同许多台湾人一样有强烈的'台湾
意识'，但这决不同于主张永远分离的'台独意识。'从
过去在台湾遥祭黄帝，到这次亲自来到中原大地，参加黄
帝故里拜祖大典，心理的差距在缩短，这种体验，我内心
产生的感慨和感动是别人无法理解的。"[1]

3、打造地方文化品牌

2005年河南省委书记徐光春考察新郑黄帝故里，提
出打造"为世人所瞩目、为社会所认同、为中原所泽被
的拜祖大典，宣传河南、发展河南"。由此可以看出，

[1] 平萍：《卢展工会见吴伯
雄 表示同根同祖同源是根本是
优势》，http://news.dahe.
cn/2012/03-23/101191981.html

拜祖大典广场
摄影：汤其昌

作为地方政府主办的盛典，除了担负"民族–国家"的宣传和整合任务，还有一个重要的目的是为地方增加福利。"宣传河南"即是利用"黄帝祭拜大典"打造河南地方文化品牌。

河南新闻宣传稿件的表述为："河南文化资源独具禀赋，文化底蕴浓重深厚，人文和自然景观璀璨夺目。拜祖大典的举办，整合了全省的文化、旅游、文物等厚重资源，丰富了我省文化强省建设的内容，拉长了文化产业发展链条，促进了文化产业发展步伐。经过三年的悉心运作，黄帝故里拜祖大典已经成为我省文化建设的重要标志和黄金招牌，受到社会各界的热切关注和广泛赞誉……黄帝故里拜祖大典作为一张能够叫得响、应者众的大品牌、大名片，彰显了厚重河南的无穷魅力，可以让世人从中更好地认知河南、感悟河南、聚焦河南。大典的盛况，随着图片、文字、语音、视频等各种传媒及网络载体迅速传遍世界各地。河南人民的热情好客、河南山川的锦绣壮美、河南历史的悠久长远、河南发展的巨大变化、河南面貌的日新月异也随之传遍五洲四海。参加拜祖大典的许多嘉宾对河南经济社会的迅猛发展赞叹不已，对河南洁净美丽的城市面貌留下了深刻印象。"[1]

打造文化品牌，需得到各种媒体广泛宣传的辅助。举办方一直注重与媒体方的配合，如2009年："《人民日报》、《光明日报》、中央电视台等三十余家国内主流媒体，凤凰卫视、香港《文汇报》、《大公报》、《香港商报》、《澳门日报》等港澳台新闻媒体，围绕己丑年黄帝故里拜祖大典，及时准确、客观全面地报道了消息，一些新闻媒体对拜祖活动进行了重点推介和专题访谈，我省还相继开通了己丑年黄帝故里拜祖大典官方网站和手机专题网站，这些铺天盖地的媒体宣传，客观全面的整体造势，为中原助了威，使河南扬了名。特别是大典当日，中央电视台在国内首次使用移动高清转播技术，三套节目全程直播，《人民日报》、新华社、香港凤凰卫视等境内外300多家媒体，采取不同形式对大典盛况进行了多层次、多角度、全方位的报道，使中原再次成为全球华人和世界关注的焦点。在网络搜索引擎中，己丑年黄帝故里拜祖大典的相关网页达34500多个，信息高达24万多条。己丑年黄帝故里拜祖大典成为历年来国内所有拜祖活动中最精彩、最震撼、最成功的世纪经典，大大提高了河南在海内外的知名度、美誉度，为河南打造了一张呈送世界的'黄金名片'。"[2]

4、引进外商投资

"宣传河南"后面还有一句话是"发展河南"，而"发展河南"则是"宣传河南"的最终目的，打造河南的文化形象和文化品牌，其中一个重要目的是为了给外商留下较好的投资环境的印象，并通过具体的"黄帝祭拜大典"契机，云集外商，谈成若干商业协议。配合"黄帝祭

[1] 河南文化产业网：《拜祖大典取得那些丰硕成果？》，http://gaoduan.henanci.com/Pages/2009218154143.shtml

[2] 于政言：《黄帝故里拜祖大典成为中原"黄金招牌"》，http://newpaper.dahe.cn/hnrb/html/2009-04/13/content_167631.htm

拜大典"的主题，引进外商投资重点又是引进台商投资。

2009年河南媒体描述当年"黄帝祭拜大典"，其中一项成绩就是"商机感诱，商贾云集"：中原大地商气更浓。己丑年黄帝故里拜祖大典极大加深了海外侨胞和港澳台同胞对中华民族的认同感和归属感，吸引了来自美国、法国、德国、澳大利亚、日本、韩国、新加坡、印度尼西亚等32个国家和港澳台地区的89个华人华侨商会、社团组织以及12个姓氏宗亲会、同乡会参加，他们不仅用庄严、肃穆的礼仪完成了寻根、拜祖的虔诚心愿，同时他们也在中原大地寻找着新的商机。拜祖大典不仅在台湾岛内引发了"河南热"、"寻根热"，而且促进了海峡两岸的交流与合作，越来越多的台商在河南扎根发展。他们衷心希望能够加强与河南的经济联系与交往，共同发展，共创未来。[1]

2012年河南省委书记、省人大常委会主任卢展工在会见中国国民党荣誉主席吴伯雄时说，河南地处天地之中，中州、中原、中国都与天地之中有着密不可分的联系。一年一度黄帝故里拜祖大典，使炎黄子孙汇聚在天地之中。今年，黄帝故里拜祖大典与中国河南国际投资贸易洽谈会、中原文化活动周等活动同期举行，吸引了海内外众多华人和三千多家企业。黄帝故里拜祖大典确立了"同根同祖同源、和平和睦和谐"的主题，同根同祖同源是根本是优势，和平和睦和谐是愿景是追求。豫台两地具有根缘、血缘、文缘、商缘四个方面的密切联系。随着河南加快发展、扩大开放，两地人员往来、经贸合作、文化交流会更加频繁……目前，我们正在认真贯彻落实中央精神，加快推进中原经济区建设，全省经济社会发展呈现出比较好的趋势、比较好的态势、比较好的气势。特别是对外开放取得重大突破，以富士康为代表的一批台湾企业落户河南，

[1] 于政言：《黄帝故里拜祖大典成为中原"黄金招牌"》，http://newpaper.dahe.cn/hnrb/html/2009-04/13/content_167631.htm

显示了豫台合作的巨大潜力。[1]

媒体同时还报道了若干外商的采访，为引进外商投资"造势"，例如：2009年，香港中华总商会会长蔡冠深先生表示非常愿意把文化产业作为双方合作的突破点，拓展与河南全方位的合作。香港铜锣湾广场连锁集团（中国）有限公司总裁李济华先生也表露出加强合作的心声："拜祖大典是一次心灵洗礼，更是考察商机的大好时机，许多老总都是带着项目来的。"[2]2012年3月24日，在黄帝故里拜祖大典活动现场，来自台湾的方先生说，河南有很多优势，发展潜力很大。"这里有良好的投资环境，很看好中原经济区的发展。"方先生是去年3月开始在河南投资，在安阳投资了光伏产业。他说，以前对河南不是很了解，自从来到河南后，才发现这里资源丰富，交通发达，人口多，有很多优势，发展潜力很大，所以就在这里投资了。[3]2013年4月12日，在黄帝故里拜祖大典活动现场，台湾商人许水树接受了媒体采访，他说，去年参加了拜祖大典，今年再次来到这里，一方面是要参加拜祖大典，另一方面到河南考察投资环境："很多台湾的朋友都在河南投资，说这边的投资环境好，而且，河南有着悠久的历史文化，令人向往。"[4]

5、拉动当地经济发展

"发展河南"除了指引进外资，还指利用"黄帝祭拜大典"的人群聚集效应，拉动当地各行各业的经济增长。一篇当地媒体报道评论：文化一旦"嫁接"经济，就会产生极强的引爆力。拜祖大典的引爆力使新郑成为"大赢家"，激活了新郑整个城市，真正实现了"一线穿珠，多业繁荣"的良好局面。[5]

"黄帝祭拜大典"，经济方面的目的除了"商机感诱，商贾云集"，还有"财富感召，财源汇聚"："己丑

[1]平萍：《卢展工会见吴伯雄 表示同根同祖同源是根本是优势》，http://news.dahe.cn/2012/03-23/101191981.html

[2]于政言：《黄帝故里拜祖大典成为中原"黄金招牌"》，http://newpaper.dahe.cn/hnrb/html/2009-04/13/content_167631.htm

[3]王书栋、许会增、邢镭：《台湾商人：河南投资环境好 很看好中原经济区》，http://news.dahe.cn/2012/03-24/101192572.html

[4]许会增、陈耀文、宋向乐、牧堃：《台湾商人许水树：思念祖国 心向中原》，http://news.dahe.cn/2013/04-12/102103089.html

[5]孙丽萍、高凯：《凝聚全球华人梦想的精神家园——黄帝故里拜祖大典综述》，http://zzrb.zynews.com/html/2010-04/12/content_176143.htm

年黄帝故里拜祖大典既是古老中华文明的弘扬，又是现代信息交流的融合，更是未来财富资本在中原的汇聚。拜祖大典整合了全省的文化、旅游、文物等厚重资源，丰富了河南文化强省建设的内容，拉长了文化产业发展链条，促进了文化产业发展步伐。拜祖大典的市场化运作和磁场效应，为省内外企业提供了独特的市场营销平台，提高了企业形象和产品品牌，极大地拉动了交通、商贸、餐饮、旅游、通讯、娱乐等产业的发展。拜祖大典期间，郑州市经贸旅游推介会一次就签下73亿元的投资项目，签约的项目涵盖食品加工、机械制造、商贸物流、信息技术、旅游开发等领域。新郑市在拜祖大典期间共签约项目56个，合同金额达到116.3亿元，真正实现了文贸衔接、政经协同，以文促经、互动双赢。特别是在应对金融危机的背景下，黄帝故里拜祖大典前后，省会郑州出现了各宾馆爆满、餐饮业火爆、旅游业收入一路走高、交通运输业繁忙、各项指标全线飘红的难得局面。"[1]

（五）"黄帝祭拜大典"的效果：

"民族–国家"意义上的"黄帝"符号在晚清民国

[１] 于政言：《黄帝故里拜祖大典成为中原"黄金招牌"》，http://newpaper.dahe.cn/hnrb/html/2009-04/13/content_167631.htm

净手点香 摄影：汤其昌

时期几经修补和扩充，终于形成有广泛接受度的整合标志，但是，"黄帝"符号并不十全十美，仍需要其它知识体系和象征符号的辅助，方能共同塑造中国的"民族–国家"。当前地方政府借用"黄帝"符号举行"公祭"，能够快速聚集媒体和民众的注意，但亦要与时俱进地对"黄帝"符号注入新的诠释，让"黄帝"符号能在新的时代凝聚更多人群。

"黄帝"符号的拓展性既体现在纵向，也体现在横向。纵向主要指沟通政府层级和民间层级，横向主要指通过"黄帝"符整合更多大陆地区之外的华人群体。朱大可和李向平都曾谈论到"公祭"应有民间基础，即应该有更多纵向拓展性。二人所谈论角度又略有不同。

朱大可主要从"公祭"–"私祭"的角度论述，认为目前"公祭"缺乏家族"私祭"作为根基支撑："越过半个世纪的岁月，为推进区域经济，地方官员在尚未修复民间私祭的前提下，抢先公祭民族神的亡灵，由此形成了强烈的历史性反讽。此举未能复兴优秀的文化传统，反而制造出双重的逻辑错乱。主祭者首先要面对意识形态的错乱，因为它无法斡旋官员政治信仰跟祖先崇拜之间的价值冲突；同时，由于缺乏内在的祖先信仰，以及丧失了民间宗法体系的逻辑支撑，公祭只能沦为空洞的政治表演。"[1]朱大可论述的依据是，传统时代中国"公祭"与"私祭"是相辅相成、密切沟通的统一体，"私祭（家祭或族祭）向公祭提供文化偶像、核心价值和宗法逻辑，而公祭则拓展了私祭的权力空间，把私祭对象提升到国家主义的高度。"[2]

但是今日，就算家族"私祭"恢复，也难以为"公祭"提供足够的支持和动力，同样，"公祭"也难以为家族"私祭"输入足够的支持和动力。原因在于，当前中

[1]、[2]朱大可：《公祭狂潮与磕头政治》，http://blog.sina.com.cn/s/blog_47147e9e01000bf0.html

国的认同体系在"民族－国家"构建之后，已由"天下－
家族"转向"国家－个人"，总的大形势已经变化，某一
原有的文化因素即使复兴，也难以发挥以往的文化能量。
传统时代的"公祭"，祭祀的是以儒家文化为基础的天下
式的政治体系，亦是以儒家文化为基础的祖先体系，这种
模式的公祭才能与民间家族"私祭"勾连起来。但在近代
以来，整体认同体系变迁，今日之"公祭"便再难以家族
"私祭"为根基。因此，就算家族"私祭"恢复至以往
形式规模，也难以打通"私祭"－"公祭"，其中关键是
"天下－家族"的政治哲学体系已经崩塌，家族"私祭"
复兴也只能为具体的家族提供文化意义，在更为宏观层面
上说，复兴的家族可以成为国家基层治理的积极因素，但
不可能像以往那样成为正统意识形态的主轴。

　　李向平也认为目前的"公祭"缺乏民间基础，但李向
平所谈论的"公祭"的民间基础范围更广泛一些。李向平
认为，在当前中国人缺乏公共信仰的环境下，"公祭"有
可能借助国家和政府力量，将圣祖信仰推向公共信仰。
"圣祖信仰的复兴和圣祖认同模式的建构，有可能会在
国家资本的作用之下，直接被建构为一种解决中国人信仰
危机的路径，民族主义的、公有主义、政治合法性的证明
方法和认同逻辑。"[1]同时，李向平指出，这种公共信
仰重建方式，缺乏民间组织作为中介。"单纯的国家认同
及其整合机制，会淡化社会、群体的认同意义，会以单方
面的政治认同，取代作为国家与个人中间环节的社会认同
和群体认同。其中的关键是，在建构这种国家、政治认同
之过程里，仅有国家，而无其他社会组织的参与。"[2]
"国家与个人之间的这样一种认同结构，实际上就缺失了
某种重要的组织中介，从而显得淡薄和虚弱，最后也会
影响这种认同模式的公共性、合法性和威权性。"[3]总

[1]、[2]、[3]李向平：《国
家祭祖的政治认同》，《南风窗》
2007年第9期。

之，李向平认为，"公祭"难以形成信仰认同，只能形成政治认同，而且，由于缺乏民间中间力量参与，政治认同效果也受到削弱。李向平论及的"公祭"的民间基础，不再拘泥于家族"私祭"，而是有更多的现代社团、现代组织的影子。

本书认为，其一，"公祭"更主要的功能在于加强共同体的认同整合而非重建公共信仰。近代的"黄帝"符号被制造出来，目的很明确——指向凝聚"民族–国家"共同体，当代"公祭"中的"黄帝"符号虽在意义方面有若干补充和变化，但仍是指向中华民族的认同。家族绵延这一传统中国人安身立命的价值体系以及曾经一度替代的革命理想主义均日渐衰退后，中国社会面临信仰真空、信仰匮乏，可是依靠黄帝等圣祖"公祭"重建中国人的公共信仰，不太现实，圣祖"公祭"无法充盈民众的超越性的价值、无法达到"彼岸"的高度。

其二，当前"公祭"在加强共同体的认同整合方面，更主要是可以在横向整合方面发挥作用。"黄帝"符号构建现代国家的原始任务已初步完成，时至今日，"黄帝"符号进一步在构建中华民族"多元一体"格局方面发挥作用。而且，"黄帝"符号在整合海外华人对于中华文化的认同方面更彰显力量。自我认同往往在压力之下凸显出来，或是危机时刻、或是边缘群体，才愈加有确认自我身份的意识。当前大陆地区，"黄帝"符号作为基础性的认同符号，深入人心却不一定在日常引起强烈的情绪波动，大陆之外地区的华人，对"黄帝"符号更有追根溯源的冲动，离开家乡才更有对家乡的认同，离开家乡才更有对家乡的思念，离开家乡才更有确认"我是谁"的意识。

"黄帝"符号被知识分子提倡为国族符号后，迅速得到了各地华人的认可。在抵抗外来侵略时期，"黄帝"符号对于全中国人有着巨大的感召力，无论是共产党还是国民党都在抗日战争期间数次祭拜黄帝陵，党派之间意识形态有差异，但在认同"黄帝"符号及其背后的"民族-国家"统一方面是一致的。中国大陆在救亡图存之时爆发出强烈的整合意识，台湾地区也是如此。台湾在日据时期，长期接受日本当局的殖民化教育。1945年，"随着日本宣布无条件投降，台湾重新回归中国版图。台湾民众面临着摆脱日本殖民体制，重建岛内政治、经济、文化以及社会秩序，再次融入祖国的艰巨任务。由于海峡两岸长达五十余年的分离，岛内居民无论是在语言还是在政治、文化等方面对大陆都了解甚少。南京国民政府在接收台湾的过程中，对岛内舆情也有把握不准、措置失当之处。因此，台湾民众和中央政府的隔阂并未因台湾回归而消除，对立情绪反而随着接收的进行日渐滋长。为使台湾人民尽快结束痛苦、复杂的历史过渡期，台湾爱国人士抱着疏通两岸、沟通上下的良好愿望，组建'台湾光复致敬团'到大陆访问，"[1]"'致敬团'在由西安赴黄陵县祭陵途中，因雨受阻，于1946年9月12日在耀县中山中学的体育场举行了遥祭黄帝陵祭典，宣读祭黄帝陵文，奉告台湾已经光复，表达六百多万台湾同胞重归祖国怀抱，认祖归宗之意。林献堂代表'致敬团'发表谈话时说：'光复后已觉有可爱护的国家，可尽忠的民族，永不愿再见到有破碎的国家，分裂的民族。'"[2]时至今日，"黄帝"等中华民族的始祖符号仍被台湾同胞铭刻于心，2007年中国国民党荣誉主席连战参加河南省新郑市黄帝故里举行的丁亥年拜祖大典时说："河南是华夏文化发祥的地方，是中华民族共同始祖黄帝出生成长的地方，就这一层意义来说，河南应该是所有中华儿女心灵的故乡，这句话应该是不过分的。""这里是我们华夏文化发祥的地方，是中华民族

[1]毛文君：《1946年台湾光复致敬团大陆行》，《百年潮》2005年第11期。

[2]陈名实：《台湾光复前后民众民族精神与本土意识的更化》，《泉州师范学院学报》2011年第3期。

共同始祖黄帝出生成长的地方，有这个机会参加今年的拜祭黄帝大典，可以说是了了一个多年的夙愿。"[1]2012年马英九率台湾当局文武官员主持遥祭黄帝陵典礼，马英九方面表示，这是要凸显"慎终追远"、"源远流长"寓意；这些中华文化的核心价值，是高于政治层次的文化历史层次。[2]从以上可以看出，"黄帝"是华人圈中为数不多的能被大多数人所能共享的认同符号，各地区华人需要建立实质性的政治或经济沟通，往往以"黄帝"作为载体，尤其在当前两岸政治见解尚难统一之时，以"黄帝"等具有共鸣性的文化符号连接和润滑彼此关系，具有深远的意义。

台湾独特的地理位置，既可能产生迫切认同的向心力，也可能由部分激进政治人物操纵出离心力。在光复之后，台湾的中华民族情节重新生成，1949年国民党撤退到台湾后，开始全面在中小学校实施民族精神教育，据郑鸿生回忆，"在那年代升上初中才真正开始上中国历史与地理课，对台湾战后婴儿潮世代而言，这是完整的中华民族教育的真正开始。中国历史从黄帝开始，接着尧舜禹汤文武周公一路讲下来。中国地理则从有着35省，还包括外蒙古的一张地图讲起。""对活在当年庸俗、自利、谨小慎微的庶民社会中的台湾青少年而言，民族精神教育的确是生命成长的第一个启蒙力量，是超越小我，追求大我的一个很给力的教育。这个力量是后来1971年保钓运动的一大动力。"[3]但是，由于当时两岸的政治隔离，台湾青少年学到的中国历史与地理是在海峡对岸那个触摸不到的"神州大陆"，[4]由此反而有部分人走上台湾民族主义之路。20世纪60年代台湾的"文艺复兴"，青年人一方面经由反大陆的民族精神教育得到大我的启蒙，另一方面又受到冷战时期美式现代化思潮的影响，开始了个人自由的

[1]、[2]史宝银：《国民党荣誉主席连战：河南是中华儿女心灵故乡》，http://news.sohu.com/20070416/n249479866.shtml

[3]、[4]郑鸿生：《台湾的认同问题与世代差异》，《文化纵横》2013年第5期。

追寻，这双重思潮看似冲突，却又互补，战后新生代在接受美式现代化思想的启蒙之后，开始造国民党的反，在各种内外因素的配合下，终于在2000年把国民党拉下台了，然而，国民党在台湾促成的反大陆亲美的意识形态至今仍然当道，而退潮的却是那个在反大陆民族精神教育下塑造的中国人意识。[1]当前，在激进政治氛围的影响下，有些政治人物甚至不敢在公开场合说"我是中国人"，甚至孙中山都快被排斥为"外国人"。在这种情况下，公共化的祭祖，凝结着中华民族的民族精神和民族情感，承载着中华民族的文化血脉和思想精华，是维系国家统一、民族团结和社会和谐的重要精神纽带，对于进一步增强中华民族的凝聚力和认同感，推进祖国统一和民族振兴，对于不断发展壮大中华文化，维护国家文化利益和文化安全，具有十分重要的意义。

除了宏观的共同体认同，大陆地方政府亦有自身更为具体的目的——推动当地经济发展。"文化搭台，经济唱戏"本身无可厚非，文化符号不是空中楼阁，其发轫之初必有现实需求，而文化符号创造出之后，也将持续影响现实，同时，地方政府促动当地经济发展，也是职责所在。但是，以"黄帝"等文化符号推动经济发展，需要尊重两个规律：一是文化运行规律，不能过度消费文化符号，打着文化符号的"幌子"粗制滥造推动经济的"布景"，不仅起不到拉动经济增长的目的，反而减损文化符号的认同性，将文化符号庸俗化。近年来，各种"圣祖"、"名人"的祭拜活动层出不穷、异常火热，有泛滥之势，而且，知名文化符号数量有限，因此出现了多地争抢祭拜"圣祖"和"名人"，有人戏称"伏羲东奔西走，黄帝四海为家，诸葛到处显灵，女娲遍地开花"，不仅历史中正面形象的人物被你争我夺，负面人物如西门庆的故

[1] 郑鸿生：《台湾的认同问题与世代差异》，《文化纵横》2013年第5期。

里归属也让三地争吵不休。"公祭"热潮中，难免有不少地区歪曲文化运行规律，滥用文化符号，对文化符号过度商品化运营，将破坏文化符号原先承载的正面意义，祭拜活动也被铜臭覆盖，缺失严肃性和神圣感。更不用说，个别地区的活动本身就在宣扬负面的文化讯息，如上文提到的争抢负面人物故里，又如在祭拜活动中大兴传统皇权的种种礼仪。

地方政府对文化符号运营如此感兴趣，背后目的是经济发展。各地方政府对文化符号的争夺，背后是地方政府对GDP指标的竞争。许多学者将改革开放以来的基层政府描述为"企业"、"厂商"、"公司"，[1]地方政府具有"经营性"特征。[2]地方政府的"经营性"应该从两个方面来理解，一个是具体事务方面的"经营性"，一个是行事逻辑方面的"经营性"。具体事务方面的"经营性"，即地方政府不仅是消极的"守夜人"，更是积极发展市场经济的推动者。中央政府通过下放经济权力，打造了"维护市场的经济联邦制"，引入了地方之间的竞争，地方间为增长而竞争，促使地方政府努力提供一个良好的环境以吸纳生产要素，如资本和劳动力的流入，典型做法为：为要素所有者提供所有权保障，提供基础设施，帮助市场进入等。[3]在中国市场上竞争的主体，与其说是一个个企业，不如说是一个个地方政府，中国的市场经济，首先是由地区间的竞争推动的。[4]当然，这在一定程度上也形成了恶性竞争，如地方保护主义和"诸侯经济"，产品与要素市场被各地区分割成碎片。对基层治理影响较深的是地方政府行事逻辑方面的"经营性"。在地方政府推动经济发展过程中，亦遵循追求利益最大化的"效率逻辑"，并同时去原则和去价值，一旦"效率逻辑"不受原则和价值的制约，便转向非理性。地方政府在具体事务方

[1] Vivienne Shue,The Reach of the State: Sketches of the Chinese Body Politic. Stanford University Press. 1998.
Jean Chun Oi. The Role of the Local State in China's Transitional Economy. China Quarterly (144). 1995.
Andrew G Walden, Local Governments as Industrial Firms: An Organization Analysis of China's Transitional Economy. American Journal of Sociology(101). 1995.
[2] 张静：《基层政权：乡村制度诸问题》，浙江人民出版社，2000年，第51页；杨善华、苏红：《从"代理型政权经营者"到"谋利型政权经营者"向市场经济转型背景下的乡镇政权》，《社会学研究》2002年第1期。

[3] 钱颖一、B. R. Weingast：《中国特色的维护市场的经济联邦制》，载张军、周黎安主编《为增长而竞争：中国增长的政治经济学》，格致出版社、上海人民出版社，2008年。
[4] 郑永年：《中国模式》，浙江人民出版社，2010年，第143页。

面的"经营性"，体现在为增长而竞争方面，而地方政府行事逻辑方面的"经营性"又往往将为增长的竞争推向极端化，因此地方政府为了经济增长而竞争又往往外化为文化活动大操大办的竞争。地方政府举办的"公祭"，源于第一种类型的"经营性"，又有可能在第二种类型的"经营性"迷失。

以"黄帝"等文化符号推动经济发展，需要尊重的第二个规律是：经济运行规律。即使地方政府没有过度开发文化符号，也不能就保证"文化搭台"之下，"经济"一定能"唱好戏"。文化发展有自身的规律，经济发展也有自身的规律，以文化符号吸引商机，只是一个引子，不可能彻底改变当地的经济运行状况。一个地区的招商引资，需要看该地区投资环境和投资效益，一个地区的经济发展，需要看该地区整体工商业状况。但是当前一个矛盾现象是，越是底子薄、经济发展落后的地区，越是期望以文化符号推动经济发展。结果可能形成不良的循环：越是经济发展落后，政府官员越有经济赶超的愿望，但本地经济发展的契机乏善可陈，因此越要依靠文化资源来启动经济资源。以文化资源吸引大众和外商眼球，本身需要当地政府付出经济资源，而现实中经济发展往往并不以文化活动办得好坏为依据，地方政府却认为这是由于文化活动办得不够好、不够有声有色，便用更多的经济资源继续扩大文化活动的规模和声势……于是，有可能出现越穷的地方政府越办文化活动，却越办越穷。虽然有此财政风险，许多地方官员却乐此不疲，根源在于当前政府缺乏科学的、透明的公共财政计划和核算，兴办文化活动，若能顺利拉动经济，政绩在自身，若无法顺利拉动经济，财政负担可以转嫁到后届政府。

许多人批评"公祭"活动耗费政府人力物力财力，应该社会化、市场化。但一项具有经济意涵的文化活动成功与否，一要看该文化活动是否能阐发文化意义而不被过度的商业气息所笼罩，二要看该文化活动是否能真正推动经济发展。活动的效果并不以政府化或者社会化、市场化来决定。也就是说，文化活动关键之处在于内容和形式，而与举办主体没有太大关系。具体问题需具体分析，仍以黄帝故里拜祖大典为例：

2009年，黄帝故里拜祖大典为避免媒体"政府主导"的批评，开始实行"市场化运作"："今年拜祖大典的一大亮点就是，首次尝试市场化运作方式。据己丑年黄帝故里拜祖大典郑州执委会有关负责人介绍，进行市场化运作，一是为大典注入活力，可以使政府办节庆逐步向社会化过渡，二是可以从市场的角度检验大典的社会认可度。""从去年的第十届亚洲艺术节开始，郑州就着手进行了大型庆典活动市场化运作的尝试，并积累了宝贵的经验。今年拜祖大典总体方案设计时，就把市场化运作作为重点列入总体规划。"[1]"大典实行市场化运作的项目主要包括：全程合作伙伴1-2家，主体活动协办3-4家，音乐盛典协办2-3家，音乐盛典赞助3-4家；单项活动冠名、协办、承办；九项仪程中，将拿出3只花篮、4炷香进行市场化运作；大典现场内场方阵也将拿出部分站位向企业招商。此外还有指定用品及相关的广告资源招商，其中包括大典证卡、大典用手提袋、市区多条主（次）干道的灯杆广告位等的招商。"[2]"最令社会各界关注的则是拜祖主体活动中的净手上香与敬献花篮，因为今年执委会不仅拿出大典议程中的3只花篮、4炷香进行市场化运作，而且当天晚上在黄帝故里景区举办的《黄帝颂》音乐盛典中的9炷香全部面向海内外进行市场化运作。""记者了解到，拜祖议程中花篮和上香均是每个（炷）100万

[1]《拜祖大典招商工作启动 已签约入账400多万元》，http://www.dahe.cn/xwzx/sz/t20090223_1490934.htm

[2]武建玲：《拜祖大典招商工作全面启动》，《郑州日报》2009-02-23。

元。而音乐盛典中的9炷香，第一炷70万，其余每炷50万元。这样计算，仅上香和敬献花篮可运作的资金就达1170万元。""昨日，记者通过相关渠道了解到，拜祖大典首次市场化运作受到社会各界的广泛关注，许多广告公司对花篮、4炷香的'拥有权'兴趣浓厚，其中3炷高香、1只花篮已被相关人士买走，只是目前不便公布买走人的相关消息。同时，大典筹备工作从2月11日正式启动以来，经过10多天的试运行，市场化运作方案得到市场的认可，目前已签约入账款物合计400多万元。"[1]如果宣传文字所言非虚，黄帝故里拜祖大典通过市场化运作确实获利不菲，但问题是，通过购买花篮和上香的"拥有权"有多大的实际意义，从文化内涵方面看，此举似乎只是简单兜售仪式中的象征物品，并有可能在大众心目中形成货币与象征物品乃至整个仪式直接等号挂钩的印象，从经济效益方面看，此举只是在空炒"概念"，并没有引起实体工商业经济的发展。此举可以被理解为广告形式的一种，其也只能成为"广告经济"一部分，不可能对经济发展有实质性地促动。总之，民族圣祖的"公祭"活动，应在尊重文化规律、经济规律的前提下进行，并重视和珍惜已有的圣祖

[1]《拜祖大典招商工作启动 已签约入账400多万元》，http://www.dahe.cn/xwzx/sz/t20090223_1490934.htm

敬拜始祖
摄影：汤其昌

符号和仪式平台，为两岸交流与合作创造机会。习近平总书记在2014年提出，由于历史和现实的原因，两岸关系存在的很多问题一时不易解决，但两岸同胞是一家人，有着共同的血脉、共同的文化、共同的连结、共同的愿景，这是推动相互理解，携手同心，一起前进的重要力量。两岸文化同属中华文化，两岸人民同属中华民族，两岸命运息息相关，民族强盛，是同胞共同之福，民族弱乱，是同胞共同之祸。只有参与推动两岸关系和平发展，才能实现中华民族的伟大复兴和两岸人民的幸福安康。

结

论

本书考察了中国祭祖习俗的变迁情况及其变迁的社会基础。本书的主要观点为：（一）祭祖观念，根植于具体的社会结构和社会情境。（二）祭祖观念被社会塑造出来后，反向塑造着社会；（三）祭祖观念不断发生着变迁，观念变迁的背后，是社会结构和社会情境的变迁。

祭祖观念是主体对自身血缘性根基的记忆和看法。人们关于"过往"的观念，并不是对"过往"的客观事实的完整映射，而是往往根据"现在"的需求对"过往"进行选择性的修饰和再造，"过往"的观念被塑造出来后，会影响"现在"及"将来"。但是，观念和意识一方面带有"建构性"，一方面又具有现实的"功用性"，观念和意识将引导人们针对资源进行分配和竞争。本书将每个阶段的祭祖观念放在当时具体的历史环境和社会资源禀赋条件中去考察，分析社会资源分配与祭祖观念成型和变迁之间的联系。

本书借助梁漱溟的"个人–家庭–国家–天下"框架来分析中国的祭祖观念。从传统时代至近现代，中国人无论是总体观念还是祭祖观念都经历了从"家族–天下"至"个人–国家"的变化。本书将祭祖观念的变迁分为三个阶段：（一）祭祖的世俗化；（二）祭祖的庶民化；（三）祭祖的个体化和公共化。

（一）祭祖的世俗化

这一阶段的祭祖，朝着世俗家族整合的方向发展，鬼神信仰在祭祖中只起辅助作用。

从狭义的宗教定义来说，中国确实没有发展出类似基督教、伊斯兰教那样的宗教氛围，将此岸世界的人生终极意义寄托在彼岸世界，中国人更热衷于在此岸世界中行动。但以上状况并不能断言中国人没有广义上的宗教，所谓广义上的宗教，就是将宗教视为一种超越性的精神追求，宗教要回答"人为什么而活"、"人死后灵魂将安放何处"等最高哲学问题，从这个意义上说，中国人当然有宗教，只不过，中国人宗教的重点在此岸不在彼岸，或者说中国人的此岸就是彼岸。

相比较士大夫，普通老百姓未必都有"治国、平天下"的宏愿，也未必都有"格物、致知"的细思。传统的知识分子以"天命、天理、天道"作为自己超越性的追求，但这并不能涵盖广大普通老百姓的意义世界。老百姓的观念世界，本质上与士大夫并无二致，即在俗世中寻获超越之感。只不过，老百姓践行的"场域"与士大夫相比较更为狭窄，老百姓将此岸和彼岸统一起来的"场域"主要固定在"家"中。老百姓以家族的绵延即传宗接代作为自己的本体性价值，人们把自己放在家族生长的长河之中来看待，上承祖祖宗宗，下接子子孙孙，人们在有限的生命之中对于家族的传承与绵延却有着无限的想象和期待。

祭祀祖先，是家族绵延制度设计中的重要一环。祭祀祖先作为中国本体性价值的附着物和衍生物，也体现着中国本体性价值的特征——"世俗性"。

以西周为大致的时间分界线，中国人的祭祖发生了第一阶段的变革：世俗化。祭祀祖先中，包含有鬼神信仰与宗法孝德两种元素，西周之前，鬼神信仰因素在祭祀祖先中占了绝对的比重，而在西周之后，鬼神信仰因素在祭祀祖先中仍有留存，但已不是主要成分，宗法孝德成为祭祀祖先的首要目的。

"认知"必须从一定的"情境"中生发。每种文化的产生和成型必定受到社会资源条件的约束。中国文化起源与社会情境之间的关系可大略表达如下：大陆国家→农业生产→家族制度→与家族制度相适应的文化制度（如宗法式的祖先祭祀）、政治制度、经济制度。另外，具体的社会结构亦塑造了中国与众不同的"理性"文化。

（二）祭祖的庶民化

这一阶段的祭祖，由门第贵族专享式的特权逐渐扩散为庶民亦可实践。

宋代，政治权力继续向下分流，方向是由门第等级性宗法宗族制向庶民类型宗法宗族制过渡。相对于官方制度，宋代一些士大夫的论述对后世宗法制度和祭祀制度有着更大的影响。宋朝许多儒学家认为应从各方面打破宗法古礼制度的桎梏，让修正过的宗法制度拓展成为聚合整个社会的载体。

宋代儒学家设计的种种庶民化的祭祖仪式，是对恢复以往祭祀古礼的儒家理想主义和民间不断突破祭祀古礼的现实状况二者的中和。宗法制曾是稳固社会秩序的重要保证，但到了唐宋，宗法制运行的社会基础——身份等级制度已经逐步崩塌，一般官僚阶层和庶民阶层在政治、经济、文化各领域不断占据资源和权力。儒学家希望重新利用宗法制凝聚人心、统合社会，又不得不立足新的社会基础对宗法制做出革新。儒学家的具体做法是引俗入礼，将现实运行的民俗与以往儒家的理想形态进行综合，一边突破古礼，一边收敛今俗。宋代儒学家的言论，在官方制度和士庶实践间起到了中介和桥梁的作用。

宋代儒家学说的影响力，主要体现在后世（明清），其有力促进了明清宗族组织在社会中下层的普遍发展。一方面，宋代儒家学说成为民间突破等级宗法制桎梏的理论依据，另一方面，官方制度也向宋代儒学家设计的方案靠拢。

明代民间对于祭祀庶民化的诉求主要集中于以下：1、在家室之外，另辟祠堂用于祭祀；2、祭祀代数拓展至始祖；3、联宗共庙祭祀始祖，不再实行"大宗""小宗"之制。经过以上三个方面的突破，从春秋时期就遭遇动摇但一直保存若干制度遗留的宗法制终于全面被破坏。宗法制有着非常明确的尊卑等级划分，庶民和一般官僚并不反对基本的等级制如"君君臣臣父父子子"，但庶民和一般官僚希望有限度地突破等级制——自身所在阶层能在以往贵族官僚垄断的权力体系中分得一杯羹，先是一般官僚推崇和模仿高级官僚的祭祖设置，一般官僚"僭越"后，庶民又继续推崇和模仿一般官僚的做法。

明朝中后期延续下来的基层宗族力量蓬勃发展的势头已无可阻止，并且经过长年累积，基层宗族力量在清朝更是以加速度发展，庶士阶层所修建的祠堂数量也在明朝中后期至清末迅猛增长，祭祖庶民化最终在这一时段内成型。一旦族人的祠祭和墓祭都达到了联宗共祭，民间宗族整合的范围便日益扩大，整合的稳定性也同时提高，祭祖活动在凝聚家族力量方面发挥的作用越来越大。

民间祭祖的三元素为：物质、组织、观念。宗族组织是将外在的物质符号转化为人们内心的价值观念的中介。宗族物质和宗族组织二者相互配合，刺激着人们集体记忆的不断重构和加强，激发和生产着宗族绵延观念，宗族绵延观念内化于心后，又继续指导着宗族物质和宗族组织的资源分配方式。可以说，宗族物质和宗族组织是"崇拜"式祭祖的外在动力，宗族价值是内在动因。

古礼中的宗法制渐渐褪去身份等级限制的成分、祭祖等仪式庶民化、宗族在民间广泛地发展，这些不可能完全是儒学家理论构建的结果，理论能够在现实中实践、能被某些群体接受并成为行动指导理念，该理论一定符合这些群体追逐、获取、分配资源的利益。宗族制度及其子制度——祭祖制度的庶民化，符合皇权统治群体和庶民群体的利益。经过这两大群体的推动，祭祖庶民化最终在明清时成为民间通行习俗，相比较皇权统治群体，庶民群体更有动力促成宗族势力在民间的发展，庶民普遍希望壮大和发展本族力量。庶民群体期冀宗族团体成长，其中包含有宏大的愿望——增长庶民群体权力、削弱贵族群体权力，但一般是出身庶族的读书人和官员，才有提升自我阶层向上流动机会的主动性的意识，一般的老百姓更朴素和初始的想法是，通过宗族人多势众的凝聚力在当地生计资源竞争中占得先机。一般老百姓以结成宗族形式竞争本地资源，实现了宗族在民间的蓬勃发展，客观上也扩充了庶民群体的政治权力、经济权力、文化权力。宗族理念与宗族实践是相辅相成的，但宗族理念最终服从于宗族实践，也就是说，当支持宗族运行的资源条件发生变化时，宗族理念会对宗族实践做出让步，有的是宗族理念的根本性变化——如"大宗""小宗"等古代宗法制的突破，也有可能是宗族理念不变，而宗族实践做"名实分离"式的调整。

宗族庶民化对于统治阶层来说亦有重要的治理意义。与欧洲相比，中国在建立现代民族–国家之前，国家对于基层已有一定的整合能力。在各种技术（如交通和信息）不算发达的时代，统治如中国一般的幅员辽阔、人口众多的地域，并不是一件很简单的事情。在物质技术难以迅速突破的条件下，政府只有通过治理技术的改进，来弥补交通和通讯等物质技术的限制。治理技术之一，便是不断完善国家与基层的连接——处于中介位置的各代理主体。宗族即是重要的"中间层"之一。"中间层"代理主体由起初的贵族官僚一家独大发展至官员–胥吏–士绅–宗族多个主体共享，彼此相互制约。宗族在民间成型，既有利于村庄生产和生活合作，也有利于中央政权提取土地利益。

（三）祭祖的个体化和公共化

这一阶段的祭祖，围绕"家族"整合建立起来的祭祖观念逐步解体，祭祖一方面向内收缩为"个体"，一方面向外放大为"公共"性人物，如中华民族始祖。

1、祭祖的个体化

经过各种现代化因素的洗礼，当前宗族是"复兴"、"衰亡"、"重生"抑或是"转型"？恐怕仅通过宗族组织还难以做出准确判断，因为宗族本身就不是从先秦至今一成不变的古老组织，无论是宗族组织的理念还是宗族组织的实践都不断随着外部环境的变化而变化，我们现在所认为的宗族组织的"理想类型"，也大多只是明清时期宗族庶民化的结果。而即使是明清时期庶民化的宗族，也是在不断调整自身的。可以说，宗族组织的"变"是常规状态，"不变"是偶然状态，但同时我们也要看到，宗族组织中有些核心元素是"不变"的，正因为这些核心元素的"不变"，宗族组织才能"以不变应万变"，根据外部环境变化，使用不同的生存策略，对各种新型元素吸收、利用和改造，最终为宗族所用。这种核心元素，就是血缘认同性，更准确地说，是超越小家庭的、对于大家族的血缘认同性。

血缘性，关键在于血缘的"认同"，而不一定在于所认同的血缘的"纯粹"，也就是说，对于宗族的崇拜和认同是最为重要的，至于宗族的血缘关联是确实有先天DNA意义上的关联还是只有后天虚拟构建的关联，并不是重点。宗族只需让族人在"观念"上相信是一个血缘性团体即可，并不需要该宗族的血缘性在追根溯源的"事实"上分毫不差（但族人的"现实行为"却往往必须在"血缘性"的严格指导下进行）。只要族人对于宗族的"集体意识"始终强大而牢固，宗族便可以灵活地根据外在约束条件的变更而对自身各方面进行调整。族人对于宗族的"集体意识"是一条主轴，"集体意识"保证了宗族对于自身的各种改造围绕这条主轴上下波动，却始终不会偏离这条主轴。

宗族祭祖在当前的变化趋势是：从"崇拜"到"纪念"，即家族性质的"崇拜"减少，个人性质的"纪念"凸显。具体表现在三个方面：（1）仪式的简化，（2）祭拜对象代数的缩减，（3）参与祭拜人数的缩减。以上尤其是后两者说明祭祖仪式的内核发生了变更：从宗族到个人。当前多数村民无论在家祭还是墓祭时只祭拜两至三代的祖先，即只祭拜对自己有养育之恩、和自己的有过情感交流的祖先，这表达的是个人的纪念之情。传统时期村民在墓祭和祠祭时追溯到族中始祖或房中始祖，两三代以上的祖先对于村民来说更多只是一个符号，即代表着整个宗族的符号，人们在祭拜时表达的是对于整个宗族的崇拜，这其中最重要的并不是个人的情感性因素。宗法制主宰下的祭祖，个人情感是达到宗族认同的一个过渡，祭祖的机制设计是，从感恩怀念近祖的个体情感出发，逐步上升到服从和膜拜整个家族，有了个人情感作为中介，家族崇拜显得自然而有人情味，祭拜近祖是保证祭祖绵延性一个不可或缺的润滑剂。但是目前，祭拜近祖犹存而祭拜远祖不在，个人——家族的链条发生了断裂，祭祖只剩下了个人的纪念，而没有了对于家族的崇拜，曾经的中介和过渡成为了目前祭祖的主旨。

家族"崇拜"式的祭祖是宗族物质、组织、观念三者相互配合的结果。清末民国，宗族势力已经受到来自国家以及内部的冲击，但物质、组织、观念三位一体的运行方式没有改变。新中国成立后，国家代替宗族成为村庄的权力机构，这一时期宗族被瓦解的主要是物质和组织，宗族组织在村庄中也失去了以往在政治、经济、文化、法律、社交等方面的全面统摄作用，取而代之的是大队和生产队，宗族组织原先严格的尊卑等级性也被新政权所提倡的人人平等观念所代替。但这一时期，宗族的价值体系没有被完全摧毁，与国家制度相容的家族传统有遗存的可能。

改革开放后，宗族三个因素的变化方向与集体化时代正好相反。国家政权在村庄亲力亲为的"身体性"控制大大减退，宗族的物质复兴和组织复兴有了空间，这一时期许多地方刮起了重建宗祠和重修族谱之风，宗族理事会纷纷成立，宗族各种仪式也在村庄中重新出现。但是，这种复兴是宗族表象文化的复兴，此时宗族的内核文化即价值体系体现正遭受着致命的打击。最主要的原因有二：原因之一是国家的计划生育政策，其粉碎了宗族价值体系中的核心部分 —— 传宗接代观念。原因之二是市场化逻辑随着打工经济进入村庄，个人利益最大化的考虑势必要与宗族绵延这种宗教性的、非物质性的考虑发生矛盾，绝对地主张个人享受甚至破坏了宗族的基础——家庭的"常规化"。

2、祭祖的公共化：

祭祖脱离"家族"范畴，一方面个体化，一方面又有由"家族"扩大和改造公共化的趋势。

一种公共化是个体化祭祖的累加，如"清明思亲法会"。"清明思亲法会"可以说是个体性祭祖的延续，只不过在形式、内容和参与人群方面都有所变更。放入道观或佛寺之中的骨灰盒或牌位，多是三代之内的先人，人们于清明节至道观或佛寺祭拜的本意，只是纪念两代到三代的先人，这其实包含在上文所说的"个体性祭祖"之中，只不过上文所说的情况多在墓祭中完成。当城市化进程加快，在家庭附近越来越难寻找到私人性质的墓地、公墓太贵或缺少名额、骨灰盒放在家中又不方便，因此部分民众的墓祭场所迁移到了佛寺或道观中，佛教和道教因势利导，将民众祭祖需求与本教教义融合，双方共同改变着既有模式：佛教和道教创造了新的仪式，民众的祭祖观念在佛教和道教引导下变更和扩大——既保留祭祀祖先尤其是三代之内的近祖、又加入普度天下亡魂这种新的宗教观念。"清明思亲法会"对比"个体性祭祖"的家祭和墓祭，可以说前者是"公共性"的，后者是"个体性"的，但前者的"公共性"并不是回归到"宗族"层面的"公共性"，而是"社团"、"俱乐部"层面的"公共性"。目前来说，这种"社团"、"俱乐部"层面的"公共性"，还不构成"宗教组织"层面的"公共性"。

另有一种公共化是跨越台海的寻根谒祖，其常常以祭祀祖先的形式呈现，但又不限于家族绵延的考量，还有移民身份构建的因素和政治的因素。移民对原乡的怀恋和对新居的认同是可能发生双重增进的。人的原乡意识往往在异乡得到强化，对原乡的怀恋背后是对新居的认同的一种变形式表达。在移居地塑造对故土的意识，可能只是一种虚幻的、模糊的情感，更多确实的指向是移民在当地的立足，原乡意识在现实的身份确认机制下产生，原乡意识是为新居认同服务的。而这种虚幻的、模糊的情感一旦被移民实践为回归原乡祭拜祖先的行为，移民对于家乡的感情就会实实在在得到培育和深化，此时新居认同又转为强化原乡意识。

政治人物的回乡祭祖，涵盖的面向要多于普通民众。其不仅有家族和家庭意义上的慎终追远之意，还表达了台湾政界人士希望与大陆对话、交流、合作的意愿。两岸虽有政治分歧，但同根同源，血浓于水，民间有无数亲情交织在一起，而且两岸命运与共，经济、政治、文化方面加强合作必然带来两地双赢以及中华民族的整体强盛，以血脉亲情为载体巩固及深化各项务实的交流，是大势所趋。

还有一种公共化是"圣祖"祭拜。近年来，各种"公祭"中华历史上地"圣祖"的活动异常火热，民众祭拜"圣祖"早已超越了"家族"的范畴。本书仅以河南省新郑市举行的黄帝祭拜大典为例。"炎黄子孙"、"黄帝后裔"、"轩辕世胄"等词语和概念的出现，与中国近现代"民族-国家"构建息息相关。中华帝制时期的"国家"，并非近现代意义的"民族-国家"，并不是一个政治-经济的实体组织，更像是一个文化共同体——以儒家思想为文化核心，相应的，传统中国以"天下"涵盖泛化的疆域，而并非以"国家"涵盖具体的疆界。中华帝国在19世纪屡遭西方列强打压，"天下"式的文化共同体成为不合时宜的、不再适用的组织形式。

每个"民族-国家"皆是想象的共同体，中国也不例外。新式的中国被塑造出来前，首先要塑造能够被每个组成人员所认同的共同体符号。为了建构"现在"之"民族-国家"，必须对"过往"的历史事件或历史人物重新进行表述和诠释。在此背景下，"黄帝"变成了"中华民族"的"共同始祖"。我们除了研究"符号具有建构性"，更多时候我们要追问的是，"被建构的符号的适用性"，即该符号被建构出来是否反映了当时社会发展需求、是否满足了当时社会发展需求、是否能被当时的社会资源所支持、是否推动了当时的社会和民众往更好的方向发展。

"黄帝"符号在中国"民族-国家"建设中的作用，一方面来说，其有局限性，即其以血缘作为连接民众之根基，难免在整合范围方面有力所不逮之处，需要其它方式的辅助，但另一方面来说，"黄帝"符号在中国"民族-国家"建立之初确实发挥了很大的功效，并且影响深远悠长，不仅当时被很多人所接受，当今亦是华人最为重要的文化表征之一，而且不仅在大陆地区深入人心，在香港、澳门、台湾地区也是人所共知的"集体记忆"。

当前大陆地区的"黄帝祭拜大典"，与晚清民国时期的祭拜黄帝，既有类似又有区别。类似之处是"黄帝祭拜大典"仍有促进中华民族群体团结的功效，区别之处是，当前黄帝祭拜大典虽除了发挥中华民族整合的功能，亦有地方政府之目的，即借用"黄帝"这个总体中华民族的符号，为本地政府招徕名气和利益。

"黄帝"是华人圈中为数不多的能被大多数人所能共享的认同符号，各地区华人需要建立实质性的政治或经济沟通，往往以"黄帝"作为载体，尤其在当前两岸政治见解尚难统一之时，以"黄帝"等具有共鸣性的文化符号连接和润滑彼此关系，具有深远的意义。公共化的祭祖，凝结着中华民族的民族特神和民族情感，承载着中华民族的文化血脉和思想精华，是维系国家统一、民族团结和社会和谐的重要精神纽带，对于进一步增强中华民族的凝聚力和认同感，推进祖国统一和民族振兴，对于不断发展壮大中华文化，维护国家文化利益和文化安全，具有十分重要的意义。

地方政府以"黄帝"等文化符号推动经济发展，需要尊重两个规律：一是文化运行规律，不能过度消费文化符号，二是经济运行规律，以文化符号吸引商机，只是一个引子，不可能彻底改变当地的经济运行状况。一个地区的招商引资，需要看该地区投资环境和投资效益，一个地区的经济发展，需要看该地区整体工商业状况。民族圣祖的"公祭"活动，应在尊重文化规律、经济规律的前提下进行，并重视和珍惜已有的圣祖符号和仪式平台，为两岸交流与合作创造机会。

附

录

一九零八年同盟会祭文

维黄帝纪元四千六百零五年九月重阳日，玄曾孙某某等谨以香花清酒牲肴之仪，敬献于我皇祖轩辕黄帝之墓前而泣告曰：惟我皇祖，承天御世，锺齐孕灵。乃圣乃灵，允文允武。举修六府，彰明百物。翦蚩尤于涿鹿，战炎帝于阪泉。挥斥八埏，疆里万国。用是奠基中夏，绥服九州，声教覃敷，讫于四海。凡有血气，莫不尊亲。自是以后，圣子神孙，历世相承，尧舜以禅让缉熙，汤武以征诛定乱，洎乎秦皇、汉武、唐宗、宋祖，皆能仰承遗绪，奋厥声威，镇抚百蛮，光宅九土。其间偶逢衰替，暂堕纲维，秽丑跳梁，蛮夷猾夏，然皆历时未几，族服厥辜；弃彼毡裘，袭我冠服。我民族屡蹶屡振，既仆复兴，卒能重整金瓯，澄清玉宇者，莫非我皇祖在天之灵，有以默相而佑启之也。迨至前明甲申之岁，国运凌迟，建州虏夷，乘我丧乱，驱其胡骑，入我燕京，盗踞我神器，变乱我衣冠，侵占我版图，奴役我民众。神州到处，遍染腥膻，文化同胞，备受压迫。剃发令下，虽圣裔犹莫逃．旗兵驻防，遍禹迹而皆满。又无论扬州十日；嘉定三屠，二百年之惨痛犹存，十八省奇耻未湔已也。且近年以来，欧美民族，对我环伺，各欲　割大好河山，而满清政府恣其荒淫，不恤国耻。殷忧之士，义愤填膺。近有执义帜而起者，粤东如陆皓东、郑士良、孙逸仙；湖南如马福益、黄克强、唐才常，均矢志盟天，力图恢复。某等生逢艰巨，何敢后人！乃集合同志，密筹方略，誓共驱除鞑虏，光复故物，扫除专制政权，建立共和国体，共赴国难，艰巨不辞。决不自私利禄，决不陷害同人，本众志成城之古训，建九州复分之义师。伏望我皇祖在天之灵，鉴此愚衷，威神扶佑，以纾民生之苦，以复汉族之业。某等不自量力，竭诚奉告，不腾惶愧煎灼，郁结悲祷之至。尚飨！

民国二十四年（1935）国民党中央祭文

维中华民国二十四年四月七日，中国国民党中央执行委员会监察委员会，谨推委员张继、邵元冲代表致祭于中华民族始祖黄帝轩辕氏之灵曰：盖闻功莫大于抚世建国，德莫崇于厚生利民，勋莫高于勘暴定乱，业莫彰于创制修文。粤稽邃古，榛榛，野处血食，民莫遂其生。于赫元祖，睿智神明，爰率我族，自西徂东；而挞伐用伸，弧矢之利，威棱震，莫敢不来宾。武烈既昭，文德乃兴：始制冠裳宫室，粒食农耕；史皇作书，雷岐医经，婚姻丧葬，罔不典制灿陈。治化之隆，无远不届，既迈古而铄今；况乃以劳定国，亦毕生以惟勤。此其所以贻民族保世而滋大者，历四千六百馀载，而神功圣德，犹赫赫如在其上，以佑启我后人。昔吾党亦尝凭借威德以号召海内，遂收光复之绩而大义以申。丁兹忧患荐臻之会，长蛇封豕，异族既以相侵。缅怀创业之耿光大烈，我后人孰敢不力排艰险，以复我疆圉，保我族类，夙夜黾勉以自奋？庶几金瓯无缺，光华复旦，以慰我元祖之灵！又追念建国以来，礼崩乐阙，久未肃夫明；乃举祀典于岁之春，聿怀明德，式瞻山陵。谨以复兴之大谊，沥我民族之精诚。庶不愧乎前烈，缵辉光而日新。灵其鉴止，来格来歆！尚飨。

民国二十四年（1935）国民政府祭文

维中华民国二十四年四月七日，国民政府敬派委员邓家彦代表致祭于桥陵曰：惟帝徇齐敦敏，精德立中；始制法度，肇修人纪；革榛之俗，治化之途；六相于以佐隆，百家由兹托始；武烈文谟，迈古铄今；生民以来，巍乎莫尚。弘惟五族，仰托灵庥，远遵盛轨；凡以弼我丕基，必求无忝前烈。缅怀食德依仁之久，弥深水源木本之思。今者烽燧未靖，水旱间苦；夙夜孜孜，常殷怵惕。谨派专员代表举行秩祀,冀林爽之默赞,溥德泽于斯民。鉴兹微忱,尚其来格!

民国二十四年（1935）国民党中央暨陕西省各界祭文

中华民国二十四年四月七日，中国国民党中央执行委员会暨国民政府，倡导民族扫祭之礼，特派专使，修桥陵。陕西省党部指导委员会、陕西省政府、西安绥靖公署，公推邵力子、郭英夫、冯钦哉、雷宝华、李志刚、宋志先等，恭随瞻拜。谨代表全省人民，掬诚祭告于我民族始祖轩辕黄帝之陵曰：伏以经纶草昧，肇开配天立极之隆；振立懦顽，必推创制显庸之烈。仰维黄祖创造中华民族以来，圣圣相承,迄于禹奠九州，惟雍厥田上上。自成周建都创业，以逮秦汉隋唐，历千百余年，陕西实为我中华文化集成之地。乃降至今日，竟渐即衰靡。中央乃眷西顾，责以复兴之效。才智短浅，未有寸功；夙夜惕惧，如临于渊。伏念我黄祖干戈靖乱，统一华夏，披山通道，未尝宁居；今有习于怯弱，安于逸豫者，实为不肖之尤，我黄祖之灵必摒弃之。又念我黄祖发明制作，肇启文明，任重致远，以利天下；今有惮于进取，甘于锢蔽者，亦为不肖之尤，我黄祖之灵，更必摒弃之。是用殚诚肃志，瞻对威灵；所冀一德同心，恢弘祖烈。凡我陕人，誓随全国同胞之后，致力于复兴民族，期无忝为我黄帝子孙。惟我黄祖之灵式鉴而启之。尚飨!

民国二十五年（1936）国民政府祭文

中华民国二十有五年四月四日，国民政府特派陕西省政府主席邵力子敬祀于桥陵曰：维帝一德如春，两仪合撰，纪纲八极，经纬万端，民著阪泉之战，鹰惩昭中冀之诛，律吕秩暘以调，典章灿焉以备，为青史所未有，开黄族之纪元。今当清明之，特申展谒之仪，虔事惟诚吉，蠲用亨冀，悯兹遥胄，锡以宏施，在天默相，俾烽燧之敉宁；率土蒙麻，邀雨之时若。四时无，羞生小康。敬荐明，伏维歆格。

民国二十六年（1937）国民党中央祭文

维中华民国二十六年四月四日民族扫墓之期，中国国民党中央执行委员会追怀先民功烈，欲使来者知所绍述，以焕发我民族之精神，特派委员张继、顾祝同，驰抵陵寝，代表致祭于我开国始祖轩辕黄帝之陵前曰：粤稽遐古，世属洪荒；天造草昧，民乏典章。维我黄帝，受命于天；天国建极，临治黎元。始作制度，规矩百工；诸侯仰化，咸与宾从。置历纪时，造字纪事；宫室衣裳，文物大备。丑虏蚩尤，梗化作乱；爰诛不庭，华夷永判。仰维功业，广庇万方；启后昆，恢廓发扬。追承绩猷，群情罔懈；保我族类，先灵攸赖。怀思春露，祀典告成；陈斯俎豆，来格来歆！尚飨。

民国二十六年（1937）国民政府祭文

中华民国二十六年，国民政府主席林森，特派陕西省政府主席孙蔚如，谨以香醴庶馐代表敬祭于桥陵，其辞曰：惟帝制周万物，泽被瀛寰。拯群生于涂炭，固国本于金汤。涿鹿征诸侯之兵，辔野成一统之业。干戈以定祸乱，制作以开太平。盛德鸿规，于今攸赖。今值清明之良辰，援修祀之旧典。园寝葱郁，如瞻弓剑之威仪；庭燎通明，恍接云门之雅奏。所冀在天灵爽，鉴此精诚；默启邦人，同心一德；化灾为祥和，跻一世于仁寿。庶凭鸿贶，以集丕功。备礼洁诚，伏维歆格！

民国二十六年（1937）李宗仁、白崇禧祭文

维中华民国二十六年四月四日，国民革命军第五路军总司令李宗仁、副司令白崇禧、广西省政府主席黄旭初，谨以清酌庶馐之仪，致祭于桥陵曰：维我国族皇祖黄帝，继天立极，首出群伦，道辟百家，制弘万世，一戎衣于涿鹿，垂弓剑而乘龙。莽莽神州，胄胤溯昆仑之玉；绵绵历史，圣文遗若木之华。宗仁等职在方隅，心仪匡济，清明序候，弥惊国难之殷；祭展抒忱，爰附谒封之典。仰威灵于古昔，具瞻大河乔岳之高深；永鼙鼓于来兹，愿广一德协心之感应。惟圣有神，尚其歆格。

民国二十六年（1937）毛泽东、朱德祭文

维中华民国二十六年四月五日，苏维埃政府主席毛泽东、人民抗日红军总司令朱德敬派代表林祖涵，以鲜花时果之仪致祭于我中华民族始祖轩辕黄帝之陵。而致词曰：赫赫始祖，吾华肇造；胄衍祀绵，岳峨河浩。聪明睿智，光被遐荒，建此伟业，雄立东方。世变沧桑，中更蹉跌，越数千年，强邻蔑德。琉台不守，三韩为墟，辽海燕冀，汉奸何多！以地事敌，敌欲岂足；人执笞绳，我为奴辱。懿维我祖，命世之英，涿鹿奋战，区宇以宁。岂其苗裔，不武如斯，泱泱大国，让其沦胥。东等不才，剑屦俱奋，万里崎岖，为国效命。频年苦斗，备历险夷，匈奴未灭，何以家为。各党各界，团结坚固，不论军民，不分贫富。民族阵线，救国良方，四万万众，坚决抵抗。民主共和，改革内政，亿兆一心，战则必胜。还我河山，卫我国权，此物此志，永矢勿谖。经武整军，昭告列祖，实鉴临之，皇天后土。尚飨！

民国二十七年（1938）国民党中央祭文

维中华民国二十七年四月五日，中国国民党中央执监委员会特派委员蒋鼎文代表谨具牲醴鲜花之仪，致祭于我民族始祖黄帝之灵曰：莽莽神州，圣祖始作，扫荡蚩尤，奠定华夏，桥山尺例，万国被化。呜呼！运丁阳九，倭夷肆毒，竭泽倾巢，狼奔豕逐。哀我黎元，罹兹残酷，缅怀遗烈，益深耻辱。披发缨冠，举国同仇，攘彼枭□，奋我戈矛。誓争独立，流血断头，绳绳子姓，共济漏舟。维我华胄，泱泱雄风，地广人众，物力靡穷。艰难缔造，先举丰功，图有救亡，四海景从。不屈不挠，敢告苍穹。

灵爽在天，照临下土，云旗车马，庇我疆宇。民族复兴，克绳祖武，令节奉先，来陈尊俎。神其格歆，鉴此精。尚飨。

民国二十七年（1938）国民政府祭文

维中华民国二十七年四月五日，国民政府特派陕西省政府主席孙蔚如代表致祀于桥陵曰：维帝神圣文武，睿智聪明，泰秉符，地媪效祉。礼化浸于萌生，郅治符于玄穆。且也鸣铎专征，止戈为武。蚩尤乱德，逃难瞽野之诛；荤粥不庭，爰正朔方之挞伐。是用民族所共戴，亦由我武之维扬。今者辰过上巳，节届清明，展扫惟虔，馨香用荐。尚冀启佑后裔，哀矜下民，运神璇枢，耀灵玉弩。奠大风于青邱，金瓯无缺；阻银河于碧落，玉烛常调。俨灵爽之在空，抱而默相。垂鉴至诚，勿孤普译。笾豆维洁，剑舄式临……

民国二十七年（1938）陕西省政府祭文

维中华民国二十有七年四月五日，陕西省主席孙蔚如等，统率僚属，谨以柔毛刚鬣之荐，致祭于桥陵黄帝灵前曰：伏以轩辕锡羡，绵三百八秩之春秋；涿野崇勋，冠六十四民之祀。崆峒停辔，访道学之真源；昆仑筑宫，极边陲之胜览。修封禅而巡游五岳，导西儒地圜之搜求；造舟车而汗漫九垓，开今日天空之战斗。综夷鼓青阳二十五姓，谁非神圣之子孙？广戎蛮中国七千封，罔息征行之车驾。有徇齐敦敏之异质，有畏神服教之明威。际兹民族复兴，国维孔固。攀龙髯于天上，宰树瞻谷口而长青；分鹑首于关中，瑞气迎函关而尽紫。徂徕之松，新甫之柏，孰媲蒿宫万木之苍葱？其镇岳山，其薮弦蒲，群震鼓十章之骏厉。声灵远赫，民邦之拱护遥叨；仙战交修，外裔之侵陵敢逞？今日者，扫一坏之灵土，俎豆虔供；靖万国之方舆，河山不改。四月维夏，百谷咸滋，感因时九献之芳馨，怀生我万灵之统系。所冀雨时若，高陈公玉之图书；还祈氛潜销，净洗蚩尤之兵气。嗟嗟！左洪河而右太华，常被鼎湖仙驭之庥；前千古而后万年，恒修关辅明之典。呜呼尚飨！

民国二十八年（1939）国民党中央祭文

维中华民国二十有八年，倭妖扰华，于今九载。中国国民党日诏国人，示以义方。民众茹荼如饴，将士不懈益励；誓必戡灭寇虏，还我河山。谨于民族上冢之日，遣委员张继以香花清酒，敬祭于轩辕黄帝之灵曰：帝德荡荡，民无能名；茫茫神州，实始经营；奋其神武，万国咸宁；肇开文治，亿载作程；后圣缵绪，未备厥全；文有光大，武每逊焉。蛮夷猾夏，有虞已然；祸至季世，弥酷于前；东胡僭据，几三百年；吾党崛起，一扫腥膻；如拨云雾，重睹青天；于昭在上，颔焉。未逾二纪，岛夷逞凶；犷犷，来自海东；巨灵障日，精光岂蒙？巴蛇吞象，骨梗咽中；少康复夏，一旅树功；四百兆众，岂不足雄？越栖会稽，吴终获凶；敢忘申儆，不厉兵戎？收功西北，历有明徵；亿万一心，勃尔其兴；峨峨子午，寝庙斯凭；祥云时出，郁此山陵；云门遗意，拳拳服膺；涿鹿之绩，倘许绍承。尚飨！

民国二十八年（1939）国民政府祭文

维中华民国二十八年四月六日民族扫墓节，国民政府特派陕西省政府主席蒋鼎文代表，敬祀于轩辕黄帝之陵曰：节序清明，缅追远祖；恭谒桥山，拜展封树；维我轩辕，实奋大武；擒讨蚩尤，奠兹疆宇；爰启文明，舟车网罟；大督南针，冠裳万古；子孙绵衍，后乃光前；恢恢文物，漠漠山川；泱泱上国，四裔咸瞻；光华烨烨，如日丽天，偶逢亏蚀，旋复晶圆；史乘昭然，垂五千年；稍就陵夷，忽遭窥觎；封豕东来，既贪又肆；如饮狂药，如中酒醉；四野飙驰，腥膻遍地；国人齐起，元戎有寄；必遏凶锋，虽死无二；洎今搏战，岁半有加；敌势已穷，内外周遮；及其既敝，磔彼长蛇；还吾故土，以贻无涯；敢告皇灵，庶几克家；神其降止，风马云车。伏维尚飨！

民国二十九年（1940）国民党中央祭文

维中华民国二十有九年，倭妖扰华，于今十载。中国国民党日诏国人，示以义方。民众茹荼如饴，将士不懈益励，誓必戡灭寇虏，还我河山。谨于民族上冢之日，遣委员程潜以香花清酒敬祭于轩辕黄帝之灵曰：帝德荡荡，民无能名；茫茫神州，实始经营。奋其神武，万国咸宁；肇开文治，亿载作程。后圣缵绪，未备厥全；文有光大，武每逊焉。蛮夷猾夏，有虞已然；祸至季世，弥酷于前。东胡僭据，几三百年；吾党崛起，一扫腥膻；如拨云雾，重睹青天。于昭在上，颔焉。未逾二纪，岛夷逞凶；犷犷，来自海东。巨灵障日，精光岂蒙？巴蛇吞象，骨梗咽中。
少康复夏，一旅树功；四百兆众，岂不足雄？越栖会稽，
吴终获凶；敢忘申儆，不厉兵戎？收功西北，历有明征；
亿万一心，勃尔其兴。峨峨子午，寝庙斯凭；祥云时出，
郁此山陵。云门遗意，拳拳服膺；涿鹿之绩，倘许绍承！
尚飨。

民国二十九年（1940）国民政府祭文

中华民国二十九年四月五日，国民政府特派陕西省政
府主席蒋鼎文代表，敬祀于轩辕黄帝桥陵曰：维帝圣神文
武，睿智聪明；泰秉符，地媪效祉。礼化被于群生，郅治
符于玄穆。且也鸣铎专征，止戈为武。蚩尤乱德，难逃涿
野之诛锄；荤粥不庭，援正朔方之挞伐。是用民族所共
戴，亦由我武之维扬。今者辰近上巳，节届清明；展扫惟
虔，馨香用荐。尚冀启佑后裔，哀矜下民！运神璇枢，耀
灵玉弩。奠大风于青邱，金瓯无缺；阻银河于碧落，玉烛
常调。俨灵爽之凭依，抱而默相。垂鉴至诚，勿孤喁望！
笾豆维洁，剑舄式临。尚飨！

民国三十年（1941）国民党中央祭文

中华民国三十年，倭妖扰华，于今十一载。中国国民
党日诏国人，示以义方。民众茹荼如饴，将士不懈益励，
誓必戡灭寇虏，还我河山。谨于民族上冢之日，遣委员蒋
鼎文并派彭昭贤代表谨以香花清酒，敬祭于轩辕黄帝之灵
曰：帝德荡荡，民无能名；茫茫神州，实始经营。奋其神
武，万国咸宁；肇开文治，亿载作程。后圣缵绪，未备厥
全；文有光大，武每逊焉。蛮夷猾夏，有虞已然；祸至季
世，弥酷于前。东胡僭据，几三百年；吾党崛起，一扫腥
膻；如拨云雾，重睹青天。于昭在上，颍焉。未逾二纪，

岛夷逞凶；犷犷，来自海东。巨灵障日，精光岂蒙？巴蛇
吞象，骨梗咽中。少康复夏，一旅树功；四百兆众，岂不
足雄？越栖会稽，吴终获凶；敢忘申儆，不厉兵戎？收功
西北，历有明征，亿万一心，勃尔其兴。峨峨子午，寝庙
斯凭；祥云时出，郁此山陵；云门遗意，拳拳服膺；涿鹿
之绩，倘许绍承！尚飨。

民国三十年（1941）国民政府祭文

中华民国三十年四月五日，国民政府特派陕西省政府
主席蒋鼎文代表，敬祀于桥陵曰：维帝德盛阳春，智周寰
宇。绍羲农之文德，开汤武之武功。阪泉成统一之勋，辔
野严尊攘之义。道光黄族，神协苍穹。兹当节届清明，是
用仪修展谒。吉瞻用享，祀惟虔。惟抗战已及四年，复兴
有象；壮士虽能一德，底定犹稽！伏愿悯兹遥胄，锡以宏
施！秉弓剑之威灵，靖烽烟于海甸。馨香上荐，辇跸式
临。尚飨！

民国三十一年（1942）国民党中央祭文

维中华民国三十有一年四月初吉，民族上冢之日，中
国国民党中央执监委员会遣委员王陆一，谨以香花清醴致
祭于轩辕黄帝之灵曰：惟元祖奋迹神州，肇造函宇。功开
天地，奠民族之丕基；道启洪荒，为文明之创始。首出庶
物，而万国咸宁；载焕武功，而四方同理。昆仑云降，坂
泉伸斧钺之威；华夏风同，世代衍神明之裔。凤凰大际，
八而律吕齐声；黼黻人间，九有而衣冠表德。伟制作之施
张，生民之典则。同文字于广大之宗邦，永威灵于遐荒之
震格。春秋绵延，东方史籍无非缵述之文；世界纷纭，中
国精神益动邦邻之色。狂倭蠢犯，飞海鸥张。匡恢领土，
简励戎行。原陵岁岁，大风泱泱。峻参天之黛柏，肃万祀

之馨香。子孙大复仇之义，弓剑悬戡乱之光。惟党誓命，用策群心。必夷艰险，以启山林。复疆原于奋迅，跻民物于升平。已驰域外之师，玄黄苦战；即献国门之捷，青白雄旌。环拱众灵，万水千花春日；精诚遣荐，云门大武祥音。尚飨！

民国三十一年（1942）国民政府祭文

中华民国三十一年四月五日，国民政府特派陕西省政府主席熊斌代表，敬祀于桥陵曰：惟帝圣开轩胄，化启昆源。义祀朝宗，群伦桄被。桥山在望，陵寝巍然。统一告成，明惟肃。溯自东倭构衅，抗战军兴；御侮争存，如今五稔。仗威灵之默，振民族之精神。国难虽殷，邦基愈固。和平先兆，正谊同盟。时届仲春，典循展祭。伏冀灵霄雷雨,助炎汉之中兴；复旦星云,启神州之景运。尚飨！

民国三十一年（1942）陕西省政府祭文

粤维中华民国三十一年四月清明节，陕西省政府主席熊斌，谨率僚属以清酌庶馐之荐，致祭于黄帝桥陵之灵前曰：窃以轩皇定历，绵十世千百岁之春秋；涿鹿升香，冠九皇六四民之祀。崆峒访道，悟真术于广成；昆仑筑宫，扬威棱于大夏。披山通道一万国，开五洲筑轨之先声；畏神伏教三百年，启九宇弭兵之盛业。有徇齐敦敏之性质，有高明广大之规模。夷鼓青阳，都是神灵之苗裔；风后力牧，群高辅佐之勋名。民族肇兴，国维永奠。曩者璇宫增饰，绀宇更新。复庙重檐，爰本周官之度；细旃广厦，胥沿汉殿之规。金碧凝辉，丹青绚彩。迄值四月清明令节，敬修扫墓之礼，秉命中枢，亲百司处，恭致祭奠。扫一坯之仙垄，俎豆虔供；靖万国之方舆，河山如故。怀生我万灵之统系，展因时九献之馨香。神爽式凭，丕基长固。雨时若，聿邀洪范之休徵；烽火全消，迅洗蚩尤之气。左洪河而右太华，常仰师兵营卫之灵；前千古而后万年，永修关辅明之典。呜呼尚飨！

民国三十二年（1943）国民党中央祭文

维中华民国三十有二年四月初吉，民族上冢之日，中国国民党中央执监委员会委员王陆一，谨以香花清醴致祭于轩辕黄帝之灵曰：惟元祖奋迹神州，肇造函宇。功开天地，奠民族之丕基；道启洪荒，为文明之创始。首出庶物，而万国咸宁；载焕武功，而四方同理。昆仑云降，坂泉伸斧钺之威；华夏风同，世代衍神明之裔。凤凰大际，八而律吕齐声；黼黻人间，九有而衣冠表德。伟制作之施张，生民之典则。同文字于广大之宗邦，永威灵于遐荒之震格。春秋绵延，东方史籍无非缵述之文；世界纷纭，中国精神益动邦邻之色。狂倭蠢犯，飞海鸥张。匡恢领土，简励戎行。原陵岁岁，大风泱泱。峻参天之黛柏，肃万祀之馨香。子孙大复仇之义，弓剑悬戡乱之光。惟党誓命，用策群心。必夷艰险，以启山林。复疆原于奋迅，跻民物于升平。时则清除侵略，盟国交亲。条约平等，大义宣明。已驰域外之师，玄黄苦战；即献国门之捷，青白雄旌。环拱众灵，万水千花春日；精诚遣荐，云门大武祥音。尚飨！

民国三十二年（1943）国民政府祭文

中华民国三十二年四月五日，国民政府特派陕西省政府主席熊斌代表，敬祭于桥陵曰：惟我轩圣，肇启中华。文德武功，神谟巍焕。鼎湖虽邈，犹传弓剑之灵；汉难稽，尚著桥山之望。永瞻陵寝，万祀钦崇；光复以还，护维弥谨。近自盟邦敦好，新约完成。幸国家地位之增高，知民族精神之愈奋，誓殚心力，用济艰屯。协气初和，明载展。伏冀盛灵默相，胜残符赤水之徵；远胄重光，启泰转黄图之运。尚飨！

民国三十三年（1944）国民党中央祭文

维中华民国三十三年四月五日，中国国民党中央执行委员会特派委员兼陕西省党部主任委员谷正鼎，谨致于玄祖轩辕黄帝之灵曰：巍巍明后，德无能名，鞭笞宇内，四征不庭。乱者必诛，以命群牧，混一万方，昌大华族。持此大器，遗我子孙，堂堂神胄，定于一尊。跨龙而，上冲霄汉，攀追莫及，薄海永叹。况在今日，虾夷鸥张，忘我覆育，裂我土疆。莽荡神州，水火斯热，震及寝宫，其何能说。吁嗟吾党，大任在肩，剑及履及，所向无前。惟帝有灵，相我元首，跻于四强，奋作狮吼。挞彼丑虏，还我汉京，以固民德，以奠民生。战战兢兢，惧坠先烈，帝心鉴之，金瓯无缺。桥山犹是，松柏郁苍，

敢命执事，恭荐馨香。伏维尚飨。

民国三十三年（1944）国民政府祭文

维中华民国三十三年四月五日，国民政府特派陕西省政府主席祝绍周代表敬祀于桥陵曰：惟我民族，肇迹昆仑，轩圣勃兴，奄有区夏。武功文德，震耀千秋，释编简之昭垂，缅神灵之赫濯。桥山在望，岁祀惟虔，溯自倭寇横侵，政府坚持抗战，全民振奋，愈战愈强，联正谊以同盟，订平等之新约，敦揖睦，胜利当前。凡兹国策之筹维，胥仗威灵之相佑，所冀雨时若，丰年占玉粒之盈；烽燧全销，环宇庆金瓯之固。尚飨！

民国三十七年（1948）陕甘宁边区政府祭文

中华民国三十七年清明节日，陕甘宁边区政府副主席刘景范、西北人民解放军副司令员赵寿山、政治部主任甘泗淇等，谨代表边区各界同胞及西北人民解放军全体将士，以香花酒醴之仪，致祭于我轩辕黄帝之陵前曰：伟大的轩辕黄帝，你是我民族的始祖，你是我劳动者的先人，历史的创造者。从你那一时代起，我们伟大的中华民族，即劳动生息繁衍于这幅员广大的中国领域，并以自己的劳动、团结和努力，不断战胜黑暗，争取光明。在我们祖国的土地上开辟了锦绣的河山，创造了光辉的历史。历代反专制反暴君的英勇斗争，近百年来反帝反封建的民族民主运动，充分表现了我中华民族的伟大精神。迄民国十年，中国劳动人民的先锋队——中国共产党出世后，我民族前途更大放光明。廿余年来，我中国人民大众，在为祖国独立，为人民民主的伟大革命战争中，已获得了空前巨大的成就。在野蛮的日本法西斯被打倒以后，我国人民大众的任务，是要建立一个独立、和平、民主、统一和富强的新中国。不幸以蒋介石为首的我国反动派，为要维持其祸国殃民的统治，不惜充当美帝国主义走狗，签订丧权辱国的种种条约，将我国主权出卖给美国，发动内战，残杀人民。莽莽神州，遍地腥膻，优秀儿女，任人凌辱。人民公敌蒋介石此种窃国卖国的滔天罪行，较卖国贼袁世凯、汪精卫之流，实有过之无不及。我中华民族劳动人民，已在伟大中国共产党领导下，钢铁般的团结起来，为我祖国独立、人民解放事业组织英勇奋斗。现在可以告慰于你的，我国人民奋力以求的新民主主义社会，已在拥有一万万六千万人民的广大祖国土地上建立起来了，人民的力量是空前强大了。民国三十六年，人民解放军已在我祖国的土地上，扭转了美帝国主义及蒋介石匪帮的反革命车轮，使之走向覆灭的道路，推进了自己的革命车轮，使之走向胜利的道路。本年春季，人民解放军组织胜利的进攻，显示着全国人民的解放已为期不远。尤其值得庆幸的就是我西北人民现已胜利地光复了我民族始祖陵寝所在地——黄陵县（中部县）。这是全民族解放的祥兆，新中国诞生的瑞征。不管美帝国主义如何竭力支援，不管蒋介石匪帮如何拼命挣扎，我四万万五千万优秀的黄帝子孙，定能团结一致地在其先锋队——中国共产党的坚强领导下，把革命战争进行到底，坚决、干净、彻底、全部消灭美帝国主义支持下的蒋介石匪帮，早日实现全国胜利。中华民族解放万岁！轩辕黄帝万古千秋！尚飨。

民国三十八年（1949）国民党中央祭文

中华民国三十八年四月五日，代总统李宗仁特派陕西省政府主席董剑代表敬祀于桥陵曰：龙门作史，首纪轩皇，建我神州，功崇德峻。猗维华族，进化独先。宏规初拓，帕米高原。制器垂裳，贻谋微利，四亿同胞，敢忘基绪。缅思谟烈，万祀巍巍，艰难负荷，继往开来。协气昭融，弥伦九有，载荐芬，神襄鉴佑！尚飨。

附录二　黄帝故里拜祖大典拜祖文

2006丙戌年黄帝故里拜祖大典拜祖文

春风荡漾，万象更新。维公元2006年2月31日，农历丙戌年三月初三，中共河南省委书记、河南省人大常委会主任徐光春谨代表河南九千七百万人民，在中华人文始祖轩辕黄帝的故里、故都——新郑市，拜祀始祖轩辕黄帝曰：

具茨巍巍，溱洧泱泱。轩辕之丘，天降轩皇。
圣明睿智，光耀朝阳。赫赫伟绩，惠泽八方。
先民之世，天蛮地荒。继炎而起，肇造华章。
甲子算数，律吕岐黄。六书制作，文字辉煌。
舟车指南，五谷蚕桑。修德振兵，铸鼎开疆。
设官司职，政体滥觞。宇内一统，万民景仰。
二十五子，分姓六双。代代有继，尧舜禹汤。
龙脉赓续，乃至今昌。世界文明，彰显华邦。
三个代表，指明方向。立党为公，民本至上。
改革开放，人神共襄。多党合作，国是共商。
发展经济，民富国强。先进文化，人人分享。
神六飞天，民气高昂。中华儿女，再谱新章。
炎黄子孙，五洲六洋。海外同胞，念祖思乡。
海峡两岸，骨肉情长。统一复兴，义不容让。
科学发展，振兴总纲。中华民族，雄立东方。
中原儿女，奋发向上。农业先进，工业兴旺。
科教发达，环境优良。社会和谐，人民安康。
英才辈出，自强争光。中部崛起，指日可望。
黄河滔滔，嵩岳茫茫。缅怀祖德，光大发扬。
谨告我祖，伏惟尚飨！

2007丁亥年黄帝故里拜祖大典拜祖文

"二月二，龙抬头；三月三，生轩辕"。维公元2007年4月19日，农历丁亥年三月初三，当此轩辕黄帝诞辰之日，千里中原，惠风和畅；牡丹争艳，国色天香。河南省政协主席、中华炎黄文化研究会副会长王全书，谨代表9800万河南人民，在中华人民始祖轩辕黄帝故里、故都河南郑州新郑市，恭拜始祖轩辕黄帝曰：

（一）追思懿德

黄河黄水，黄土黄壤。始祖山麓，轩辕故乡。

黄帝伟业，勋绩皇皇。少典之子，名震八方。

启迪蒙昧，告别洪荒。定都有熊，创制度量。

教民耕牧，食有余粮。种桑养蚕，缝衣制裳。

筑宫建室，暑避寒藏。造车作舟，道通路畅。

音律器具，历数岐黄。创新图腾，嫁娶婚丧。

任贤举能，整纪肃纲。礼仪渐备，文明发祥。

华夏一统，龙帜高扬。薪火相传，万事流芳。

（二）秉承祖志

秉承祖志，续写华章。锲而不舍，饱经沧桑。

风流人物，再铸辉煌。实事求是，解放思想。

与时俱进，开拓图强。开放改革，百业兴旺。

科学发展，虎跃龙骧。又好又快，民富国强。

山川秀美，鸟语花香。社会和谐，兰蕙芬芳。

依法治国，民本为上。八荣八耻，引领风尚。

关注民生，感热知凉。公平正义，共建共享。

海峡两岸，笃思相望。振兴中华，念念不忘。

（三）崛起中原

大河之南，九州之央。具茨逶迤，溱洧激荡。

中部崛起，正道康庄。中原崛起，气宇轩昂。

志酬三农，广储粮仓。率先实施，免除皇粮。
经济发展，步步铿锵。文化底蕴，博厚深藏；
两大跨越，由大变强。诸多领先，流彩溢光。
人民诚朴，热情善良。勤劳勇敢，不卑不亢。
内强素质，外展形象。倡树新风，正气弘扬。
英雄辈出，河南现象。中州儿女，无愧先皇。
（四）四海同拜
日月经天，江河奔淌。两岸四地，豫台澳港；
同祖同根，同愿同向。血浓于水，四海共襄。
新郑拜祖，源远流长。黄陵祭祖，扫墓酹觞。
拜祭呼应，相得益彰。敬慰拜告，状惟尚飨！

2008戊子年黄帝故里拜祖大典拜祖文

维公元二零零八年四月八日，农历戊子年三月初三，中国人民政治协商会议河南省委员会主席、中华炎黄文化研究会副会长王全书，谨代表河南九千八百万人民和海内外炎黄子孙，在中华人文始祖轩辕黄帝故里——河南郑州新郑市，恭拜始祖轩辕黄帝曰：

阳春三月，春雨喜降。具茨山麓，轩辕故乡。
圣明睿智，光被遐荒。赫赫伟业，恩泽八方。
教民稼穑，始备糇粮。建筑宫室，暑避寒藏。
造车指南，便民来往。观日察月，历法度量。
嫘祖缫丝，民有衣裳。仓颉造字，文明传扬。
岐黄论医，民得安康。设官司职，政体滥觞。
修德振兵，千里开疆。华夏民族，屹立东方。
代代相继，乃至今昌。文明之林，显有华邦。

社会主义，根基开创。天翻地覆，艰苦备尝。

改革开放，成就辉煌。一国两制，国是共商。

举旗引路，开来既往。科学发展，遵循有章。

关注民生，共建共享。社会和谐，同奔小康。

嫦娥奔月，群情激昂。实力提升，民富国强。

中原崛起，奋发向上。年有所进，日有所长。

统筹协调，百业兴旺。又好又快，以城带乡。

农业大省，国人厨房。新兴工业，道路康庄。

经济实力，位列五强。文化振兴，不同凡响。

两大跨越，步履铿锵。和平统一，一贯主张。

海峡两岸，翘首盼望。精神家园，万世不忘。

新郑拜祖，四海共襄。祈福奥运，伏维尚飨！

2009己丑年黄帝故里拜祖大典拜祖文

"二月二，龙抬头；三月三，拜轩辕"。维公元2009年3月29日，农历己丑年三月初三，当此轩辕黄帝诞辰之日，河南省政协主席、中华炎黄文化研究会副会长王全书，谨代表河南9900万人民和不远千里、不远万里而来的海内外炎黄儿女，在中华人文始祖轩辕黄帝故里、故都——河南郑州新郑市，恭拜始祖轩辕黄帝曰：

（一）思懿德

黄河水，黄土壤，黄帝业，绩皇皇：

少典子，震八方；启蒙昧，别洪荒。

都有熊，创度量；教耕牧，食有粮。

种蚕桑，制衣裳；筑宫室，暑寒藏。

造舟车，路通畅；音律具，历数详。

疗民疾，用岐黄；举贤能，整肃纲。

礼仪备，文明扬；华夏一，龙头昂。

古岩画，今尚存；薪火传，永流芳。

（二）承祖志

承祖志，续华章；锲不舍，经沧桑。

竞风流，铸辉煌：唯求是，敢思想。

与时进，图富强；推改革，促开放。

发展观，讲科学；好又快，百业旺。

构和谐，凝力量；依法治，民为上。

办奥运，圆梦想；神七飞，遨穹苍。

抗强震，难同当；扩内需，保增长。

应挑战，化危机；举旗帜，奔小康。

（三）新崛起

河之南，国之央，具茨山，轩辕堂。

新崛起、新跨越、新攻坚、新解放。

ＧＤＰ，居第五；工业兴，道康庄。

粮丰收，超千亿，连年增，新高创。

由国人，大粮仓；成国人，大厨房。

经济界，步铿锵；文化界，溢彩光。

英模涌，感世人；勤且勇，不张扬。

强素质，展形象；克时艰，迎难上。

庆建国，六十年；无愧乎，吾先皇。

（四）四海拜

日月朗，江河淌；两岸亲，豫台港。

本同根、本同祖、本同源、血脉长；

祈和平、祈和睦、祈和谐、四海襄。

新郑拜，古定制；黄陵祭，齐酹觞。

拜与祭，得益彰；敬始祖，伏尚飨。

2010庚寅年黄帝故里拜祖大典拜祖文

庚寅年黄帝故里拜祖大典2010年4月16日上午在新郑市黄帝故里景区隆重举行，大典第五项仪程由十届全国人大常委会副委员长、中华炎黄文化研究会会长许嘉璐恭读拜文。

具茨山下，中华始祖轩辕黄帝故都故里；

荡荡河畔，炎黄后裔庄严神圣拜祖敬宗。

维公元二0一0年四月十六日，农历庚寅岁三月初三，中华炎黄文化研究会会长许嘉璐，谨以海内外炎黄子孙之名，肃拜恭祀我人文始祖轩辕黄帝曰：

中华文明，源远流长。黄帝功德，万古流芳。

启迪蒙昧，开辟鸿荒。丰功伟烈，恩泽八方。

教民畜牧，莳谷树桑。婚嫁制礼，历数岐黄。

始作车楫，初制度量。选贤与能，整纪肃纲。

修德柔远，封土修疆。肇趋一统，和合共襄。

后来秉志，历尽沧桑。千秋风流，共赋华章。

譬如积薪，后来居上。愈挫愈奋，多难兴邦。

天下为公，民本为上。民主科学，世代向往。

民生民权，民富民强。公平正义，共建共享。

五洲四海，华侨华商。振兴中华，百年梦想。

实事求是，思想解放。时进我进，改革开放。

文化自觉，百花芬芳。兼收并蓄，博采众长。

科学发展，步履坚强。继往开来，灿烂辉煌。

大河之南，九州之央。念兹在兹，若网在纲。

河洛崛起，亿民昂扬。佳绩重重，荣我轩黄。

昆仑巍峨，大河浩瀚。天高地迥，海清河晏。

水来自天，润溉中原。遥思古昔，筚路艰难。

先祖前哲，黾勉垂宪。子孙星布，一脉相传。

允恭克让，勤奋而俭。和而不同，存异择善。

和平是求，敬重自然。自尊自强，何惧忧患。

厚德载物，止于至善。赤子情同，跨海越山。

唇齿相依，心意相连。和衷共济，息息相关。

兄弟手足，相扶相牵。复兴大业，唯恐不先。

心属华夏，万事无难。家和事兴，万邦钦羡。

拳拳之诚，列祖实鉴。共享荣光，龙脉绵绵。

谨告我祖，伏惟尚飨！

2011年辛卯年拜祖大典拜祖文

维公元二零一一年四月五日，岁在辛卯，节属清明，许嘉璐谨以天下华胄之名，恭奉鲜花果蔬，虔特嘉醴，拜祀于始祖轩辕黄帝像前。

文曰：

惠风和煦，万物复萌。河洛浩浩，溱洧清清。豫州亿众，意气腾腾。

小康既现，黾勉攀登。南联鄂皖，陕鲁西东。并肩挽臂，七省齐兴。

仰望具茨，郁郁葱葱。圣迹犹在，追远慎终。盛世怀祖，感恩圣公。

忆昔往古，天下鸿蒙。吾祖率民，肇始文明。钻木阳燧，民远膻腥。

岐伯尝药，百世所凭。仓颉造字，查乎民情。广寻智者，竭尽聪明。

教民稼穑，企盼丰登。采铜铸造，未必不经。伟在吾祖，德如峻峰。

　　垂裳而治，穆穆春风。德义教化，息忿止争。百官不私，法简律明。

　　以战止战，东巡西征。不暇席暖，迁徙无恒。忾辞俱劳，尽瘁鞠躬。

　　民讳狙落，姑言仙升。咸池断竹，代以今声。遐而在迩，永纪圣踪。

　　噫嘻吾祖，视今何世。环球播荡，时乱时凶。烽火连绵，饥馑频仍。

　　投薪止火，扰扰纷争。唯我华夏，和乐融融。百业俱举，各尽所能。

　　屡灾屡奋，日夜兼程。倏尔卅载，日益繁荣。大爱遍在，保障民生。

　　正义弘扬，文化复兴。噫嘻吾祖，观彼海冻。美哉荡荡，涛息风平。

　　两岸手足，路畅心通。古训是式，存异求同。既爱且让，互信日增。

　　今慈圣诞，齐禀元宗。前路尚遥，唯赖精诚。振兴中华，重担共承。

　　贡献世界，天下为公。嗟我列祖，佑我功成。肃此敬告，伏惟尚飨。

2012壬辰年黄帝故里拜祖大典拜祖文

　　维岁在壬辰三月初三，时公历2012年3月24日也。中华炎黄文化研究会会长许嘉璐，谨以全国及全球华胄之名，恭备隆礼，谨荐庶馐，静心肃手，追念沉思，拜于我中华始祖轩辕黄帝像前。文曰：

日居月诸，今乃龙年。风和日丽，生意盎然。

十方龙裔，云集圣坛。敬兮诚兮，垂手素焉。

巍巍嵩岳，鹤鸣戾天。澹澹溱洧，鱼凫恬安。

神州祥和，欢哉中原。噫我华夏，历尽艰险。

今则昂首，屹立人寰。堪慰我祖，未尝辱先。

亹亹我祖，辟地开天。定都有熊，东播西迁。

北战涿鹿，南抚荆蛮。稼穑为本，民有所安。

巉岩留图，文字斯繁。设官分职，任能举贤。

算医乐舞，皆肇其端。宇内一统，服甸俱安。

呜呼我祖，亦圣亦凡。东方文明，此则其源。

海天沧桑，民族多艰。悲怆苦恨，历数千年。

山河易改，本性未迁。勤俭和合，海纳百川。

仁义礼智，敬畏自然。分则必合，愈挫愈坚。

外患虽频，牢固如磐。今则盛世，光照河山。

文化兴邦，教科为先。遗产重光，万花争妍。

工农商学，佳讯频传。天人和谐，国泰民安。

海峡无浪，两岸同欢。振兴中华，携手并肩。

五洲华裔，来归拜奠。身居异域，情系唐山。

呜呼我祖，旧居焕然。繁茂具茨，腜腜原田。

举国戮力，韬略深远。国强民富，崛起中原。

中州繁荣，重在河南。豫州幽悠，文脉绵延。

我祖而后，一脉相传。励精图治，立功立言。

德音必盛，世人钦羡。凤凰来仪，中华灿烂。

穆穆我祖，豫焉欣焉。喜我后裔，奋然挺然。

佑我中华，光辉璀璨。谨陈衷情，伏惟尚飨！

2013年癸巳年黄帝故里拜祖大典拜祭文

2013年04月12日 维岁在癸巳三月初三，公元2013年4月12日，中华炎黄文化研究会会长许嘉璐，谨以天下炎黄子孙之名，恭以九献之礼，拜祀于我中华始祖轩辕黄帝像下。其文曰：

时维季春，谷风轻飏。四海胄裔，齐聚古乡。

敬怀先祖，祈福告祥。我祖我根，万古流芳。

具茨山麓，吾祖诞降。筚路蓝缕，岩壁有像。

缫丝稼穑，民有餱粮。建宫筑室，立姓分张。

仰观日月，历朔斯创。造车指南，足达四方。

建制造字，文明始昌。统一宇内，仁义显彰。

瓜瓞绵绵，薪火炽旺。紫气连至，续写华章。

治国有典，德以为尚。步履稳健，渐富渐强。

国门愈敞，新业未央。民生尤重，成果共享。

百业俱兴，宇内安康。无远不届，友朋满堂。

修我戈矛，卫我封疆。涓涓海峡，路路坦荡。

两岸骨肉，携手奋扬。伟哉中华，万世泱泱。

中原崛起，步履锵锵。夙夜匪懈，怵惕自强。

举国瞩目，日见其昌。五谷丰登，六畜兴旺。

济济多士，克勤于邦。河洛子孙，增祖昭光。

黄河滔滔，嵩岳苍苍。天地之中，万姓旧乡。

追远新郑，恭献馨香。我祖其格，歆兮尚飨！

图书在版编目（CIP）数据

家祭：两岸祭祖习俗变迁及其社会基础 / 耿羽著. ——
福州：海风出版社，2014.8

ISBN 978-7-5512-0157-5

Ⅰ. ①家… Ⅱ. ①耿… Ⅲ. ①海峡两岸—祭礼—风俗
习惯—研究 Ⅳ. ① K892.29

中国版本图书馆CIP数据核字（2014）第174334号

家祭
——两岸祭祖习俗变迁及其社会基础

耿羽 著

责任编辑＼周雨薇

书籍设计＼叶浩鹏

出版发行＼海风出版社

（福州市鼓东路187号　邮编：350001）

印刷＼福州力人彩印有限公司

开　本＼787×1092 毫米　1/16

印　张＼18 印张

字　数＼250 千字　图 84 幅

版　次＼2014年10月第1版

印　次＼2014年10月第1次印刷

书　号＼ISBN 978-7-5512-0157-5

定　价＼48.00元

郑重声明

　　本书在图片征稿、编辑过程中由于时间仓促，未能与部分图片的作者联系上，无法在图片上署名，我们深表歉意。本书使用的部分图片选自台湾地区大威出版社编辑出版的《台湾民俗大观》等书。请图片作者与我们联系，我们将及时奉寄样书和稿酬。

编者

二〇一四年七月